Die Seidenstraße

Die Seidenstraße

Malereien und Plastiken aus buddhistischen Höhlentempeln

H. Härtel M. Yaldiz

S|M Aus der Sammlung
P|K des Museums für Indische Kunst Berlin

DIETRICH REIMER VERLAG BERLIN

Restauratorische Betreuung: W. Moisa

Sekretariat: I. Bannmann

Fotos: I. Papadopoulos
J. Liepe
Archiv Museum für Indische Kunst

Karte und Pläne: K. Kitt, H.-J. Paech

ISBN 3-496-01042-8

Herstellung: Reiter-Druck, Berlin

CIP Kurztitelaufnahme der Deutschen Bibliothek

Härtel, Herbert:
Die Seidenstrasse: Malereien u. Plastiken aus
buddhist. Höhlentempeln; Aussstellung d. Museums für
Ind. Kunst Berlin; Selm, Schloss Cappenberg,
14. Mai – 2. August 1987; Göttingen, Altes Rathaus,
13. September – 25. Oktober 1987 / H. Härtel;
M. Yaldiz. – Berlin: Reimer, 1987.
ISBN 3-496-01042-8

NE: Yaldiz, Marianne; HST

Die Abbildung auf dem Umschlag zeigt eine Seidenmalerei aus Toyoq,
8./9. Jh. n. Chr. (Kat. Nr. 63)

Einleitung

Zentralasien und die Seidenstraßen

Forschungsreisen und archäologische Unternehmungen in Gebieten entlang der sogenannten Seidenstraßen in Chinesisch-Turkistan haben am Ende des 19. und in den ersten Jahrzehnten unseres Jahrhunderts zur Entdeckung zahlreicher Höhlentempel und Klosterruinen an den Hängen der Gebirgszüge des Tien-schan und des Kwen-lun geführt, deren künstlerische Ausstattung und dokumentarische Hinterlassenschaft große Überraschung bei den beteiligten Forschern und bald auch in der umfassend informierten interessierten Weltöffentlichkeit von West bis Ost auslöste. Man konnte ohne Übertreibung von der Wiederkehr einer über Jahrhunderte verschollenen Kultur sprechen. Wer außer einzelnen Gelehrten hätte überhaupt vermuten können, daß dieser unwirtliche Landstrich einst ein kulturreiches Bindeglied zwischen China und den Westländern bildete? Angesichts der geographischen Lage scheint es, als hätte die Natur ein abweisendes Niemandsland schaffen wollen zwischen den großen Kulturen der Erde. Im Osten die Wüsten Lop und Gobi, im Norden und Süden die langgestreckten Gebirge des Tien-schan und Kwen-lun, im Westen die Pamirs, die durch den Karakorum mit dem Kwen-lun verbunden sind und sich miteinander als Zange um das Kerngebiet von Chinesisch-Zentralasien legen. Dieses aber ist zum größten Teil vom Sand der Wüste Taklamakan bedeckt, deren tödliche Gefahren sowohl von allen chinesischen Pilgern wie von mutigen westlichen Forschungsreisenden dramatisch geschildert wurden. Fester Boden fand sich in diesem Kessel nur in den Randgebieten der Gebirgsabhänge im Norden und Süden. Dort verlaufen seit alter Zeit die großen Verbindungsstraßen zwischen Ost und West, die seit dem vorigen Jahrhundert durch die griffige Formulierung des deutschen Gelehrten Ferdinand von Richthofen als Seidenstraßen bekannt geworden sind. Eines der wichtigsten Handelsgüter Chinas wurde so zum Schlagwort für die allgemeinen Handels- und Transportstraßen von Chinesisch-Zentralasien. Auf diesen Seidenstraßen hat sich jahrhundertelang der Hauptverkehr Chinas mit dem Westen abgespielt, wobei sich eine Reihe von zeitweise blühenden Oasenstädten bzw. Stadtstaaten im Bereich der Gebirgsflüsse als Zwischenstationen gebildet hatten. Die Straße verlief von der Provinz Kansu ausgehend durch die Wüste Gobi zur Oase Tun-huang und teilte sich dann in die nördliche Route über Hami, Turfan, Karaschar, Kutscha, Aksu, Tumschuq, Kaschgar nach Samarkand, und die südliche über Miran, Tschertschen, Keriya, Khotan, Yarkend nach Herat und Kabul. Das so erschlossene Gebiet von Zentralasien ist im Verlauf seiner Geschichte unter verschiedenen Namen bekannt gewesen, so als Chinesisch-Turkistan, Kaschgarien, Serindien, Sinkiang und, übergeordnet, als Chinesisch-Zentralasien.

Ostturkistan war kein Land friedvoller Geschichte. Politisch meist Objekt der Machtbestrebungen ehrgeiziger Nachbarn, welche die so wichtigen Straßen entlang der Berghänge unter ihren Einfluß zu bringen suchten, wetteiferten Hunnen, Tocharer und Hephtaliten, gefolgt von Türken, Tibetern und Uiguren um die Macht und wurden in Abständen immer wieder chinesischer Vorherrschaft unterworfen.

Als im 7. Jahrhundert die Eroberung des persisch-sasanidischen Reiches durch die Araber begann, erreichte die Macht Chinas unter den ersten Tang-Herrschern ihren Höhepunkt. Um 647/48 standen alle Staaten des Tarimbeckens unter chinesischer Oberhoheit. Doch schon um 680 bildeten die Osttürken wieder ein von China unabhängiges Reich, bevor sie 745 von den Uiguren, einem verwandten Volksstamm, endgültig überwunden wurden. Hauptstadt des uigurischen Reiches war von da an Chotscho. Auch die Tibeter beteiligten sich an den Machtkämpfen dieser Zeit, brachen gegen Ende des 7. Jahrhunderts in die Gebiete von Kutscha und Turfan ein und plünderten 763 gar die chinesische Hauptstadt, bevor sie 822 Frieden mit China

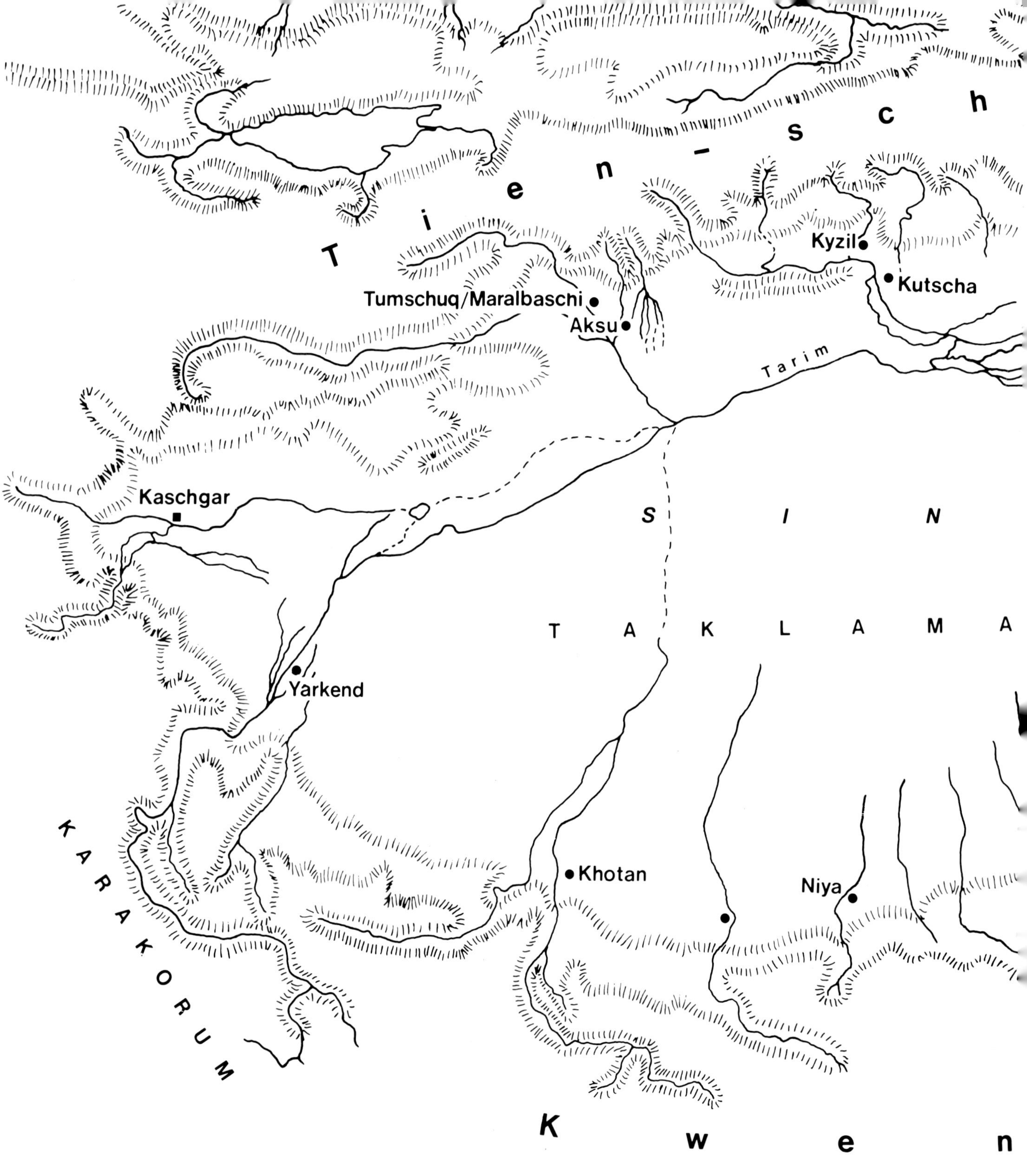

T i e n - s c h
Kyzil
Kutscha
Tumschuq/Maralbaschi
Aksu
Tarim
Kaschgar
S I N
T A K L A M A
Yarkend
KARAKORUM
Khotan
Niya
K w e n

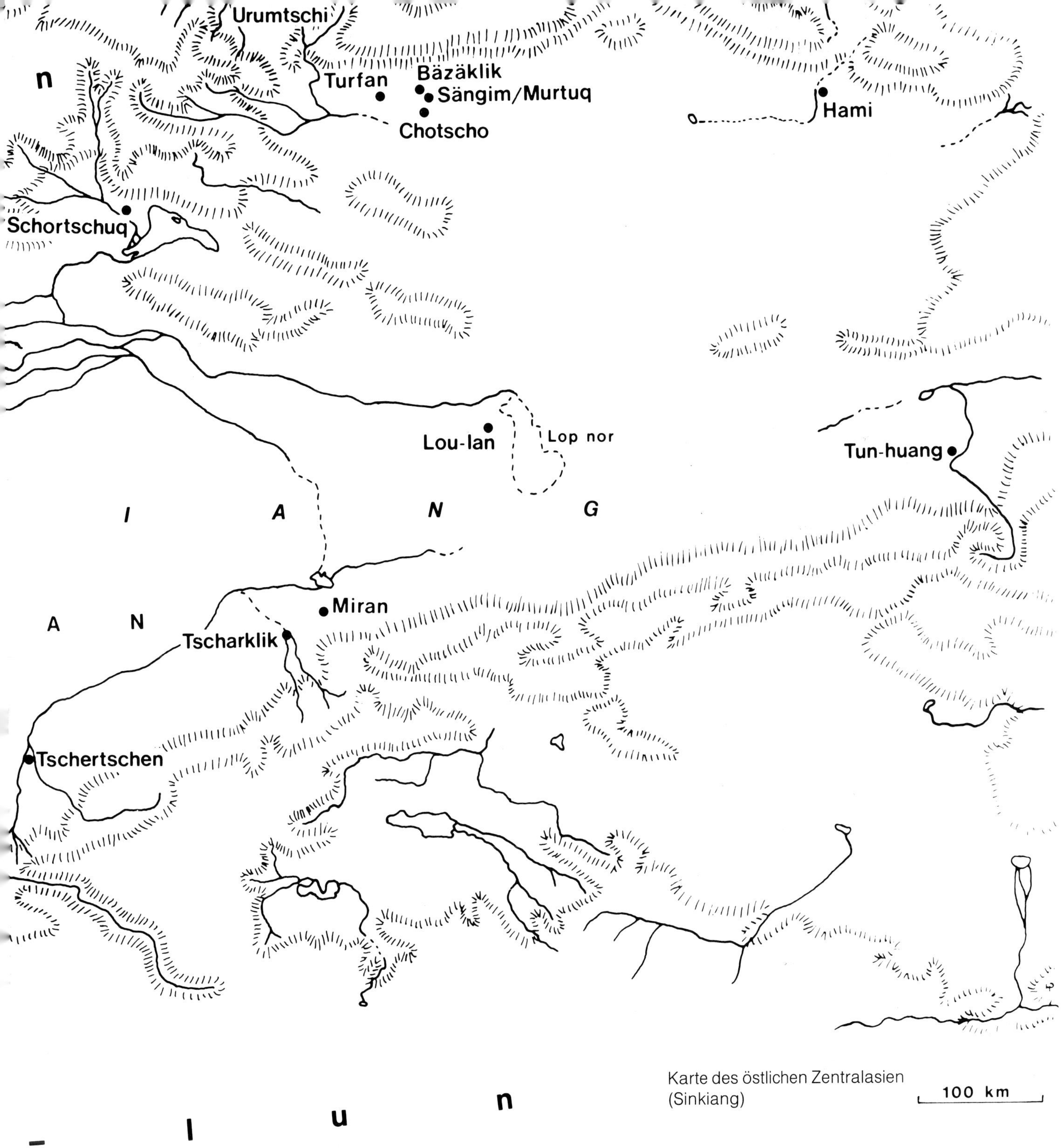

Karte des östlichen Zentralasien
(Sinkiang)

schlossen. Im 9. Jahrhundert war Chinesisch-Zentralasien weitgehend von den Uiguren beherrscht. Doch der arabische Feind stand schon an den Grenzen. Zwar wurden schon im 8. Jahrhundert Angriffe auf Khotan an der Südstraße unternommen, der endgültige Vorstoß des Islam konnte jedoch erst erfolgen, als der uigurische Herrscher Kaschgars im 10. Jahrhundert zum Islam übertrat. Der Buddhismus als Hauptreligion war dem Untergang nahe, Klöster und Tempel wurden entweiht und in Reichweite muslimischer Heere zerstört. Die Bevölkerung des Tarimbeckens ist bis auf den heutigen Tag islamisch geblieben.

Mit dem Buddhismus verlor die fast eintausend Jahre währende Kultur Chinesisch-Zentralasiens, von der wir erst seit den Entdeckungsreisen jüngerer Zeit mit Staunen Kenntnis erhielten, ihre geistige Grundlage. Wie aber kam es, daß dieses so abgeschlossene Gebiet buddhistisch wurde und wie äußerte sich buddhistische Religiosität in so fremden Landen? Ein kurzer Exkurs in die Anfangszeit dieser Religion möge die Zusammenhänge erkennen lassen.

Die Grundlage des frühen Buddhismus ist die vom Buddha Gautama (vermutlich 563–483 v. Chr.) verkündete Lehre. Diese entstand in der geistigen Auseinandersetzung mit der vedisch-brahmanischen Religion und den zeitgenössischen philosophischen Vorstellungen im nördlichen Indien. Der Begriff Buddhismus schließt aber auch spätere Lehrauffassungen ein, die nach dem Tode des Buddha in den durch Spaltungen entstandenen Meinungsschulen vertreten wurden. Die Lehrmeinungen verteilen sich auf die zwei Hauptrichtungen des sogenannten Hīnayāna („kleines Fahrzeug") und des Mahāyāna („großes Fahrzeug"). Das Hīnayāna steht der ursprünglichen, überaus strengen Lehre des Buddhismus nahe, die nur einzelne starke Charaktere die Erlösung erreichen ließ, die Masse der Anhänger auf Dauer aber nicht befriedigte. Nach der Lehre des Mahāyāna sollen auch die Schwachen zur Seeligkeit des Nirvāna gelangen können, sofern sie nur den Willen hierzu haben und durch Buddhaverehrung, Mitleidigkeit, Liebe und Selbstverleugnung das Ziel der Erleuchtung erstreben.

Die buddhistische Lehre war ursprünglich nur im Heimatland des Buddha, in Magadha (Bihar), verbreitet. Erst die Förderung durch Kaiser Aśoka (3. Jh. v. Chr.) führte zur Ausbreitung des Buddhismus über den ganzen Norden des Landes und ließ ihn zur dominierenden Religion Indiens werden. Als ein buddhistisches Konzil sich für umfassende Missionstätigkeit in außerindischen Ländern entschied und Mönche nach Afghanistan und Kaschmir entsandte, wuchs der Buddhismus zur Weltreligion heran. So kam es auch, daß zu Beginn des christlichen Zeitalters buddhistische Mönche als Missionare durch das zentrale und fernöstliche Asien wanderten. Versehen mit Handschriften der heiligen Texte predigten sie die Lehre, gründeten außerindische buddhistische Gemeinden und legten so den Grundstein für die Vorherrschaft der buddhistischen Religion in Asien. Mit der Religion aber wanderte auch die buddhistische religiöse Kunst über die Grenzen ihres Ursprungslandes hinaus, denn der Buddhismus hat sich frühzeitig der Sprache der Kunst als eines Ausdrucks- und Verständigungsmittels bedient. Es ist durchaus vorstellbar, daß die Bewohner der fernen Länder ihre erste Bekanntschaft mit der neuen Religion der Bildersprache einhergetragener Tempelfahnen mit gemalten Szenen aus dem Leben des Buddha verdankten. Wo immer sich auf Betreiben der Missionare buddhistische Gemeinden bildeten, entstanden bald Klöster und Tempel und fanden sich gläubige Stifter, die diese Anlagen zur Lobpreisung des Buddha und zum Erwerb eigenen religiösen Verdienstes mit Wandbildern und Skulpturen schmücken ließen. Da buddhistische Mönche in aller Welt die Abgeschiedenheit lieben, wählen sie oft abgelegene Orte in Tälern und auf Höhen. Die nahen Berge mit ihren Seitenschluchten entlang der Seidenstraßen veranlaßten die dortigen Buddhisten und ihre Förderer, die Gemeindebauten und Kulthallen in die Felswände zu schlagen, also Höhlentempel zu bauen, die über hölzerne Treppen und Vorbauten

Blick aus einer Mönchszelle. Kyzil.

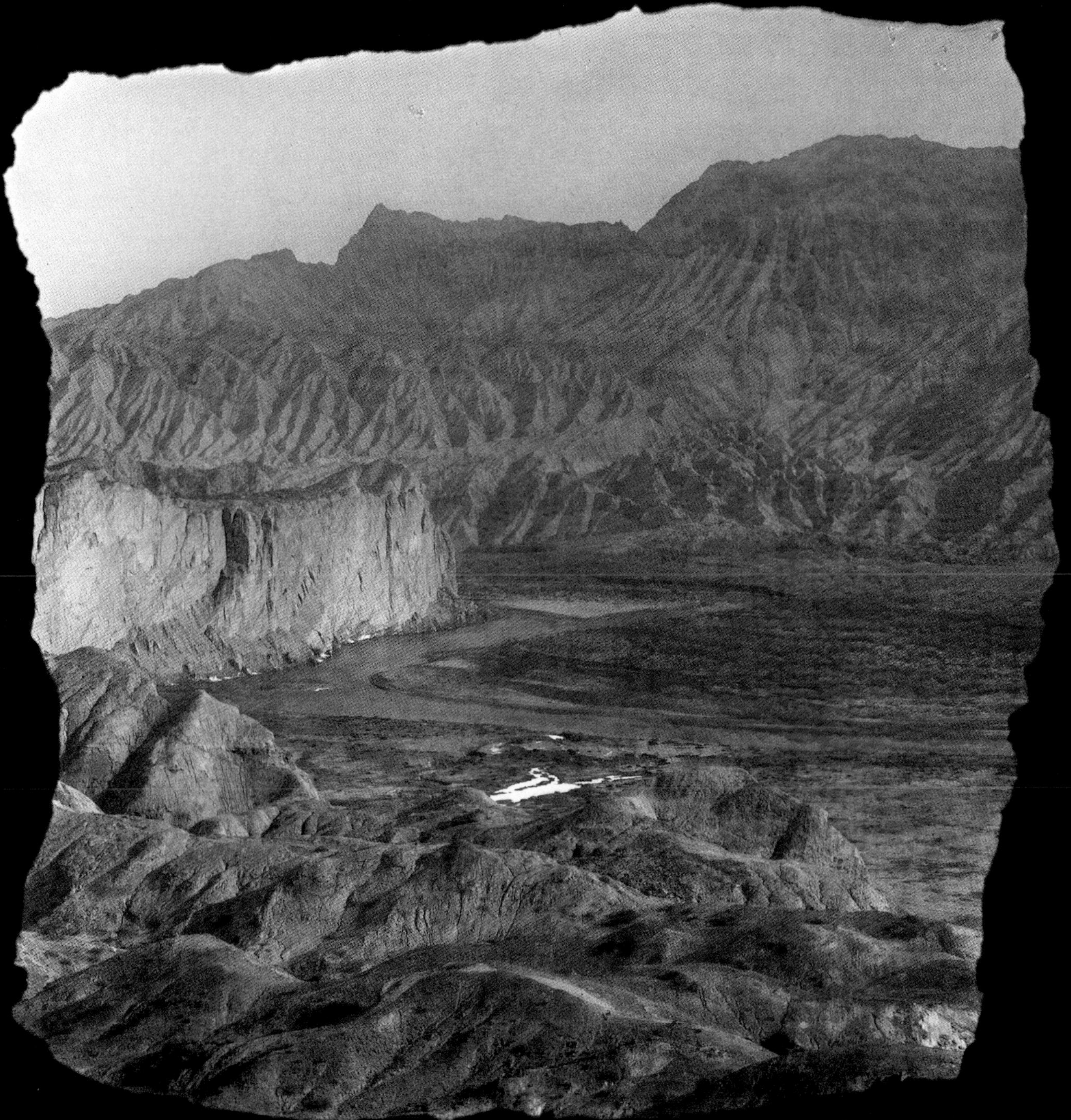

zu erreichen waren. Hunderte solcher Höhlen sind Anfang unseres Jahrhunderts entdeckt, ihre Ausstattung mit Staunen beschrieben worden. Weiter östlich, im Raum der Turfan-Oase, bot sich hingegen auch der Bau freistehender Lehmziegelbauten an. Wo immer die Gemeinden beheimatet waren, lebten die Mönche in Natureinsamkeit ihr religiöses Leben, erfüllt von der Lehre des Buddha, aber durchaus nicht weltabgeschlossen; denn sie lebten von den Gaben der Laienbevölkerung, mit der sie während der üblichen Almosengänge und bei der Entgegennahme von Spenden in Berührung kamen. In den Tempelhöhlen und Kultbauten vernahmen und rezitierten sie die vertrauten Texte der buddhistischen heiligen Schriften, umwandelten sie verehrend den Kultschrein, in dessen Nischen kunstvolle Statuen standen. Die Wände und Gewölbe des Kultraumes und der den Schrein umziehenden Wandelgänge waren über und über mit gemalten Szenen aus dem Leben des Erhabenen und Darstellungen von Begebenheiten aus der Zeit seiner Vorgeburten bedeckt. Hier wurden auch nach alten indischen Handschriften Kopien buddhistischer Texte hergestellt und auf diese Weise ganze Bibliotheken geschaffen, die für das Gemeindeleben unerläßlich waren.

Kunstwerke und Schriften aus diesen seit mehr als tausend Jahren verlassenen Anlagen haben unschätzbare Kunde vom Leben und der geistigen Kultur jener Zeit gebracht. Zur Kunst wird an geeigneter Stelle mehr zu sagen sein, der Inhalt der Bilder und die Versionen der Texte aus den beiden Zentren des buddhistischen Gemeindelebens an den Seidenstraßen, in Kutscha und Turfan, haben die Buddhismusforscher aber in ganz anderer, unerwarteter Hinsicht überrascht. Der Befund erweist klar, daß Kutscha ein Zentrum des Hīnayāna-, Turfan aber ein solches des Mahāyāna-Buddhismus war. Da sich Khotan im Süden ebenfalls als mahāyānistisch erwies, muß man wohl unterschiedliche Wanderungswege der Missionare verschiedener couleur annehmen. Die wenigen späten Höhlen mahāyānistischen Glaubens im Gebiet von Kumtura sind Pfropfungen in Zeiten uigurisch-chinesischer Vorherrschaft, eine kleine Enklave im Hīnayāna-Gebiet. Für eine stärkere Gegenmission des mittlerweile expansionskräftigen und sich überlegen fühlenden Mahāyāna von Ost nach West blieb keine Zeit.

Deutlicher als aus anderen Funden geht aus den Handschriften hervor, daß nicht der Buddhismus allein in Chinesisch-Zentralasien verbreitet gewesen ist. Auch das Christentum in nestorianischer Form und der Manichäismus haben Eingang gefunden. In der alten Uigurenhauptstadt Chotscho und Umgebung, und nur hier, wurden kostbare Reste der Literatur der Manichäer, darunter die berühmten hier abgebildeten Buchminiaturen (Nrn. 76–80)) entdeckt. Daß solche Funde gemacht werden konnten, ist letztlich dem Umstand zu verdanken, daß im 8. Jahrhundert der uigurische Fürst Bugug Chan (759–780) zum Manichäismus, einer synkretischen Weltreligion bekehrt wurde, auf die bei B eschreibung der Funde näher eingegangen werden soll. Von da an blieben die uigurischen Herrscher eifrige Anhänger dieser Religion. Die Masse des Volkes jedoch war nach wie vor buddhistischen Glaubens. Die im 10. Jahrhundert einsetzende Bekehrung der Bevölkerung zum Islam hat die alte, vielschichtige Kultur Chinesisch-Zentralasiens in die Vergessenheit gestoßen. Der geradezu dramatischen Phase ihrer Wiederentdeckung sei das folgende Kapitel gewidmet.

Die Höhlentempel von Toyoq.

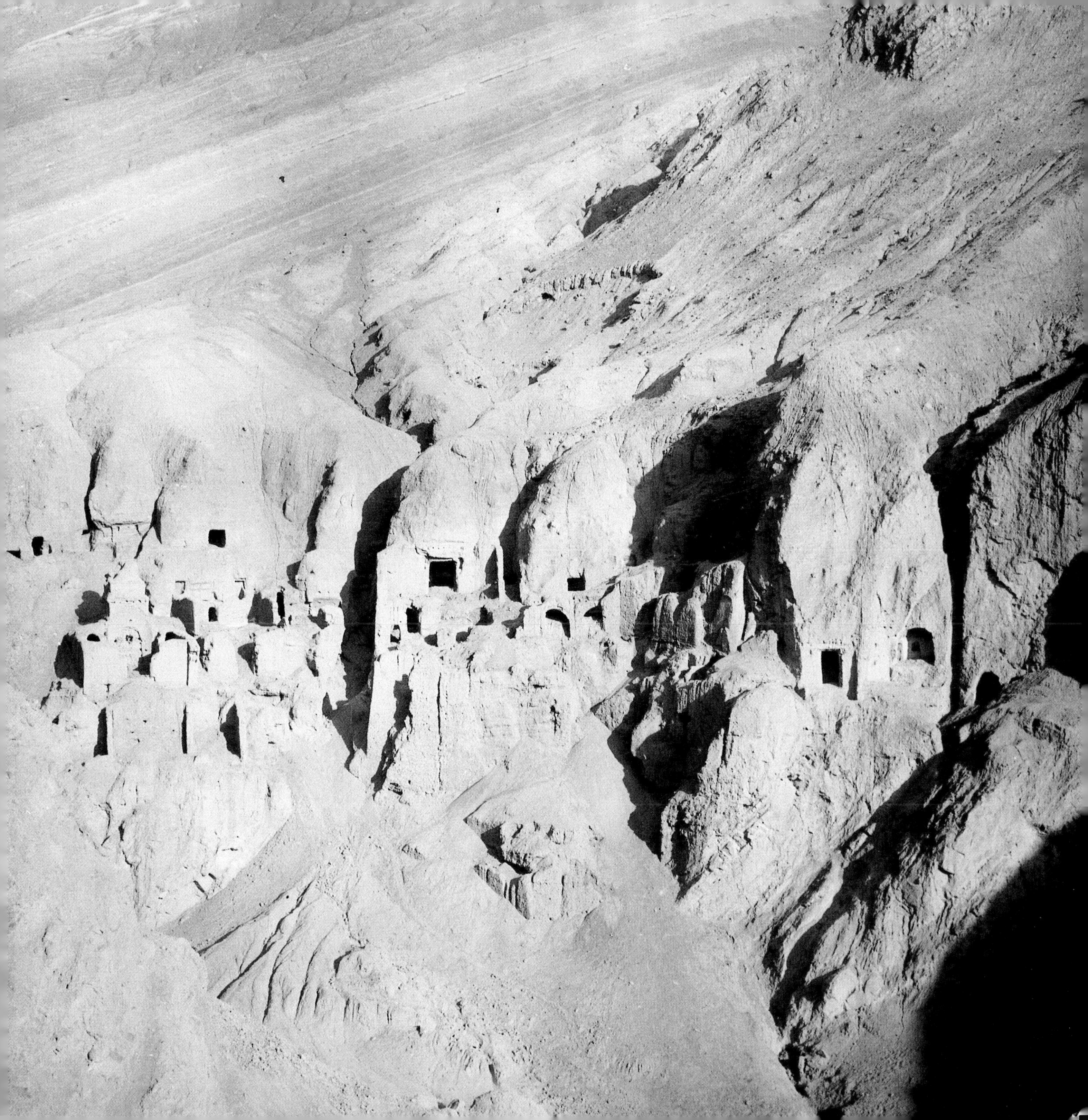

Die Entdeckung und Erforschung Chinesisch-Zentralasiens

Die moderne Erforschung Chinesisch-Zentralasiens vollzog sich in einem Zeitraum von weniger als einem Jahrhundert und wurde auf ihrem Höhepunkt fast wie ein wissenschaftlicher Wettstreit von Gelehrten zahlreicher Nationen ausgefochten. Engländer, Schweden, Russen, Deutsche, Franzosen und Japaner entsandten Wissenschaftler, die die Relikte zentralasiatischer Kultur, von denen man zuvor nur ungenaue oder überschwengliche Berichte vernahm, an Ort und Stelle studierten. Den Anfang machten die britischen Kolonialbeamten Montgomerie, Forsyth und Johnson, die zwischen 1860 und 1875 in abenteuerlichen Unternehmungen von Indien aus die ersten ernsthaften Informationen über Politik, Leben und Kultur im damals Chinesisch-Turkistan genannten Gebiet beschafften. Ihre Nachrichten wurden ergänzt durch die Ergebnisse der Zentralasien-Expedition des Russen Nikolai Prejevalsky zwischen 1875 und 1880 und des russischen Botanikers Alfred Regel, die von zahlreichen Ruinen berichteten, in denen sie buddhistische Relikte fanden. Regel sah als erster Ausländer die Überreste der alten Stadt Chotscho bei Karakhodscha. Zwischen 1889 und 1899 erregte ein in Teilen nach Indien gelangtes Manuskript aus Kutscha die Indologen in aller Welt, denn diese auf Birkenrinde geschriebenen Texte waren in altindischer Schrift und Sanskritsprache abgefaßt und stammten aus dem 5. Jh. n. Chr., waren also älter als alle bis dahin in Indien bekannten Handschriften. Sollten Kultur und Sprache des alten Zentralasien gar indischen Ursprung gehabt haben? Während man sich noch über die Authentizität der Texte stritt, hatte der schwedische Geograph und Forscher Sven Hedin Ende 1895 die erste geplante Forschungsreise zu den „verlorenen Städten der Taklamakan" von Indien aus begonnen, der noch weitere Unternehmungen folgen sollten. Obgleich kein Archäologe, Kunsthistoriker oder Religionsforscher, erkannte er doch die ungeheure Bedeutung entdeckter Ruinenfelder und gefundener Kunstobjekte für die orientalistische Wissenschaft in aller Welt. Im Jahre 1900 brach Aurel Stein, gebürtiger Ungar in englischen Diensten, zu seiner ersten Zentralasien-Expedition auf. Sein Name ist vor allem durch die Erforschung von Khotan an der südlichen Seidenstraße, die Entdeckung Tunhuangs 1906–1909 und die Ausgrabungen in Lou-lan und Niya berühmt geworden.

Als Sven Hedin seine dritte Expedition (1899) vorbereitete und Aurel Stein Pläne für seine erste Forschungsreise schmiedete, hatte 1898 ein russischer Gelehrter, Dimitri Klementz, im Auftrag der Akademie der Wissenschaften in St. Petersburg die ersten wirklich archäologischen Untersuchungen angestellt. Die Ergebnisse dieser Untersuchung waren der eigentliche Auslöser der großen europäischen (Deutschland, Frankreich) und der japanischen Unternehmungen, die mit dem Jahre 1902 begannen und um 1915 endeten. Klementz hatte als erster Fotos von den Ruinenstätten angefertigt und Handschriften und Fragmente von Wandmalereien sowie andere Fundobjekte mitgebracht. Mit diesen Funden setzt die Geschichte der deutschen ‚Turfan'-Expeditionen ein, die in dieser Einleitung anhand der Originalakten der Expeditionen umfassender dargestellt werden soll.

Die Geschichte der deutschen ‚Turfan'-Expeditionen (1902–1914)

Die Unternehmungen der Akademie der Wissenschaften in St. Petersburg waren, wie den deutschen Expeditionsakten zu entnehmen ist, von russischen und deutschen Gelehrten hervorragend vorbereitet worden. So wundert es nicht, daß die beteiligten russischen Akademiker nach der Rückkehr von Klementz sehr rasch Kontakt mit ihren deutschen Kollegen aufnahmen. Ende September 1899 trafen sie, auf dem Wege zum internationalen Orientalistenkongreß in

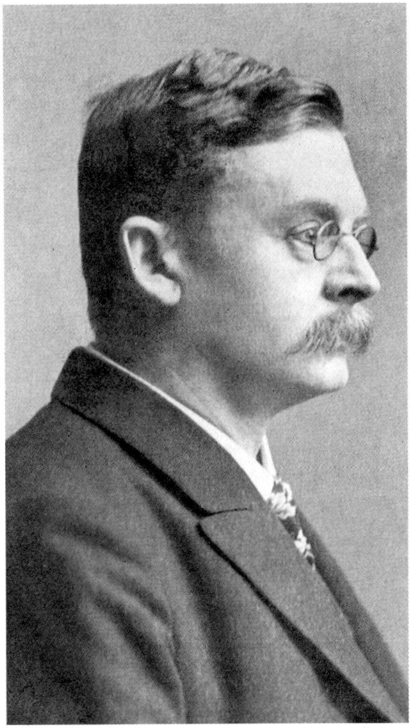

Albert Grünwedel (1856–1935).

Rom, in Berlin mit dem Direktor der Indischen Abteilung des Museums für Völkerkunde, Albert Grünwedel, zu einem wissenschaftlichen Gespräch zusammen. Das Studium der Akten macht deutlich, daß dieses Treffen die deutschen Zentralasien-Aktivitäten auslöste und folgerichtig zu weiteren Treffen mit den Russen führte. Die vorbereitenden Berichte in den Akten geben interessante Einblicke in den Forschungsstand, die wissenschaftliche Einschätzung der zentralasiatischen Funde und die politische Situation der Zeit. Deshalb sollen einige noch nie veröffentlichte Originaldokumente die geistige Atmosphäre zur Zeit des Beginns der großen Forschungsreisen wiedergeben.

Prof. Dr. Albert Grünwedel, in Fachkreisen weltweit bekannter Gelehrter auf dem Gebiet des indisch-tibetischen Buddhismus und der indischen und tibetischen Ikonographie und Mythologie, verfaßte nach dem erwähnten Besuch der russischen Forscher unter dem 26. September 1899 folgende Aktennotiz: *„Die Akademiker Prof. Dr. Radloff und Prof. Dr. Salemann brachten gestern Proben der in Turfan gefundenen Höhlengemälde nach Berlin (ferner Handschriften und Druckproben), welche sie dem Congress in Rom vorlegen wollen. Sie legten nahe, ob eine Beteiligung an einer größeren Expedition der Akademie seitens der preussischen Regierung möglich sei und wünschten im Notfalle eine wenigstens wissenschaftliche Unterstützung der Sache durch Hinweis auf die Bedeutung der ganzen Sache".*

Auf der Rückreise von Rom machten die russischen Gelehrten wieder in Berlin Station. Die neuen Gespräche veranlaßten Grünwedel zu einem ausführlichen Bericht. So lesen wir unter dem Datum des 17. Oktober 1899:

„Mit Bezugnahme auf den Besuch der russischen Akademiker Radloff und Salemann und des sich daran anschliessenden, des Fürsten Esper Esperovic Uchtomsky im Museum für Völkerkunde, gestatte ich mir als weiteren Bericht die folgenden Ausführungen zu machen.

Bei Turfan, nördlich vom Tarim-Laufe am östlichen Ausläufer des Tien Schan (Centralasien) wurden durch den Custos des ethnologischen Museums der Kaiserlichen Akademie der Wissenschaften zu Petersburg Herrn Klementz und seine Frau Entdeckungen von ungemeiner Bedeutung sowohl für die buddhistische Archäologie als auch für die Ethnographie und Sprachenkunde Centralasiens gemacht. Nachdem die ersten Mitteilungen über ungewöhnlich interessante Altertümer seitens russischer Kaufleute der Akademie gemacht worden waren, liess Herr Radloff durch den in München lebenden Sinologen Professor Hirth ein umfangreiches Material aus chinesischen Quellen über buddhistische Städte in Central-Asien zusammenstellen und sandte damit Herrn Klementz nach Central-Asien. Auf diesem literarischen Materiale fussend fand genannter Herr und seine opfermutige Gattin eine ganze Reihe von Höhlentempeln aus buddhistischer Zeit, welche an den Eingängen durch Flugsand verweht waren. Alle diese Höhlentempel sind voll von Wandgemälden (Frescos) deren Weiterbestand nun dadurch auf's äusserste gefährdet ist, dass die mohammedanische Bevölkerung der Nachbardörfer sich daran gewöhnt hat, Stücke davon abzubrechen, um ihre Felder zu düngen. Durch die Fürsorge der Kaiserlichen Akademie sind bereits gegen 50 Pud solcher abgelöster Wandgemälde nach Petersburg gebracht worden, auch ist ein Maler entsandt, welcher an Ort und Stelle Copien herstellte. Etwa ein Dutzend solcher Bilder habe ich gesehen, da sie mir von den obengenannten Herren bei ihrer Durchreise zum Orientalistencongress in Rom mit der Anfrage gezeigt wurden, ob ich bestimmte Angaben über Stil und Bedeutung geben könnte. Es war leicht zu ersehen, dass die Copien ganz vorzüglich sein mussten, denn sie gaben Freskentypen altindischen, altiranischen und buddhistisch chinesischen Charakters. Unter den mitgebrachten Bildern fand sich ein Bodhisatva (vielleicht Maitreya) in streng indi-

schem Stile und der ruhigen Farbengebung der jetzt durch Griffith zugänglich gemachten Wandgemälde von Adschanta. Es ist nicht zu zweifeln, dass wir also eine Centralasiatische Schwesternschule der altindischen buddhistischen Malerei vor uns haben: eine Schule, die vorhanden gewesen sein muss, wie alle Anzeichen beweisen. Unter den Bildern buddhistisch-chinesischen Charakters befanden sich Buddhabilder mit Inschriften und Garuḍa *als Donnergott. Im Ganzen erscheint eine Anlehnung an die durch Ritter und Talbot bekannten Gemälde an der „Königsstrasse" von Bamyan möglich, wenngleich die Tragweite der grossartigen Entdekkung jetzt noch kaum genügend bemessen werden kann. Und dies um so weniger, als handschriftliche Funde, darunter zweisprachige (türkisch mit Sanskritglossen in Vartulaschrift) dabei sich einstellten und noch mehr zu hoffen ist. Dabei ist äusserste Gefahr im Verzug, dass wir diese unschätzbaren Documente der Geschichte Centralasiens völlig verlieren."*

Der Vorschlag der Russen zu einer gemeinsamen Unternehmung wird hier nicht wieder erwähnt. Er ist, wie aus den Akten zu ersehen, gründlich geprüft worden, konnte aber schließlich nicht verwirklicht werden.

Diesem Bericht von Grünwedel schließt sich eine Stellungnahme des berühmten Sinologen F. W. K. Müller an, der vor allem auf die Bedeutung der sich mehrenden Handschriftenfunde und die Bedrohung der zentralasiatischen Kulturdokumente *„in dem vom muhammedanischen kunstfeindlichen Fanatismus und von bilderstürmerischer Beschränktheit beherrschten Central-Asien"* aufmerksam macht. Er schließt seine Stellungnahme mit dem Satz: *„Wenn es gelingen sollte, neue derartige Funde in Höhlentempeln zu machen, so dürfte die ganze Religions- und damit die Kulturgeschichte Centralasiens ein anderes Aussehen bekommen"*. Auf dem Orientalistenkongreß 1899 zu Rom sind neben russischen offenbar auch englische, über Indien eingeschleuste Funde aus Zentralasien vorgezeigt worden. Aber wer die Atmosphäre solcher internationaler Konferenzen kennt, wird verstehen, daß dieser zweifache öffentliche Nachweis einer noch immer kaum bekannten Kultur die Fachwissenschaft, und zwar Sprachforscher, Religionsgeschichtler, Archäologen und Kunsthistoriker gemeinsam ungeheuer beeindrucken mußte. Ein Augenzeugenbericht eines Teilnehmers der Konferenz liegt bei den Berliner Turfanakten und möge die Stimmung verdeutlichen:

„Auf dem letzten Internationalen Orientalistenkongreß zu Rom 1899 erregte die Vorführung einer der Britischen Regierung gehörigen großartigen Sammlung von Altertümern aus dem westlichen Teil von Ostturkistan, sowie der Bericht über die Entdeckungen einer russischen Expedition im Osten desselben Gebietes ungewöhnliches Aufsehen. Diese Funde und Forschungen haben uns die überraschende Tatsache gelehrt, daß Ostturkestan noch bis vor tausend Jahren eine reiche blühende Kultur besaß, die in ihrer außerordentlich mannichfaltigen Zusammensetzung die Einwirkungen der benachbarten chinesischen, indischen und griechisch-westasiatischen Kulturen wiederspiegelt. Die englische Sammlung besteht aus Handschriften und Holzdrucken, Münzen und Siegeln, Terrakotten und sonstigen Figuren, die in Gräbern, Türmen und anderen Bauwerken gefunden, resp. aus vom Flugsand verschütteten Ortschaften ausgegraben wurden. Die wichtigste Entdeckung der russischen Expedition (1898) bestand in der Auffindung von nicht weniger als 160 künstlichen – z. T. mit oberirdischen Bauten verbundenen – Höhlenanlagen, welche Nachahmungen der hochberühmten buddhistischen, teilweise unterirdischen, Kloster- und Tempelanlagen Indiens darstellen. Viele von diesen Tempeln sind mit chinesischen, indischen und türkischen Inschriften, vor allem aber mit großartigen religiösen und profanen Fresko-Malereien geschmückt. Die hervorragendste Bedeutung unter den aufgefundenen Altertümern besitzen die Schriftdenkmäler, da sie größtenteils in völlig unbekannten Schriftarten und Sprachen abge-

faßt sind, welche die Orientforschung gänzlich unerwartet vor eine staunenerregende Fülle bedeutsamer Probleme gestellt haben, deren Lösung eine sehr beträchtliche Bereicherung der mittelasiatischen Schriftkunde, Sprachwissenschaft und Geschichte darstellen würde. Von größter Wichtigkeit sind aber auch die Werke der Plastik und Malerei, da sie hochinteressante und wissenschaftlich sehr bedeutsame Beziehungen zur chinesischen, indischen und persischen, sowie auch zur griechisch-römischen und vorderasiatischen Kunst darthun. So reich und wertvoll nun aber die von englischer und russischer Seite gemachten Funde auch sind, so stellen sie doch nur eine geringe Ausbeute dar im Vergleich mit dem, was an Werken des Schrifttums sowie der Malerei und Plastik bei einer umfassenden, methodischen und mit reicheren Mitteln ausgeführten Untersuchung der Fundorte, namentlich aber bei einer Ausgrabung der von den Sandstürmen begrabenen Städte zu Tage gefördert werden könnte. Die Aussendung einer wissenschaftlichen Expedition nach Ostturkestan zum Zwecke solcher Nachforschungen und Ausgrabungen würde daher ein außergewöhnliches Verdienst um die Erforschung des Orients bedeuten".

Die erste deutsche Turfan-Expedition (Dezember 1902 – April 1903)

Grünwedel, der in dem Berliner Orientalisten und Privatdozenten Dr. Huth einen eifrigen Mitstreiter fand, war von nun an fest entschlossen, eigene Forschungen in Zentralasien vorzunehmen. Leider entsprach die Bereitschaft zur Finanzierung einer deutschen Expedition in keiner Weise der fachlichen Begeisterung der Wissenschaftler. Die Akten künden von der unendlichen Mühe, der vielen Schreiberei, ja Bettelei, zur Verwirklichung des Projekts. Am betrüblichsten muß für Grünwedel die distanzierte Haltung der Berliner Akademie der Wissenschaften gewesen sein, die nur zu gutachtlicher Unterstützung bereit war. Tatsächlich ist die erste Expedition nur zu einem Viertel aus öffentlichen Mitteln, nämlich dem Budget des Museums für Völkerkunde selbst, im übrigen aber durch Spenden eines privaten Mäzens sowie eines Großindustriellen und mittels einer überraschend unkomplizierten Gabe des ‚Ethnologischen Hilfskomitees Berlin' finanziert worden. Die verfügbare Gesamtsumme zur Durchführung der einschließlich Reisen fast ein Jahr währenden Unternehmung belief sich auf 36000 Mark. Die Beschaffung der Geldmittel und das Erwirken der Zustimmung der Kulturbehörden in Berlin und der diversen Reisepässe hatte enorm viel Zeit gekostet. Die fachlichen Vorbereitungen waren ebenfalls schon lange angelaufen. Die Kontakte unter den Forschern der interessierten Länder waren erstaunlich gut. Obgleich eine gemeinsame deutsch-russische Expedition nicht zustande kam, halfen die Petersburger Akademiker ihrem Kollegen Grünwedel bei allen nur erdenklichen Problemen, vor allem der Anreise durch Rußland und der Beschaffung der amtlichen Papiere und waren auch sonst mit Rat und Tat bei der Hand. Sir Aurel Stein, über dessen erste Expedition die ‚Times' am 30. März 1901 einen Bericht brachte, traf Anfang Oktober 1901 auf dem Wege zu seiner zweiten Zentralasientour in Berlin ein. Er berichtete über seine Reiseerfahrungen und gab wichtige Hinweise über die örtlichen Verhältnisse in Chinesisch-Turkistan. Es blieb abzuwarten, ob sich die allseits erfreuliche Kollegialität bei Rivalität im gleichen Forschungsgebiet aufrecht erhalten ließ.

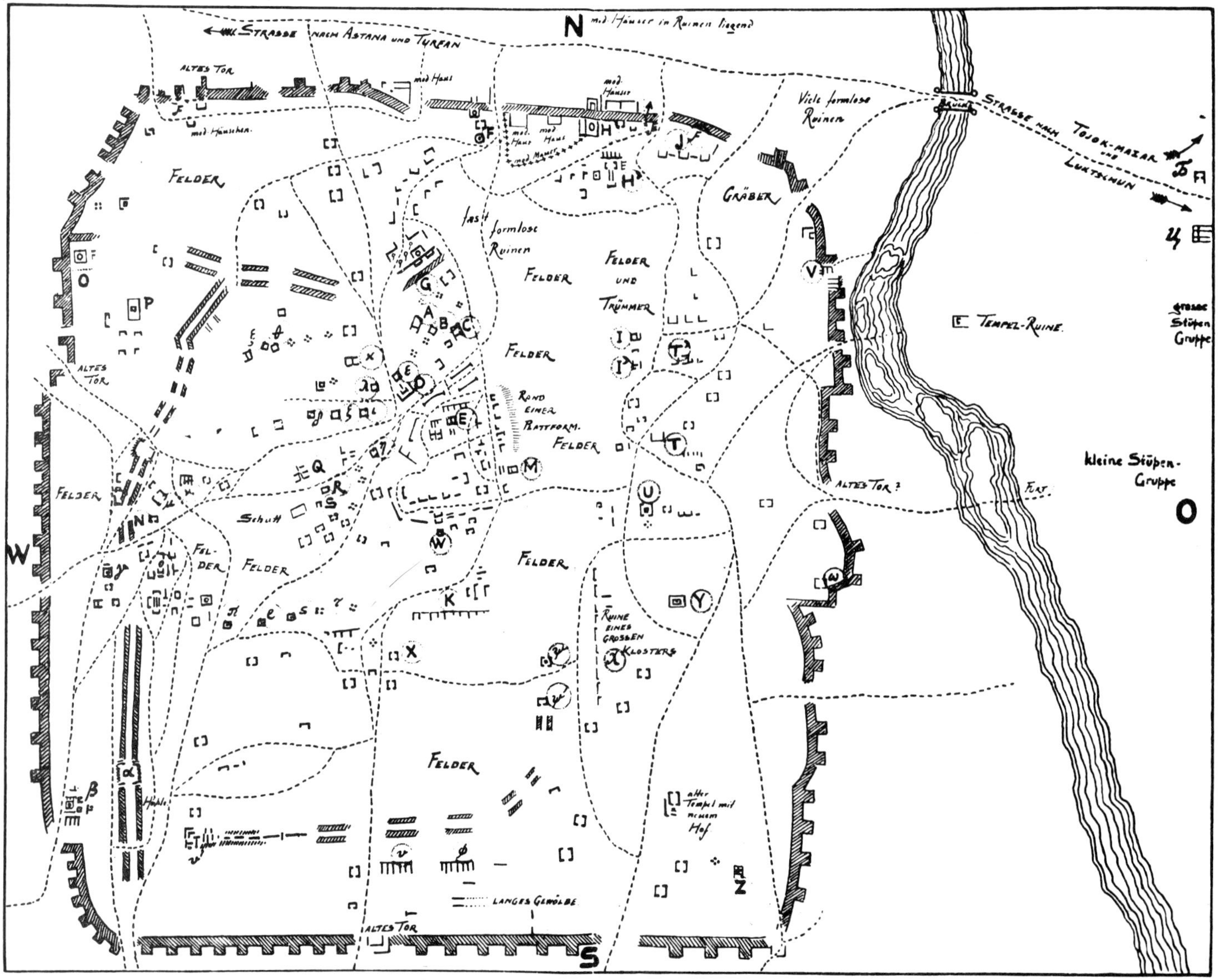

Die alte Stadt von Chotscho (nach Grünwedel).

Man spürt beim Studium der Akten eine gewisse Nervosität bei den Vorbereitungen, ein ständiges Drängen zu baldiger Abreise und mürrische Ungeduld bei den sich immer wieder ergebenden Hindernissen. Es ist gar keine Frage, daß diese Unruhe auf den von anderen Reisenden eintreffenden Berichten über den Kulturvandalismus der einheimischen muslimischen Bevölkerung beruhte und die Sorge sich ausbreitete, man könne zu spät kommen, schlimmste Zerstörungen zu verhindern. So ist der Leser der Akten fast erlöst, wenn er unter dem 12. August 1902 die Notiz liest „Herr Professor Grünwedel und Herr Dr. Huth haben die Reise nach dem Innern Asiens gestern Abend angetreten". Als dritter Teilnehmer trat auch Theodor Bartus, ein Museumstechniker mit bewegter Seemannsvergangenheit und daher auch begabt mit unzähligen Fähigkeiten für eine solche Expedition, die Reise an. Das Ziel des Drei-Mann-Teams war die Oase von Turfan im Osten der nördlichen Seidenstraße. Wegen dieses Ziel-Ortes der ersten Reise sprach man hinfort von der ‚Turfan'-Expedition, eine Bezeichnung die für alle vier Unternehmungen beibehalten wurde, obwohl die späteren Expeditionen auch an anderen Orten arbeiteten. Das Team erreichte sein Ziel erst Ende November 1902 nach mehr als dreimonatiger strapazenreicher Reise. Man arbeitete konzentriert von Anfang Dezember 1902 bis Anfang April 1903 an mehreren Orten in der Turfan-Oase, so in der alten Stadt bei Karakhodscha (Chotscho oder Idikutschari), Sängim und Murtuq. Grünwedels erste Aufgabe war die Herstellung eines zuverlässigen Planes des weitgestreckten Geländes um Karakhodscha, das er voller Ruinen fand und in einem Brief wie folgt beschreibt:

„In der Tat handelt es sich hier um eine vergessene asiatische Großstadt von außerordentlichem Interesse. Schon die Ausdehnung ist eine gewaltige; die innere heilige Stadt, die nur aus Tempeln und Palästen bestanden hat, hat an der breitesten Stelle der noch stehenden (Stadt-) Mauer eine Ausdehnung von 7400 englischen Fuß. Hunderte von Terrassentempeln und grandiose Gewölbebauten bedecken eine mächtige Fläche Land, in welche die heutigen Bewohner ihre Bewässerungskanäle leiten."

Der große Schreck bleibt nicht aus, die alte Sorge bestätigt sich hier, wenn Grünwedel feststellt: *„Die Stadt dient als Lieferant für Baumaterial der modernen Häuser, sie dient als Schatzkammer, wo man nach Schätzen gräbt, sie dient als Belustigungsort, wo man Buddhafiguren und Fresken zur Ehre Allah's in Stücke schlagen kann – allerdings mit dem nützlichen Hintergedanken, damit die innerhalb der Ruinen liegenden Zuckerrohr-, Baumwoll- und Sorghum-Felder zu düngen. Polizei gibt es nicht und wir müssen es ruhig mit ansehen, wie neben unseren Arbeiten (in lang gewohnter Weise) demoliert wird ... Unter Umständen, wie sie hier gegeben sind, zu arbeiten, ist äußerst aufreibend und insofern deprimierend, als man sich sogar gezwungen sieht, den Pünderern ihre Beute abzukaufen und sie allmählich anzuleiten, sich vernünftiger zu verhalten."* Genaue Informationen über die Arbeiten der Expedition hat Grünwedel in seinem Werk *„Bericht über archäologische Arbeiten in Idikutschari und Umgebung im Winter 1902–1903"*, München 1905, veröffentlicht. Mit Idikutschari bezeichnet er die große Ruinenstadt unmittelbar bei Karakhodscha. Dieser Ort und seine Umgebung erwiesen sich in der Tat als eine buddhistische Stadt, die aber mit mehr überraschte, mit Handschriften in vielen Sprachen und Schriften, so z. B. Sanskrit, Uigurisch, Mongolisch, Alt-Türkisch, Chinesisch, Tibetisch; mit Relikten der Religion der Manichäer und, wie sich später herausstellen sollte, auch der Nestorianer, einer christlichen Gemeinschaft. Das Ergebnis der Reise war überwältigend. Die Ausbeute an Funden, an Figuren aus Lehm und Holz, an Drucken, Manuskripten und aus dem Schutt der Tempelruinen geborgener Wandmalereien füllte 44 Kisten, die in mühseliger Arbeit sorgfältig verpackt und auf Kamelen wie auch auf dem Wasserweg nach St. Petersburg transportiert wurden und von dort den Weg nach Berlin fanden. Grünwedel war mit

Bartus im Juli 1903 nach Berlin zurückgekehrt. Huth hatte sich zu Sprachstudien in Osch von der Expedition getrennt. Das Fazit dieser Reise zieht Grünwedel am Ende seines langen handschriftlichen Berichts vom August 1903:

„Die Ausrüstung neuer Expeditionen halte ich für durchaus nötig. Das Land, dessen Verhältnisse mir jetzt wohlbekannt sind, ist voll von Ruinen der interessantesten Art. Besonders wäre Murtuq und vor allem Kutscha ins Auge zu fassen. Am wichtigsten wären topographische Aufnahmen sowie Messungen der Tempel und Höhlen. Ich habe in dieser Beziehung getan, was in meinen schwachen Kräften stand, aber es muß, bevor gegraben wird, auf diesem Gebiet viel mehr geschehen !... Für die Fresken ist es höchste Zeit, daß mit aller Energie vorgegangen wird, da die Eingeborenen sie herausbrechen, um damit ihre Felder zu düngen. Die Bedeutung dieser Bilder für die Kunstgeschichte Ostasiens ist eine außerordentliche, da sie zweifellos die Mittelglieder sind, welche die Verbindung der altchinesischen Kunst mit der sogenannten graeco-buddhistischen des Gandhāragebietes herstellen."

Die Kisten mit den Funden trafen im November 1903 in Berlin ein. Kurze Zeit danach konnte das Material den Wissenschaftlern zugänglich gemacht werden. Unter dem Eindruck der Ergebnisse, beschloß der inzwischen gegründete ‚Ausschuß für die Erforschung Zentralasiens', dem eine Anzahl führender Orientalisten unter Vorsitz des Geheimrats Prof. Pischel angehörten, möglichst bald eine neue Expedition nach Turkistan auszurüsten. Aufgrund der rückhaltlosen Unterstützung seitens der wissenschaftlichen Gremien gab es keine Finanzierungsschwierigkeiten mehr. Die Gelder für die zweite Expedition stellte der deutsche Kaiser aus seinem Dispositionsfond zur Verfügung. Das preußische Abgeordnetenhaus bewilligte dem Kultusministerium die geforderte Summe für die unmittelbar anschließende dritte Expedition ohne Debatte.

Das Interesse an den Forschungen und Ergebnissen der Expeditionen nach Chinesisch-Zentralasien war auch in der Fachwelt ständig gewachsen. Auf dem internationalen Orientalistenkongreß, der im Herbst 1902, als Grünwedel auf dem Weg nach Turfan war, in Hamburg stattfand, legte Sir Aurel Stein Proben seiner Funde aus Khotan vor. Im Hinblick auf das umfangreiche und völlig neue Forschungsgebiet, daß sich hier in Zentralasien darbot, beschloß der Kongreß, einer schon im Jahre 1899 von Rußland ausgegangenen Anregung Folge zu leisten und eine Gesellschaft zur Erforschung jener Gebiete auf internationaler Grundlage zu schaffen. So entstand die ‚Association internationale pour l'exploration de l'Asie Centrale et de l'Extrême-Orient' mit einem Zentralausschuß in Petersburg und nationalen Ausschüssen in den verschiedenen Ländern Europas und in Amerika. Die Ausschüsse sollten völlig unabhängig voneinander arbeiten und nur mit dem Zentralausschuß in Verbindung treten, damit die wissenschaftlichen Arbeiten möglichst systematisch und ohne gegenseitige Behinderung betrieben werden können. Ein besonderes Ziel war es aber auch *„der verständnislosen Zerstörungswut Einhalt zu gebieten, mit der nicht nur die einheimische Bevölkerung, sondern auch unberufene Reisende auf den Trümmerstätten zu hausen pflegen."* Die aus Sorge um die so überwältigenden Zeugnisse einer großen, verschollenen Kultur ins Leben gerufenen ernsthaften wissenschaftlichen Unternehmungen hatten somit eine weltweite Resonanz gefunden. Für die Mehrzahl der orientalistischen Fachgebiete der westlichen Universitäten brach ein neues Zeitalter an. Das betroffene China aber war offensichtlich völlig desinteressiert, denn wie sonst ist es zu erklären, daß dem Treiben der einheimischen Muslims kein Einhalt geboten wurde und die chinesische Wissenschaft keine Notiz von den weltbewegenden Entdeckungen auf immerhin chinesischem Gebiet nahm?

Blick auf die Ruinen von Chotscho.

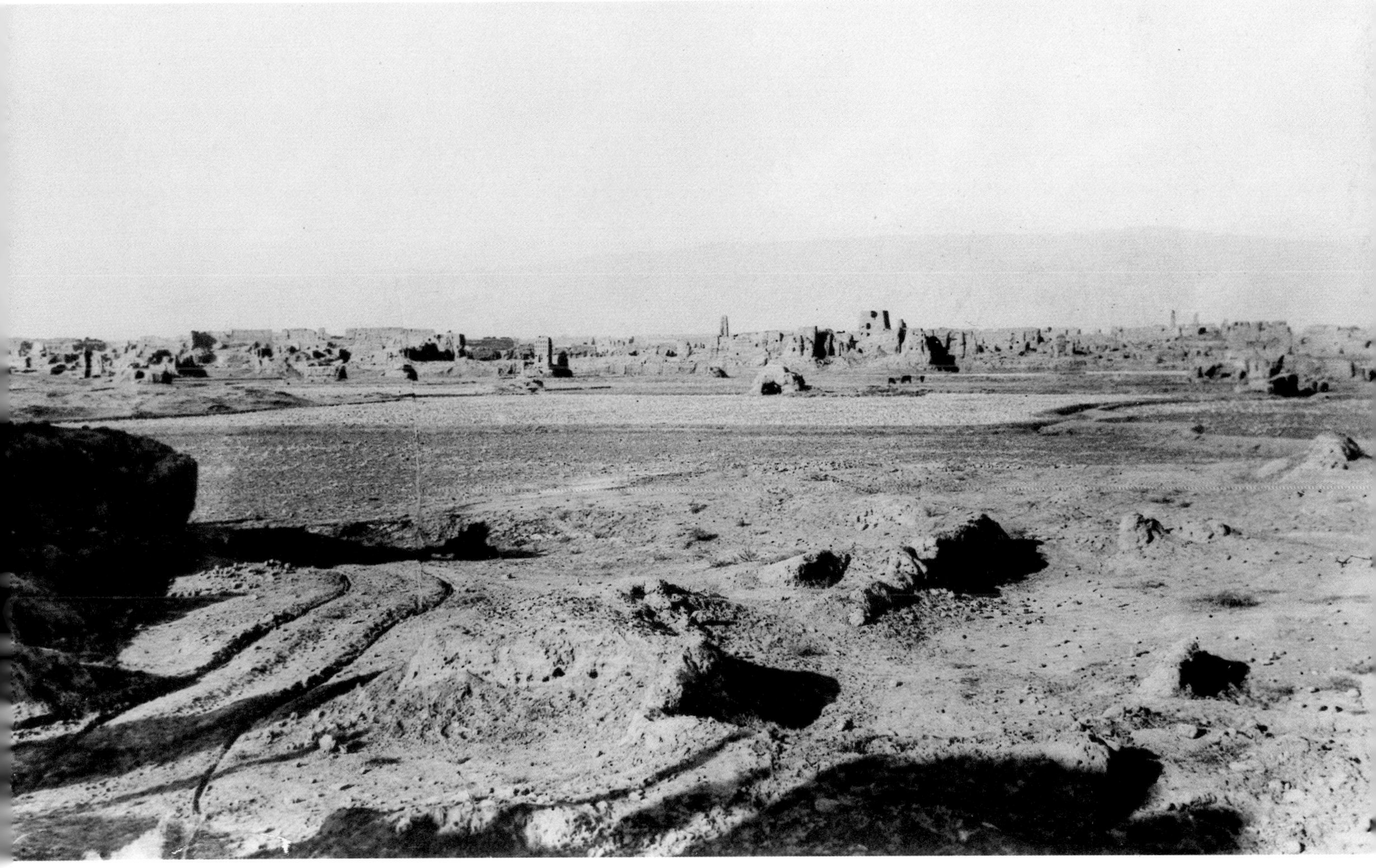

Die zweite deutsche Turfan-Expedition (November 1904 – August 1905)

Das Südende der Haupterrasse ▶ von Bäzäklik.

Der genannte deutsche Ausschuß unter Vorsitz von Professor Pischel, später Professor Heinrich Lüders, war ein solches nationales Gremium, wie es die Hamburger Konferenz forderte. Die Gründung einer Kommission aus Fachgelehrten bedeutete zugleich, daß neue Unternehmungen nicht mehr der Initiative eines Einzelnen bedurften, sondern durch Beschlüsse dieses Gremiums zustandekamen. Da man möglichst bald eine neue Expedition zu entsenden wünschte, Grünwedel aus gesundheitlichen Gründen nicht vor 1905 zu reisen imstande war, entschied man sich, die Leitung der ‚Zweiten Königlich-Preußischen Turfan-Expedition' Albert von LeCoq anzuvertrauen, der seit kurzer Zeit als Volontär in der Abteilung Indien des Museums für Völkerkunde tätig war. Anders als Albert Grünwedel, der nach einem Universitätsstudium 1881 nach Berlin kam und zwei Jahre später als junger Mann die Leitung der Indischen Sammlungen am Museum übertragen bekam, sich so zu einem der bedeutendsten Gelehrten auf seinem Fachgebiet entwickelte und schon mit seinem frühen Werke *„Buddhistische Kunst in Indien"* internationale Anerkennung erwarb, hatte Albert von LeCoq, Abkömmling einer Berliner Hugenottenfamilie, nach kaufmännischer Ausbildung in London und Amerika und Handelsgeschäften in der Firma seines Vaters erst mit vierzig Jahren einen anderen Lebensweg gesucht und 1900 in Berlin mit dem Studium orientalischer Sprachen begonnen. Er arbeitete nebenbei als Volontär in der Afrikanisch-Ozeanischen Abteilung des Museums für Völkerkunde und trat 1902 in die Indische Abteilung des gleichen Museums ein. Man kann sich kaum gegensätzlichere Charaktere als die von Grünwedel und von LeCoq vorstellen. Hier der ernste, stille und sich eher in den Hintergrund stellende und gewiß ein wenig kantige Gelehrte Grünwedel, dort der lebensfrohe, humorvolle und feinsinnige Weltmann, der seine Mitmenschen mit seiner liebenswürdigen Persönlichkeit zu beeindrucken wußte. In dieser Konstellation waren Spannungen vorgezeichnet, aber blickt man auf das Ergebnis und den gezeigten Unternehmungsgeist zurück, muß man der Kommission bescheinigen, die richtige Ergänzung zu Grünwedel getroffen zu haben.

Im November 1904 traf von LeCoq mit dem Allerweltskerl Bartus, der als einziger alle vier deutschen Expeditionen mitmachen sollte, in Turfan ein. Diese Unternehmung wurde als eine Vor-Expedition betrachtet, die sich im Laufe des Jahres 1905 mit der dann anreisenden Haupt-Expedition unter Albert Grünwedel vereinigen sollte. Das Arbeitsgebiet war erneut die Ruinenstadt bei Karakhodscha, die Grünwedel Idikutschari nannte, von LeCoq aber als Chotscho bezeichnet wurde. Drei Monate verblieb er mit Bartus auf diesem Gelände und untersuchte Ruine um Ruine. Seine Briefe aus dieser Zeit zeigen Unmut über die geringen Ergebnisse, und auch bei Abbruch der Arbeiten in Chotscho ist er nicht sonderlich zufrieden. Immerhin sind neben der Fortsetzung der planmäßigen Aufnahme und Zeichnung der Tempelanlagen bedeutende Funde an Handschriften gemacht worden, die in nicht weniger als 24 Schriften geschrieben waren und Texte in 17 Sprachen bewahrten, einige davon bisher ganz unbekannt, so daß die Philologen in Berlin echte Entzifferungsarbeit zu leisten hatten. Dieses Material enthielt nicht nur buddhistische Schriften, sondern auch Texte anderer Religionen. Besondere Aufmerksamkeit erregten die Funde an damals noch für verschollen geltenden religiösen Schriften der Manichäer, darunter sogar Miniaturenblätter, die bis auf den heutigen Tag die ersten bildlichen Zeugnisse dieser Religionsgemeinschaft sind. Auch die einzigen verbliebenen Wandbilder aus einem nestorianischen Tempel konnten geborgen werden. Wie alle Forscher berichtete auch von LeCoq über den haarsträubenden Umgang mit alten Kulturgütern seitens der Bevölkerung. So schreibt er in seinem populären Bericht über die Zweite und Dritte Turfanreise:

Albert von LeCoq (1860–1930).

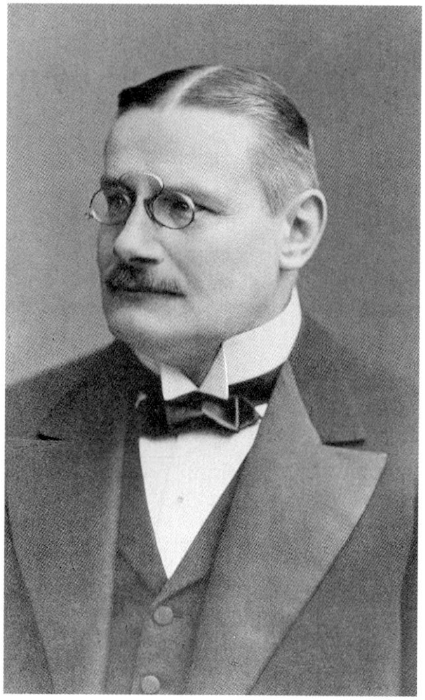

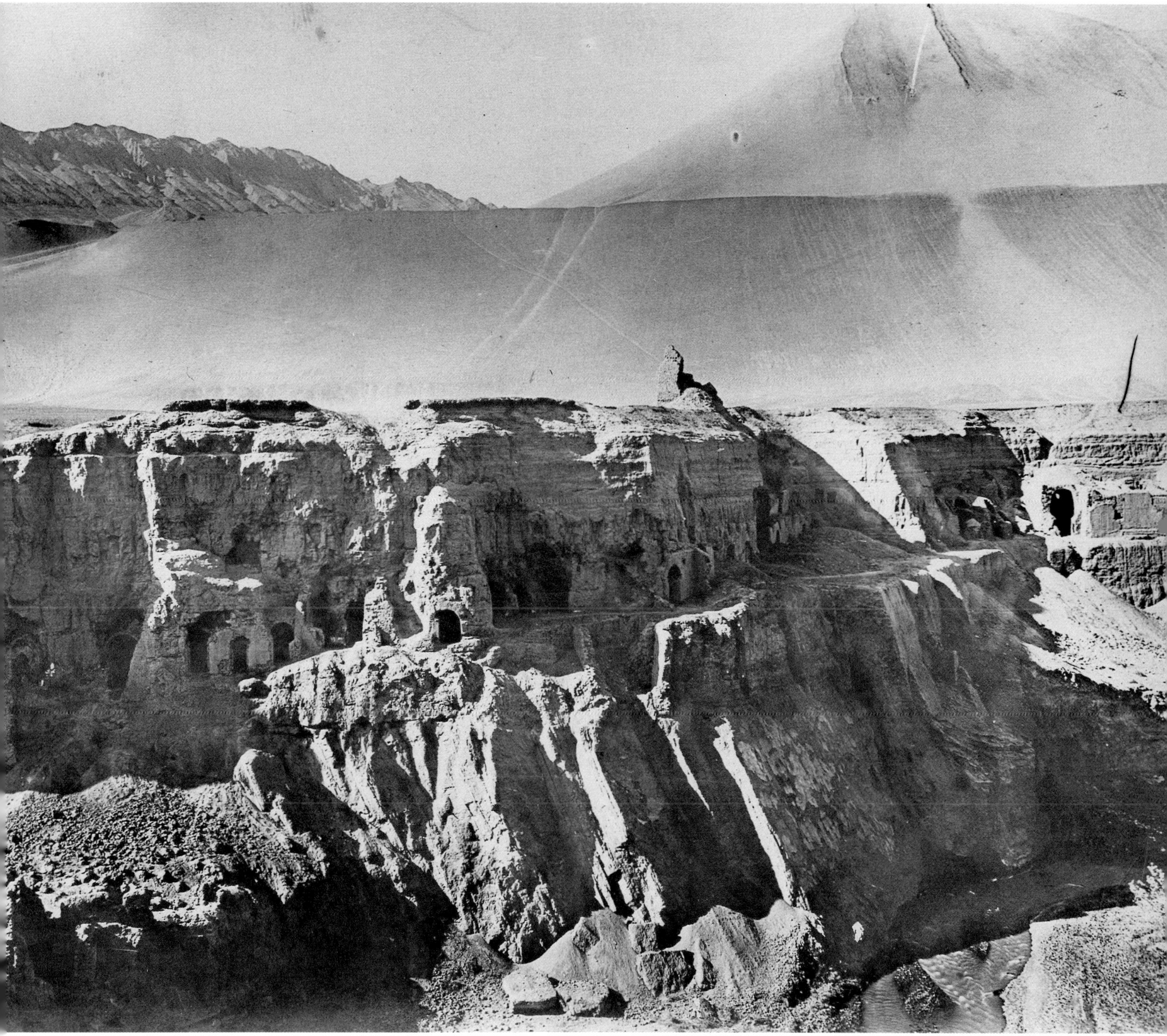

„Unsere Expeditionen sind zu spät nach Chotscho gelangt; wären sie früher gekommen, so hätten sicherlich mehr dieser merkwürdigen Malereien geborgen werden können. Aber auch von der für die Religions- und Sprachgeschichte gleich wichtigen Literatur der Manichäer wäre sehr viel mehr gerettet worden: einer der Bauern sagte mir, fünf Jahre vor dem Kommen der ersten Expedition habe er in einem der zur Anlage von Feldern niedergelegten Tempel fünf große Karren voll der von uns so gesuchten Handschriften mit der „kleinen Schrift", nämlich der manichäischen, gefunden. Viele seien mit Bildern in Farben und Gold verziert gewesen. Er fürchtete aber ... den unheiligen Charakter der Schriften ... und warf kurzerhand die ganze Bibliothek in den Strom !" Auch eine andere Erfahrung hat ihn, wie Grünwedel, sehr deprimiert: *„Überhaupt waren durch das fortwährende Graben der Einheimischen große Zerstörungen angerichtet worden. Die Ruinenstadt enthält nämlich mancherlei, das den heutigen Bewohnern nützlich ist. Da ist zunächst der im Laufe der Jahrhunderte in den Ruinen aufgehäufte Lößstaub, der mit den darunter liegenden zertretenen und zerschlagenen Resten von Statuen usw. ein wertvoller Dünger ist. Noch kostbareren Dünger bilden die auf dem Lehmverputz der Wände aufgemalten Wandgemälde, die dem Muslim an und für sich ein Greuel sind und daher überall, wo er sie antrifft, wenigstens am Gesicht, beschädigt werden. Herrscht doch der Glaube, daß die gemalten Menschen und Tiere, wenn man nicht wenigstens Augen und Mund zerstört, des Nachts sich beleben, heruntersteigen und allerhand Unfug an Menschen, Vieh und Ernten verüben ! Aber in der Nähe der Siedlungen schlägt man diese mit bunten Temperafarben gemalten Bilder von den Wänden, um erschöpfte Felder damit zu düngen. Die Chinesen, die als Beamte im Lande sitzen, bekümmern sich nicht um diesen Unfug; sie sind alle Confuzianer und verachten den Buddhismus als Religion der ‚kleinen Leute'. Bei zunehmender Bevölkerung wurden ganze Viertel der (alten) Stadt allmählich der Ruinen durch Abtragen beraubt, der Grund und Boden geebnet, Bewässerungskanäle hineingezogen und so die zerstörende Feuchtigkeit in die Ruinenstadt eingeführt."*

Im März 1905 brach von LeCoq die Arbeiten in Chotscho ab und wendete sich den im Norden von Karakhodscha gelegenen Tempelanlagen von Sängim, Bäzäklik (= Murtuq) und Toyoq zu. Man fand hier nicht nur Freibauten vor, sondern auch in das weiche Gestein geschnittene Höhlentempel oder, wie in der Schlucht von Sängim, eine Verbindung der beiden Systeme, indem vor einem Höhlentempel ein Vorbau aus Ziegel oder Holz errichtet ist. Hier nun wendete sich das Archäologenglück zum Guten, denn vor allem Bäzäklik erwies sich als eine Stätte mit teilweise intakten Höhlen, in denen die Ausmalung der Wände erhalten war. Die Malereien waren von Höhlengruppe zu Höhlengruppe in unterschiedlichen Stilen gehalten und zeugten von einer lebhaften und langzeitigen Benutzung durch buddhistische Mönche. Der erfahrene Techniker Bartus konnte zahlreiche Wandbilder dieser Tempel bergen, die dann den Weg nach Berlin fanden und sehr bald wissenschaftlich bearbeitet und veröffentlicht wurden. Es ist eine schmerzliche Tragik, daß eine Anzahl der größeren, vor der Unbill im Lande bewahrten Malereien aus diesen Tempeln im 2. Weltkrieg durch Bomben auf das Museum für Völkerkunde in Berlin zerstört wurde. Diese Bilder sind jedoch in großformatigen Reproduktionen in dem Werke *„Chotscho"* von Albert von LeCoq überliefert.

Von der Gluthitze getrieben begab sich von LeCoq im August 1905 in das kühlere, in den östlichen Vorbergen gelegene Komul (Hami), das über die unwirtlichen Ausläufer der Wüste Gobi zu erreichen war. Auch dort wurde nach alten Ruinen geforscht, doch scheinen die klimatischen Verhältnisse für Bauten und Kunstwerke wesentlich ungünstiger als in der Turfanoase gewesen zu sein, denn von LeCoq bemerkt zur Untersuchung von zwei buddhistischen Tempeln:

„Wir machten uns alsbald an die Arbeit, fanden aber zu unserem Bedauern, daß die Schneefälle, die hier in den Vorbergen häufig sind, das Erdreich derart mit Feuchtigkeit getränkt hatten, daß Skulpturen und andere Altertümer, die zur Genüge vorhanden waren, vollkommen formlos und zerstört aus dem Erdreich auftauchten."

Aber es war ohnehin keine Zeit für einen längeren Aufenthalt in Komul, denn von LeCoq erhielt dort ein Telegramm aus Berlin mit der Mitteilung, daß Grünwedel sich entschlossen habe, wiederum nach Turkistan zu gehen und von LeCoq ihn in Kaschgar abholen möge. Da die Ankunft Grünwedels in Kaschgar für den 15. Oktober 1905 angekündigt war, brachen von LeCoq und Bartus sehr rasch auf, ritten nach Turfan zurück und hasteten in Eilmärschen über Kurla nach Kutscha und nach kurzer Rast weiter über Aksu nach Kaschgar, das sie kurz vor dem 15. Oktober erreichten. Welche Enttäuschung aber, als man hörte, daß Grünwedel in Russisch-Turkistan sein Gepäck verloren habe und man schließlich wochenlang auf ihn warten mußte, bis er am 5. Dezember in Begleitung des Referendars Pohrt, einem neuen Expeditionsteilnehmer, in Kaschgar eintraf. Eine große Erleichterung bedeutete während der Wartezeit aber die großherzige Gastfreundschaft des britischen Generalkonsuls Sir George Macartney und seiner Frau Lady Macartney, die auch später als Helfer in der Not bereitstanden. Mit der Ankunft Grünwedels begann die dritte Expedition.

Ruine eines Stūpa im Turfan-Gebiet (linke Abb.)

Blick in den Gang einer Höhle. Kyzil.

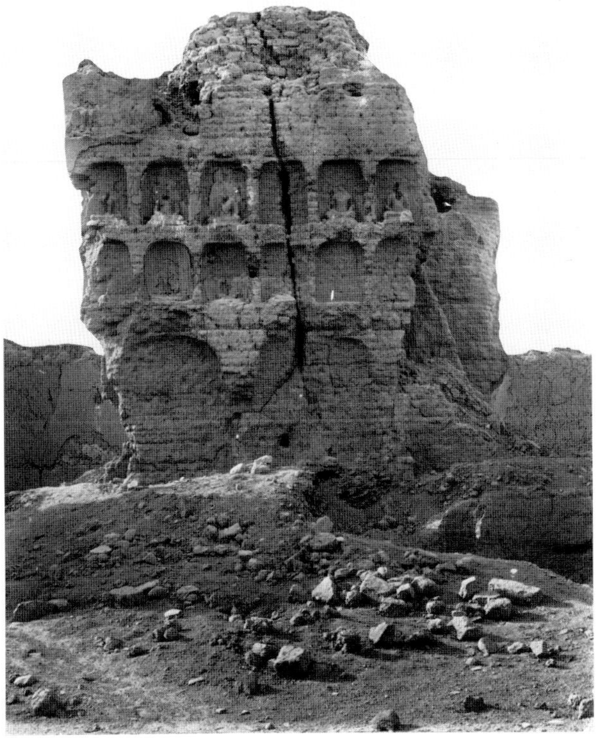

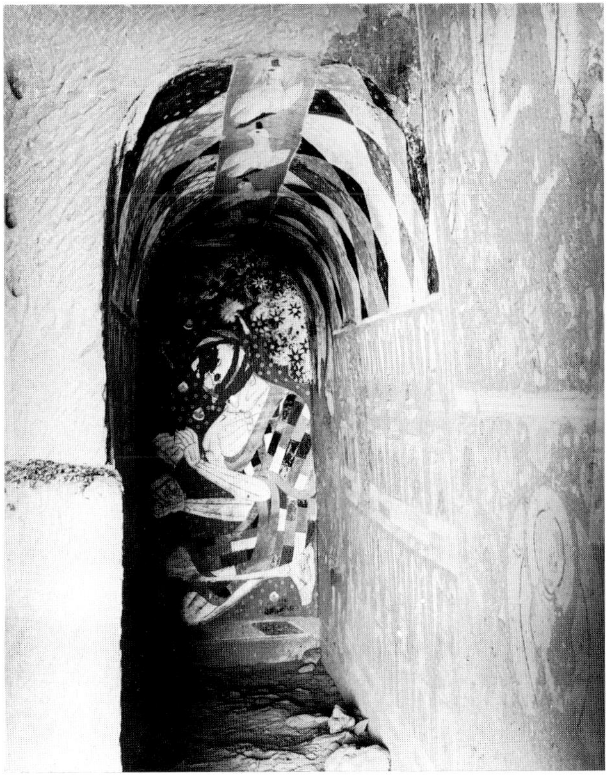

Die dritte deutsche Turfan-Expedition (Dezember 1905 – April 1907).

Es war wahrlich nicht Grünwedels Schuld, daß er so spät in Kaschgar eintraf. Das Jahr 1905 hatte, durch einen Bericht von LeCoqs über russische Einmischung in Turfan ausgelöst, einen recht heftigen Briefwechsel zwischen Berlin und St. Petersburg entstehen lassen, der zu einer Trübung des bislang freundschaftlichen Verhältnisses führte, und zwar so sehr, daß Grünwedel die neue Reise nach Zentralasien über Indien einleitete. Da jedoch die bewilligten Gelder für die Hauptexpedition (= 3. Reise) erst Ende Mai 1905 ausgezahlt wurden und hiervon noch ein erheblicher Betrag für die in Nöten befindliche Vor-Expedition (= 2. Reise) abgezweigt und vorausgeschickt werden mußte, blieb Grünwedel nichts anderes übrig, als seine Pläne mit allen Konsequenzen zu ändern und doch über Rußland einzureisen. In St. Petersburg versuchte er in seiner überaus korrekten Art mit den russischen Kollegen zu einer Übereinkunft über die Grabungsplätze zu kommen, obgleich sich abzeichnete, daß Petersburg als internationale Schaltstelle von niemandem sonst respektiert wurde und die Russen selbst getroffene Abmachungen nicht einhielten. Immerhin scheint sich Grünwedel mit dem russischen Comité darauf geeinigt zu haben, daß er neben der Oase von Turfan auch den Bezirk Kutscha untersuchen könne. Grünwedel war vermutlich der einzige, der überhaupt Absprachen für nötig hielt. Die Korrektheit dieses Forschers spürt man auch sonst in allen Berichten: er war wohl der wissenschaftlichste und sorgfältigste Archäologe in Zentralasien. Das Zeichnen, Messen und Photographieren hatte Vorrang vor jeder Sammeltätigkeit. Der zweite große Bericht Grünwedels unter dem Titel *„Altbuddhistische Kultstätten in Chinesisch-Turkistan" (Berlin 1912)* dokumentiert seine archäologische Gründlichkeit. Das immer noch existierende Foto-Archiv der Berliner Turfan-Expeditionen ist in seiner Reichhaltigkeit und Aussagekraft unübertroffen und heute noch eine Quelle vieler Forscher.

Nach der durch die damaligen Verhältnisse in Rußland bedingten späten Ankunft Grünwedels in Kaschgar brach die Expedition nach kurzer Erkundung von Tumschuq, wo wenige Monate später die erste französische Zentralasien-Expedition unter Paul Pelliot die Arbeit aufnahm, nach Kutscha auf. Fast vier Monate arbeitete man in der Umgebung der Stadt. Zuerst in Kumtura, einem kleinen Ort westlich von Kutscha, in dessen Nähe sich eine große Siedlung altbuddhistischer Höhlentempel befand, später in Kyzil, wie Kumtura an dem reißenden Fluß Muzart gelegen, wo sich eine so große Zahl von ebenfalls buddhistischen Tempeln in die Bergwände eingeschlagen fanden, daß ihr Name ‚ming oï' (= 1000 Zellen oder Kammern) für eine ungewisse Vielzahl steht. Man arbeitete mit großem Erfolg. Die Wandmalereien vieler Höhlen waren in einem ganz anderen, eher „westlichen" und älteren Stil gemalt (z.B. Nrn. 1–5) als jene in der Turfan-Oase. Nur in Kumtura gab es einige wenige Höhlen mit Wandbildern in buddhistisch-chinesischem Stil und Kolorit (z.B. Nr. 39), woraus man auf eine selbst in die Klöster vordringende bewegte historische Vergangenheit dieser Gegend schließen mag. Bei der Vielzahl der Höhlen war es notwendig, sie durch Bezeichnungen voneinander zu unterscheiden. Man wählte hierfür nicht Zahlen, sondern gab ihnen Namen, die eine Eigenheit der jeweiligen Höhle ausdrückte. So gab es z.B. die ‚Sechzehnschwertträgerhöhle', wegen ihrer Ausmalung mit Rittergruppen, die ‚Einsturzhöhle', weil während der Untersuchung ein großer Felsbrocken vor den Eingang stürzte, die ‚ Seefahrerhöhle', weil in ihr Seefahrerlegenden dargestellt waren, oder den ‚Rotkuppelraum', weil er von einer roten Kuppel überragt war. In diesem Rotkuppelraum wurde übrigens ein besonderer Fund gemacht: Reste einer Bibliothek mit sehr alten Handschriften auf Palmblatt, Birkenrinde und Papier, sowie beschriebene Holztafeln. Von hier stammen auch Blätter der ältesten Sanskrithandschrift, die zugleich zu den ältesten bekannten

Reiseroute der deutschen Turfan-
Expeditionen.

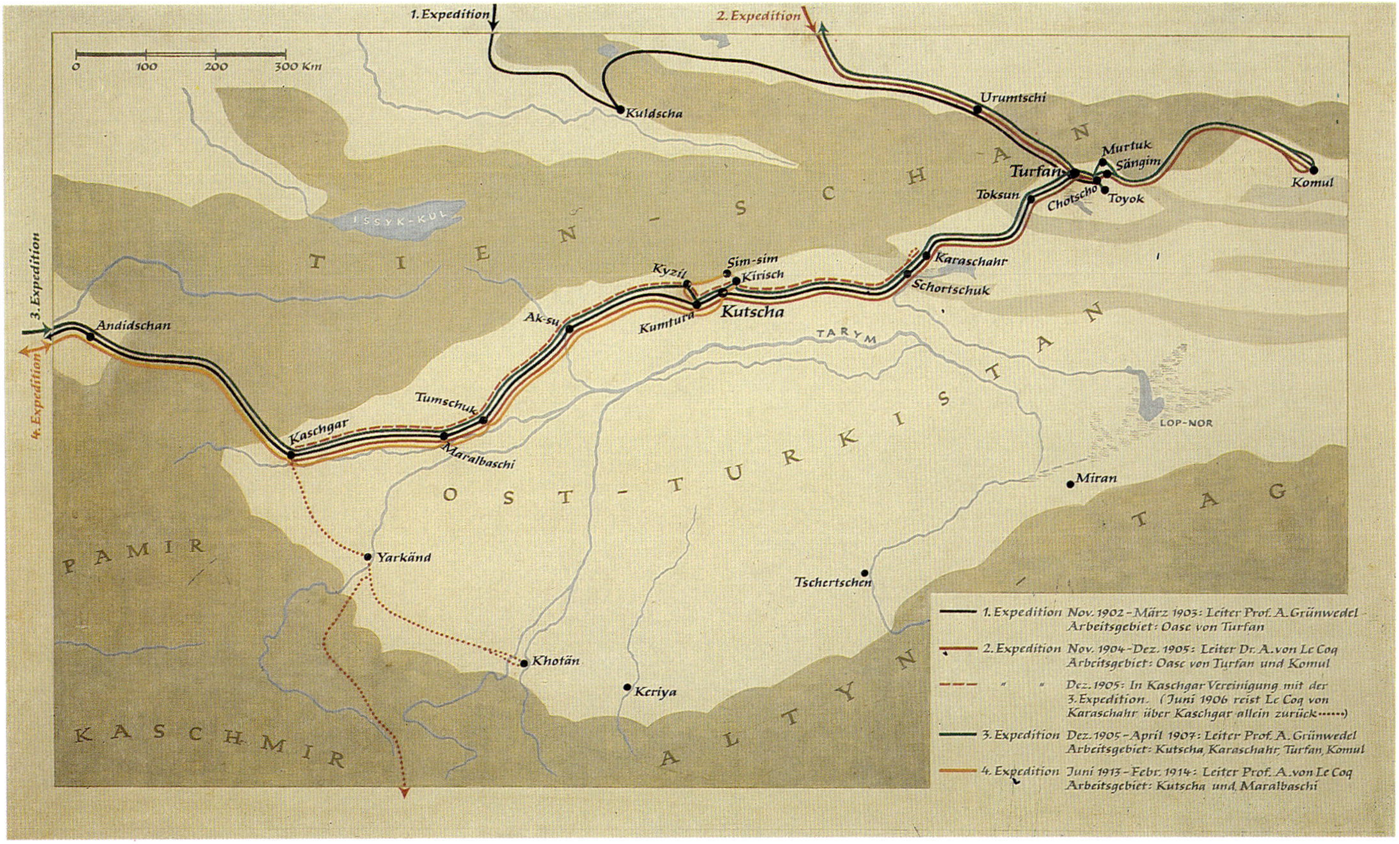

indischen Handschriften überhaupt zählt. Über die Arbeiten und vielfach abenteuerlichen Erlebnisse in Kumtura und Kyzil, zu denen auch drei Erdbeben gehörten, hat von LeCoq in dem erwähnten populären Reisebericht, dessen deutsche Ausgabe 1974 nachgedruckt wurde, spannend berichtet. Für Grünwedel war die Arbeit in Kyzil wie eine Erleuchtung. In einem Brief vom 2. April 1906 schreibt er die Sätze:

„Seit Jahren bemühe ich mich, eine vernünftige Entwicklung der buddhistischen Kunst auszudenken und vor allem jenen alten Weg kennenzulernen, der die Kunst der römischen Kaiserzeit

Überreste eines stehenden Buddha. Schortschuq. ►

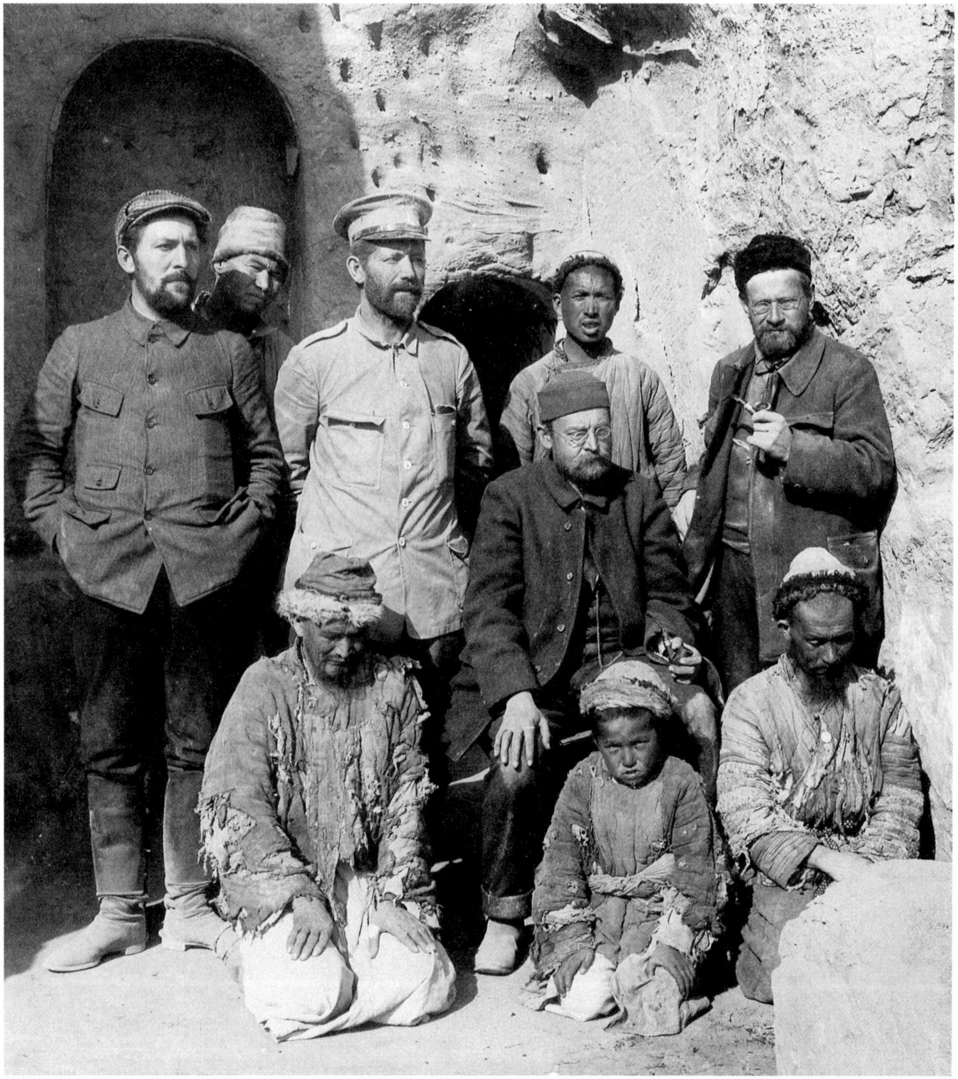

Die dritte deutsche Expedition. Mittelreihe von rechts nach links: v. LeCoq, Grünwedel, Bartus, Pohrt.

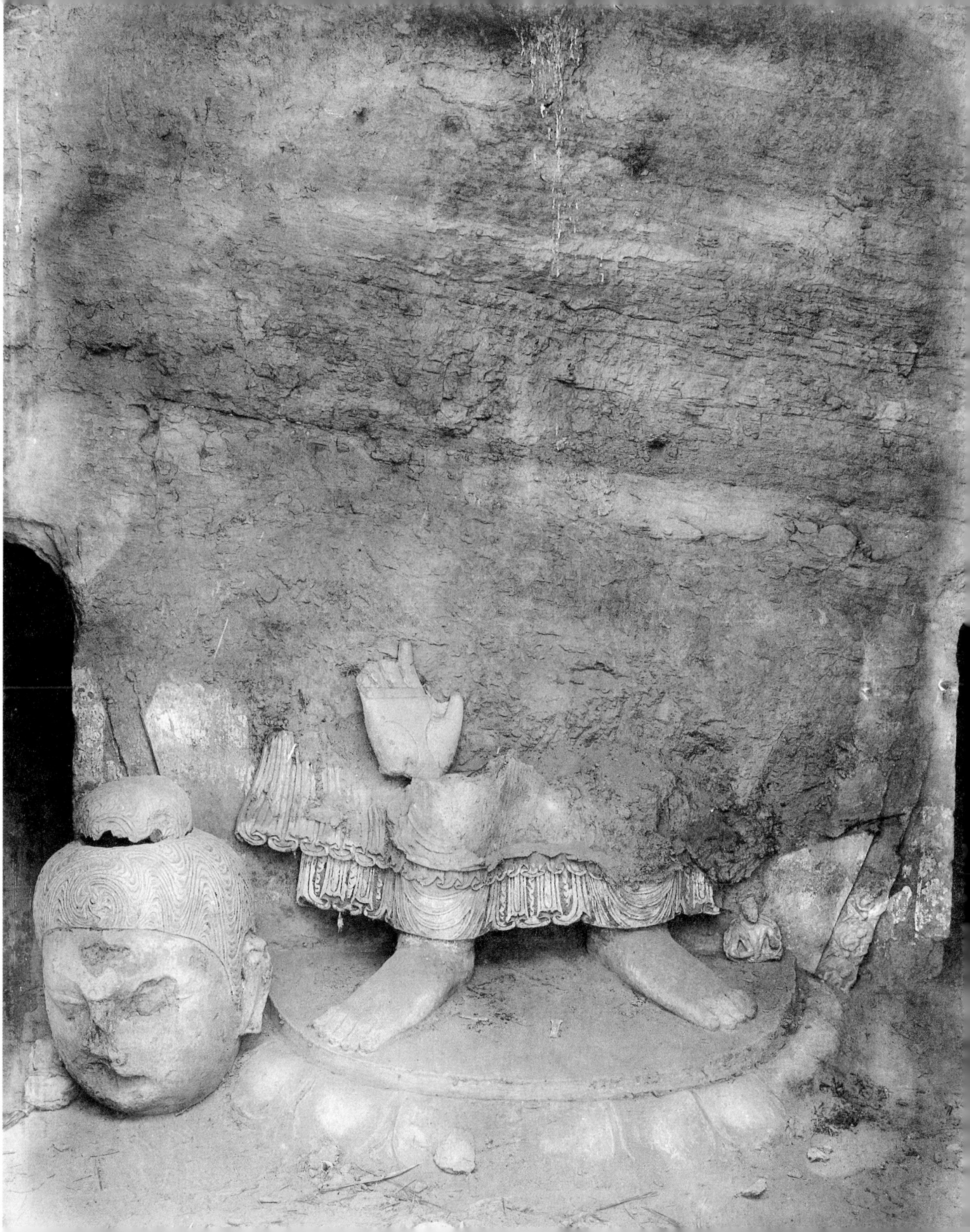

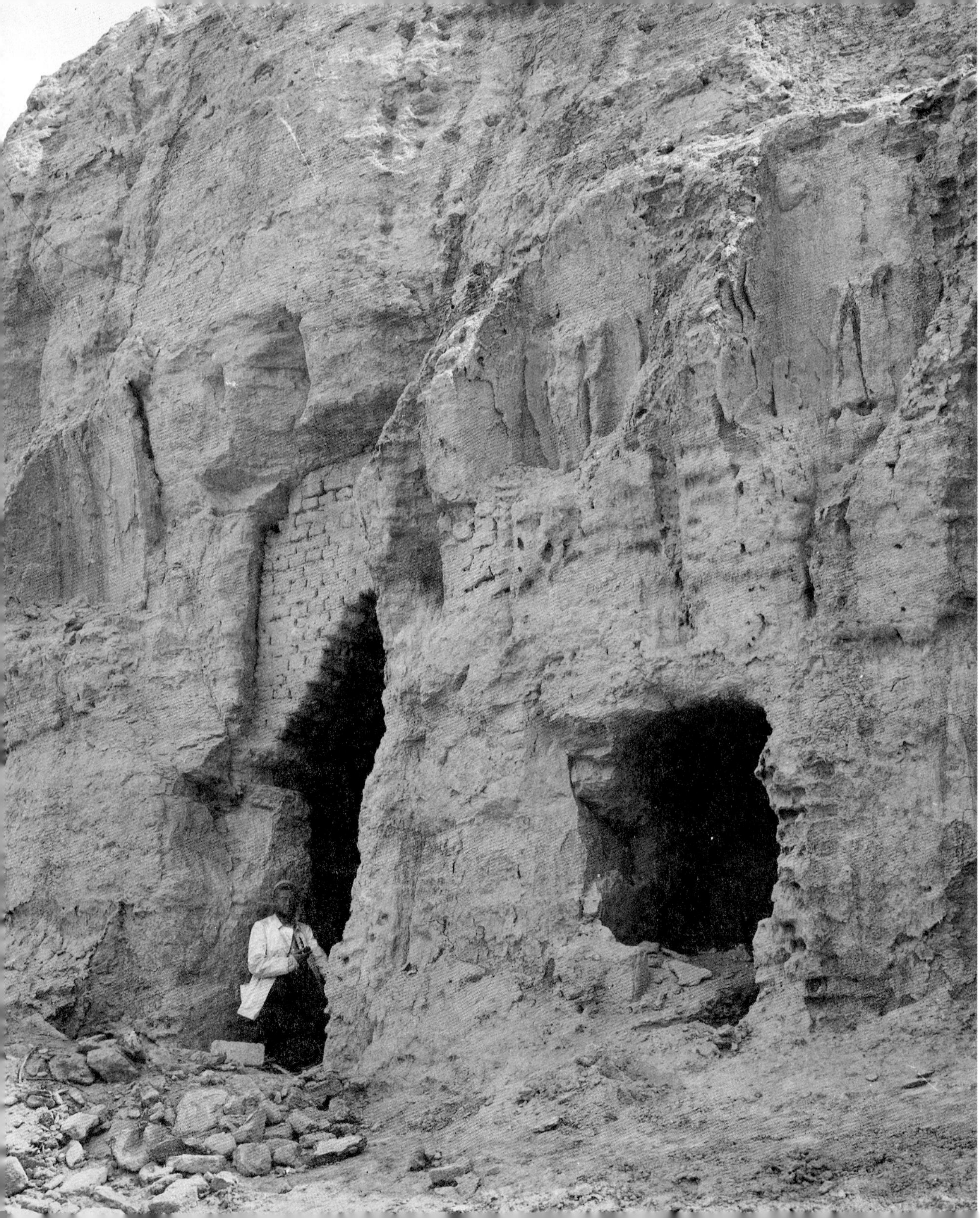

etc., dem fernen Osten vermittelte. Was ich hier gesehen habe, geht über alle Begriffe. Hätte ich nur Hände genug, um all das zu kopieren, (denn) hier bei Kyzil sind gegen 300 Höhlen, alle mit Fresken, z. T. sehr alten und schönen."

Im Mai 1906 verlegte die Expedition ihr Arbeitsfeld weiter östlich in die Siedlung von Schortschuq bei Karaschar. Die auffälligsten Funde waren hier Nischen-Lehmfiguren von buddhistischen Gottheiten mit auffällig rundlichen Gesichtern. Ende Juni 1906 mußte LeCoq wegen einer immer heftiger werdenden Erkrankung aufgeben. Dies geschah zu einem Zeitpunkt, als sie hörten, daß Sir Aurel Stein sich auf dem Wege nach Turfan befände und der französische Forscher Pelliot von Paris aus nach Zentralasien abgereist sei. Von LeCoq drängte Grünwedel zur sofortigen Abreise nach Turfan und Bäzäklik, während er selbst zunächst nach Kaschgar ritt und von dort in Begleitung eines britischen Offiziers, Captain Sherer, den Rückweg über das Karakorum-Gebirge nach Indien antrat. Es war eine gefahrvolle und dramatische Reise, bei der von LeCoq zum ritterlichen Lebensretter seines englischen Begleiters wurde. Im Januar 1907 traf er schließlich in Berlin ein.

Grünwedel, Pohrt und Bartus arbeiteten noch bis weit in das Jahr 1907 hinein in Chotscho und Komul. Viele Kisten mit Fragmenten von Wandmalereien, buddhistischen Figuren aus Lehm, Holz und Bronze, Malereien auf Stoff und Papier sowie zahlreichen Manuskripten wurden gepackt und nach Berlin gesandt. Der Transport ging, obgleich sich die politische Situation verschlechtert hatte, über Rußland. Auch Grünwedel und seine Begleiter reisten im Mai 1907 über Urumtschi und Semipatalinsk heim.

Die vierte deutsche Turfan-Expedition (April 1913 – Februar 1914).

Der große Umfang der mittlerweile in Berlin gesammelten ‚Turfan'-Funde stellte die Fachwissenschaftler und Museumsleute vor große Aufgaben. So nimmt es nicht wunder, daß sechs Jahre vergingen, bis eine weitere, die vierte deutsche Expedition nach Zentralasien ausgerüstet wurde. Die Unterbrechung hatte auch ihre Vorteile, denn man vermied ganz ohne Absicht die direkte Begegnung mit Paul Pelliot, Sir Aurel Stein, den vom japanischen Grafen Ōtani entsandten Archäologen Tachibana und Nomura und mit den nun plötzlich aktiv werdenden Russen, Colonel Koslov und dem bedeutendsten russischen Buddhismusforscher seiner Zeit, Sergej Oldenburg, die alle zwischen 1907 und 1911 die nördliche Seidenstraße bereisten. Im Jahre 1912, in dem sowohl Albert von LeCoq wie Sir Aurel Stein neue Reisen planten, verschlechterte sich die politische Situation in Chinesisch-Turkistan so sehr, daß das Auswärtige Amt in Berlin die vorgesehene deutsche Expedition vor einer Ausreise warnte. Tatsächlich hatte der deutsche Gesandte in Peking die Auskunft erhalten, daß *„die chinesische Regierung die Lage in Chinesisch-Turkistan gegenwärtig noch als zu beunruhigt betrachte, um die Gewähr für die Sicherheit der Expeditionsteilnehmer übernehmen zu können."* Dies hatte zur Folge, daß die Reise vom Auswärtigen Amt nur genehmigt würde, wenn von LeCoq ausdrücklich erkläre, die Expedition auf eigene Verantwortung zu unternehmen. Sowohl von LeCoq wie der Techniker Bartus gaben diese Erklärung ab und reisten am 31. März 1913 über Rußland nach Kaschgar ab. Ihr Hauptzweck war die weitere Erforschung der von der dritten Expedition besuchten Gegend von Kutscha. Man arbeitete dort von Juni bis September 1913 und entdeckte mit der

Eingang zur Nakshatrahöhle. Schortschuq.

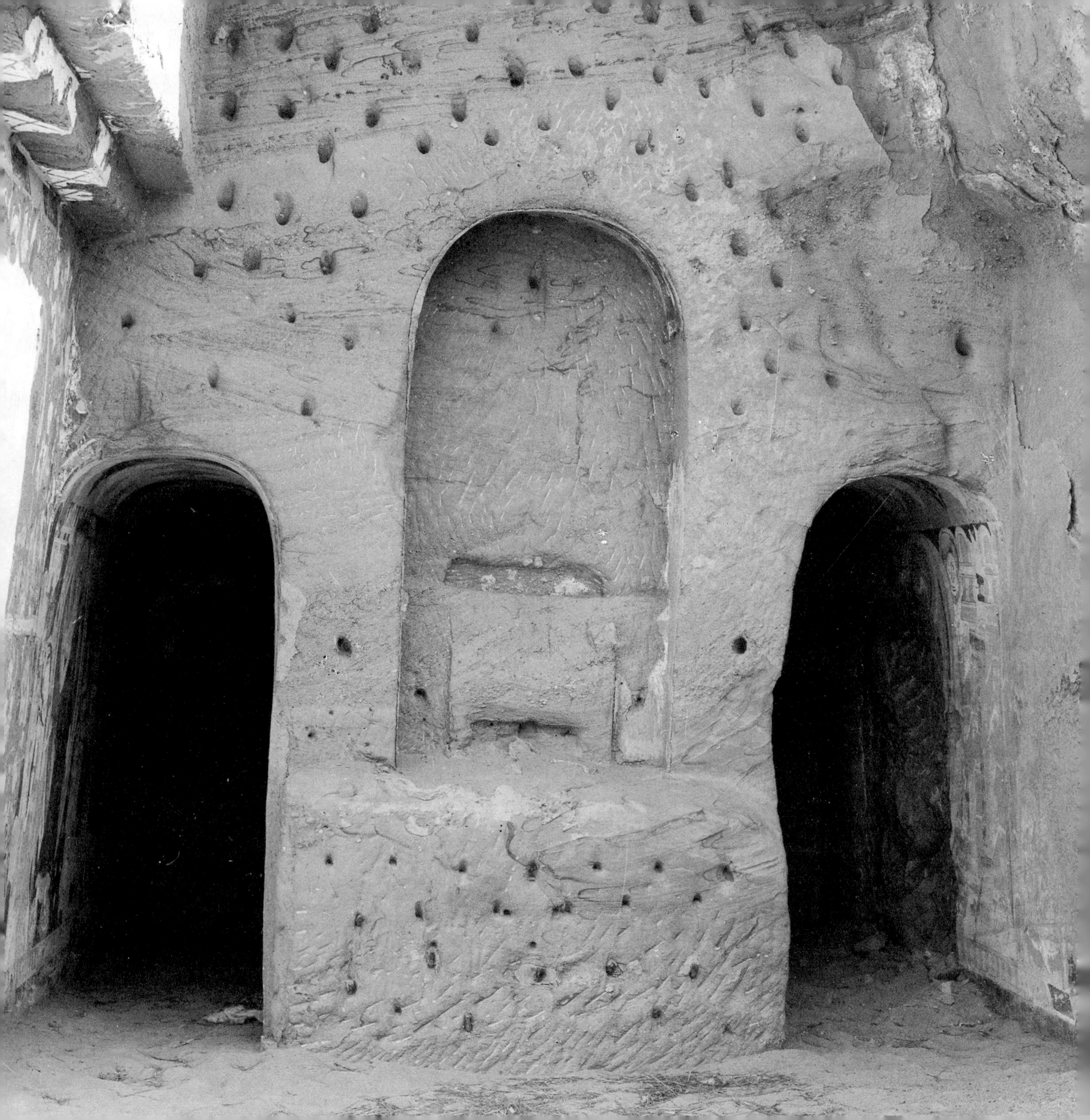

'Pfauenhöhle', der 'Höhle mit den ringtragenden Tauben' und der 'Sechzehnschwertträgerhöhle' architektonisch und künstlerisch hervorragend ausgestattete buddhistische Anlagen. Zwischendurch wurden Exkursionen nach Atschiq Iläk und Subaschi Längär unternommen, bevor der Arbeitsplatz für einige Wochen nach Kirisch-Simsim, 22 km nordöstlich von Kutscha, verlegt wurde. Einige der nicht sehr zahlreichen Höhlentempel an diesem Ort zeigten nach ihrer Freilegung recht ungewöhnliche Architekturformen, sowohl im Grundriß wie in den architektonischen Details. Einer der Tempel barg eine hohe Kuppel, die in sieben Segmenten mit je einem Buddhabild ausgemalt war. Einige Tempel mit größeren Wandmalereien zeigten sich stark verrußt. Nach der Reinigung kamen auf den von dort geborgenen Bildern mit Darstellungen von Geschichten aus der Zeit der Vorgeburten des Buddha sehr eigenwillige, harmonische Farbkompositionen zum Vorschein.

Weitere Ziele der vierten Expedition waren Kumtura, wo anschließend bis in den November hinein die früher bereits entdeckten, in chinesischem Stil ausgemalten Höhlen freigelegt wurden, sowie Tumschuq bei Maralbaschi, das man im Dezember 1913 erreichte und noch bis Mitte Januar 1914 durchforschte. Zahlreiche Kisten mit Funden waren mit großen Schwierigkeiten auf den Weg gebracht, als von LeCoq und Bartus von Kaschgar aus im März 1914 über Rußland nach Berlin zurückreisten.

Diese Expedition hatte mit sehr veränderten Verhältnissen fertig zu werden, da die Unruhen im Lande auch die Bevölkerung verschreckte und deren Verhalten zu den früher herzlich willkommen geheißenen Expeditionsteilnehmern negativ beeinflußte. LeCoq schildert die Zustände aus seiner Sicht in dem in deutscher Sprache erschienen populären Bericht *„Von Land und Leuten in Ostturkistan. Berichte und Abenteuer der 4. Deutschen Turfanexpedition" (Leipzig 1928)* recht ausführlich. Man erfährt dort, daß der britische Generalkonsul Macartney im September 1913 ein Telegramm geschickt hatte mit der Nachricht, daß in Kaschgar neue Unruhen begonnen hätten und er der Expedition riet, sich auf russisches Gebiet zu retten. Von LeCoq berichtet auch von einem nächtlichen Mordanschlag auf Bartus in Kyzil, der nur durch dessen Wachsamkeit vereitelt werden konnte. Ruhe und Ordnung waren in Chinesisch-Turkistan zu dieser Zeit ganz offensichtlich erheblich gestört, und es mutet fast wie ein Wunder an, daß die über Rußland abgeschickten Kisten mit den Fundstücken bis Ende Mai 1914 vollzählig in Berlin eintrafen. Es war die letzte deutsche Turfan-Expedition und auch die Franzosen und Japaner stellten ihre Arbeit ein. Nur Sir Aurel Stein, der sich zu Beginn des ersten Weltkrieges bereits in Zentralasien aufhielt, setzte seine Reisen bis zum Februar 1915 fort. Als in den Jahren zwischen 1923 und 1930 Langdon Warner vom Fogg Art Museum in Harvard (1923–1925), Sven Hedin (1926) und schließlich Sir Aurel Stein im Auftrag des Fogg Art Museums (1930) neue Expeditionen ausrüsteten, schlossen sich die Türen nach Chinesisch-Zentralasien.

Zur Erforschung des Fundmaterials

Die aus den Höhlen entlang der Seidenstraßen geborgenen Zeugnisse einer bis dahin verschollenen asiatischen Kultur gelangten in zahlreiche Museen der Welt, von Leningrad über Berlin bis Paris, von New Delhi bis Seoul und Tokyo, von London bis Harvard. Die Auswertung der Funde, der Wandmalereien, Plastiken, Tempelfahnen, Holzfiguren und archäologischen Kleinfunde, vor allem aber der Handschriften in 17 Sprachen und 24 Schriften hat Generatio-

Kultbildnische und Umwandlungsgänge. Kyzil.

nen von Forschern beschäftigt und ist noch heute im Gange. Vergegenwärtigt man sich die zahllosen, mindestens in die hohen Hunderte gehenden, wissenschaftlichen Veröffentlichungen zu diesem Material, so fragt man sich unwillkürlich, wo die orientalistische Forschung ohne die Funde aus dieser einzigartigen Kulturlandschaft im Herzen Asiens heute stünde. Die chinesische Wissenschaft hat zur damaligen Zeit andere Ziele verfolgt und sich an der Erforschung Zentralasiens nicht beteiligt. So fiel das Erbe, als die Zeit reifte, wie von selbst den interessierten orientalistischen Forschern in aller Welt zu. Die Zentralasienforschung ist heute ein etabliertes Fachgebiet innerhalb der Orientalistik.

Die Kunststile

Albert Grünwedel, der Leiter der ersten und dritten Deutschen Turfan-Expedition war schon während seiner Studien in den Höhlen zu der Überzeugung gelangt, daß die Malereien verschiedener Orte unterschiedlichen Stils und Alters seien. Auf seinen Vorarbeiten fußend hat dann Ernst Waldschmidt *(Die Buddhistische Spätantike, Bd. 7)* die Malereien drei Hauptstilen zugewiesen. Ein jüngerer Versuch, die stilistische Ordnung neu zu formulieren, hat wegen Nichtbeachtung archäologischer und kompositorischer Zusammenhänge nicht überzeugt, so daß die sorgfältigen alten Analysen nach wie vor als richtungweisend anzusehen sind. Hiernach heben sich im Gebiet der nördlichen Seidenstraße zwei Kunstkreise deutlich voneinander ab: ein westlicher, älterer (etwa 500–700 n. Chr.) in der Gegend um Kutscha und ein östlicher, jüngerer Kreis (etwa 650–950 n. Chr.) im Oasengebiet von Turfan. Die Stile des westlichen Kunstkreises lassen sich besonders gut an den zahlreichen Wandbildern aus den Höhlenklöstern von Kyzil bei Kutscha studieren. Sie weisen indische und iranische Einflüsse auf und sind deshalb „indo-iranische" Stile genannt worden. Das indische Element zeigt sich in der Art der Komposition der kanonischen buddhistischen Themen und im Typ des abgeklärten, ruhevollen Buddha. Der iranische Einfluß ist weniger augenfällig, er ist in den Bilddetails, in der "Ausstattung" von Szenen und Personen zu finden. Kronen und andere Schmückungen an Bodhisattvas und Gottheiten sowie viele Band-, Borten- und Einzelornamente sind sasanidisch-persischer Herkunft. Manche Dekorationsmotive gehen auf Muster persischer Seidenweberei zurück. Im östlichen Kunstkreis herrscht ganz überwiegend der chinesische Einfluß vor, der sich in der Physiognomie der dargestellten Personen wie auch in der Kleidung und den Geräten überaus deutlich zeigt. Er ist jedoch stark von alttürkischen Elementen überlagert. Die Einflußsphären im Westen und Osten der nördlichen Seidenstraße werden schlagartig deutlich, wenn man die Stiftergruppen der Bilder Nrn. 83–84 miteinander vergleicht.

Die Verwendung fremder Motive zeigt die historische Ausrichtung einer Kultur und läßt Herkunftsbestimmungen zu, sie sagt jedoch wenig über den Stil von Kunstwerken aus. Leider ist der Stil zentralasiatischer Bilder auch nicht auf Künstlernamen einzuengen, denn wir wissen nichts über die Persönlichkeiten der Maler und Bildhauer, die traditionelle Vorlagen und aus heimischer Mischkultur geschöpfte Bildelemente kraft eigenen künstlerischen Vermögens zu stileinheitlichen Werken verarbeiteten. Buddhistische Kunst ist, mit Ausnahme weniger Fälle, in denen uns der Künstlername überliefert ist, anonyme Kunst. Die Aufgabe des buddhistischen Künstlers, der oft genug selbst buddhistischer Mönch war, bestand darin, die Ideale des buddhistischen Glaubens sichtbar zu machen. Die Bildwerke sollten die religiösen Empfindungen des gläubigen Betrachters wachhalten, ihn anspornen und auf eine Ebene moralischen Ver-

Die Höhlentempel von Kyzil.

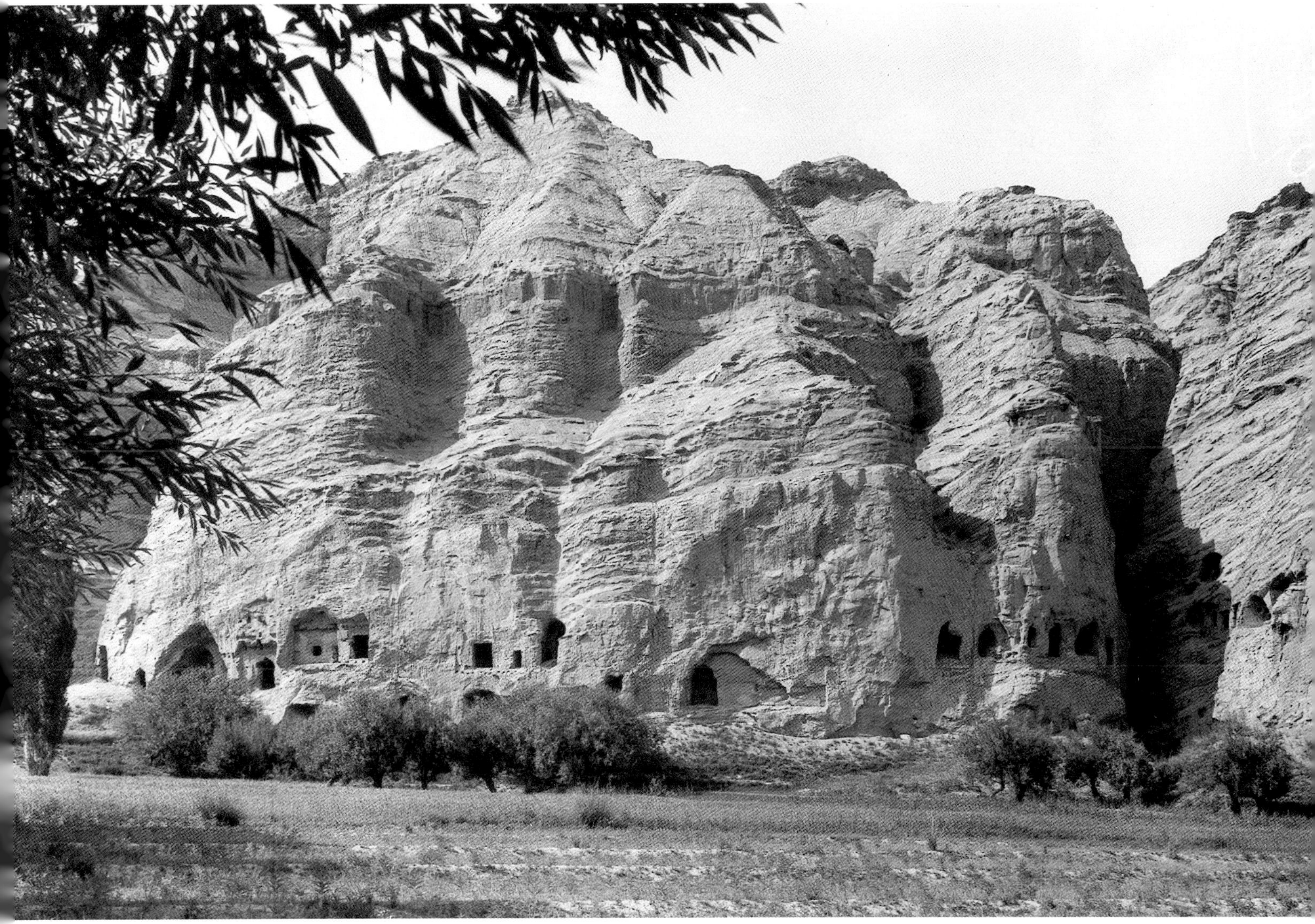

haltens heben, auf der er dem Ziel seines religiösen Strebens näher wäre. Der Künstler verbirgt sich hinter seinen Werken. In ihnen wird, wenn auch nur abstrakt, etwas von seiner Persönlichkeit spürbar. Es ist aber dennoch nicht möglich, aus der Fülle der überlieferten Bilder mehrerer Jahrhunderte diese oder jene Werke einem bestimmten, wenngleich namenlosen Künstler zuzuweisen. Hier nun ist es notwendig, stilistische Eigenheiten der Kunstwerke, vor allem der Malereien, zur Unterscheidung von Malstilen herauszuarbeiten.

Nach Einschätzung des Schriftcharakters einer Inschrift in der Malerhöhle von Kyzil entstanden die ältesten Malereien im Kutscha-Gebiet in der Zeit um 500 n. Chr. Nur wenige Höhlen sind im gleichen Stil wie die Malerhöhle ausgemalt. Sie formen die Gruppe der ältesten Tempel. Zu den Bildern dieser Gruppe gehören z. B. die Darstellung des einer Predigt lauschenden Rinderhirten (Nr. 1) und des Vajrapāni (Nr. 2) aus der Statuenhöhle von Kyzil. Diese Malereien weisen Merkmale auf, die sich auf allen Bildern der genannten Höhlengruppe wiederfinden und in der Bezeichnung ‚1. indo-iranischer Stil' zusammengefaßt werden. An ihm ist zuerst die sehr bestimmte Farbenwahl zu beachten. Man bemerke die Anwendung fein abgestufter Farbtöne, die in abwechslungsreicher Skala von Weißgelb über bräunliche und rötliche Nuancen zu tiefem Braun, das auch in Schwarz übergehen kann, hinüberwechseln. Als einzige Kontrastfarbe bricht ein leuchtendes Grün in diese Farbskala ein. Zweites wesentliches Ausdrucksmittel ist die Linie. Feine Pinselstriche konturieren Flächen, Gegenstände und Personen. Sie bewirken, als Gliederungsmittel bei der Darstellung faltenreicher Kleidung angewandt, eine plastische Modellierung der Gewänder. Diese Wirkung ist selbst an so geringflächigen Kleidungsstücken wie dem Lendenschurz des Rinderhirten zu beobachten. Durch die halbkreisförmigen, konzentrischen Linien an der rechten Oberschenkelpartie wird der Eindruck erzeugt, als schmiege sich der Stoff dem Körper an. Die Linienfärbung ist bei den Malereien dieses Stils fast immer auf den Grundton abgestimmt, den sie eine Schattierung dunkler wiederholt. Bei der Darstellung unbekleideter Körper und Körperstellen ergänzen schattierende Flächen die nur umreißenden Linien. Aus dem 1. indo-iranischen Stil entwickelte sich über Zwischenstadien der 2. indo-iranische Stil (ca. 600–700 n. Chr.), dessen Erzeugnisse in einer weitaus größeren Zahl von Höhlen anzutreffen sind als die des 1. Stils. Das Ergebnis ist an den Beispielen der Nrn. 15–17 ablesbar. Unverkennbar ist die stärkere Verwendung lebhaft kontrastierender Farben. Als neue Kontrastfarbe tritt ein geradezu leuchtendes Lapislazuli-Blau hinzu. Die Maler schrecken auch nicht vor unnatürlicher Haut- und Haarfärbung zurück. Die Konturlinien werden deutlich steifer und verlieren an Sinn, die Schattierungen erscheinen härter in den Übergängen. Der Hintergrund der Bilder wird gern mit Blüten, Blättern und Früchten verziert. Schmuck und Kopfputz werden üppiger und komplizierter im Aufbau. Die Farbskala ist keineswegs so einheitlich wie die des ersten Stils. Die Malereien in den Gewölben sind nicht selten zeichnerischer gehalten. Stilisierte Gebirgslandschaften, die oft als Hintergrund für Legendenszenen dienen, werden gern in schwarze und weiße Felder gegliedert und mit natürlichem Grün versetzt. Auch solche Varianten sind zum 2. indo-iranischen Stil zu zählen, der übrigens an einigen wenigen Beispielen auch im östlichen Turfangebiet nachweisbar ist (Nr. 54).

Die westliche Kunst, die im wesentlichen an den Bildern von Kyzil zu erläutern ist, weist nirgends chinesische Einflüsse auf. In dem zweiten großen Höhlengebiet bei Kutscha, in Kumtura, fanden sich jedoch neben Tempeln mit Malereien indo-iranischen Stils auch einzelne andere, die mit Wandbildern in ganz anderer, für diese Gegend bislang fremder Malweise ausgeschmückt waren. Ihre feine Zeichnung läßt eine freie, leicht hingeworfene und individualistische Pinselarbeit erkennen. Mit wenigen Strichen erzielt der Künstler lebensvolle Wirkungen. Auffällig ist auch das Auftreten neuer Farbtönungen. Die Farben sind immer harmonisch aufeinander abgestimmt (Nr. 41). Das ist ein Merkmal der hervorragendsten Werke des im Osten der nördlichen Handelsstraße, in der Turfan-Oase, herrschenden buddhistisch-chinesischen Stils, des dritten Hauptstils der ostturkistanischen Malerei. Daß Bilder in diesem Malstil den chinesischen Einfluß auch in der Gesichtsbildung der dargestellten Personen, in Tracht, Schmuck und Ornament verraten, erleichert ihre Identifizierung. Daß es buddhistisch-chinesische Malereien aus einer so westlichen Anlage wie Kumtura gibt, geht auf einen Herrschaftswechsel zurück; daß die Malereien aber zu den schönsten und lebendigsten Werken gehören, die dieser Stil hervorgebracht hat, macht Kumtura zu einem der bedeutendsten Kunstorte Zentralasiens. Die buddhistisch-chinesischen Malereien sind aber nicht nur Vertreter des östlichen Kunststils im Kutscha-Gebiet,sondern auch Boten des Mahāyāna-Buddhismus in der Hīnayāna-Domäne im Westen der nördlichen Seidenstraße.

Die Plastiken aus Holz und Lehm lassen sich nur grob in westliche oder indo-iranische und östliche oder ostasiatisch-chinesische einteilen. Innerhalb dieser Einflußgebiete gibt es einen Stil- und Formenreichtum, der am ehesten nach Herkunftsorten gegliedert werden kann. Buddhas und Devatās, namenlose göttliche Wesen des Buddhismus, machen den Hauptteil der holzgeschnitzten Figuren und der um ein Astgerüst geformten und gemuldeten Lehmfiguren aus. Sie gehören zum Teil zur ursprünglichen Schmückung der Nischen und Gesimse in den Höhlen, waren in der Überzahl aber fromme Gaben der Laienanhänger und Besucher für die Klöster.

Die Ruinen von Subaschi Längär.

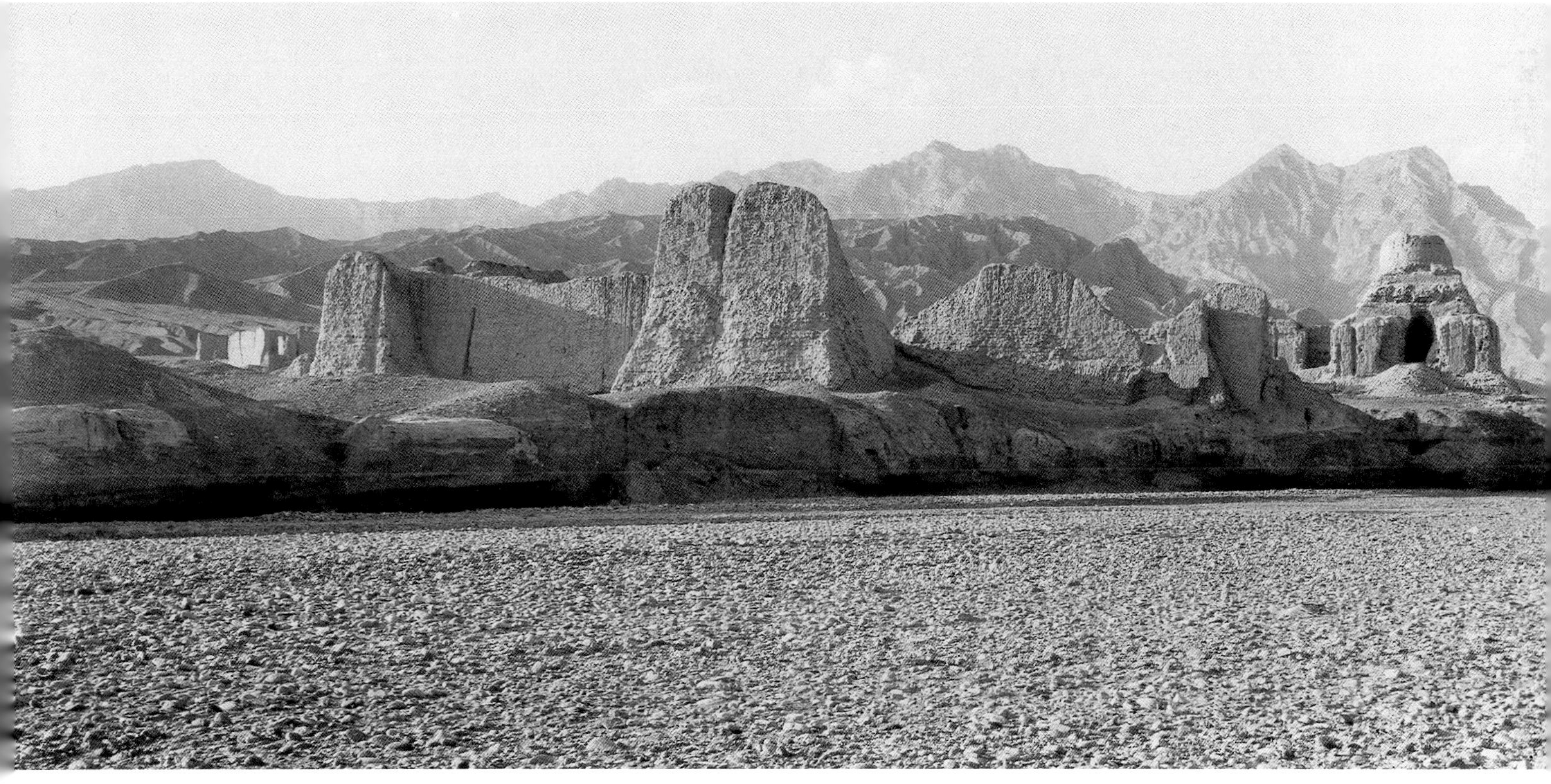

Die Architekturformen

Die Architektur der Höhlen in den Anlagen um Kutscha besteht, grob gesehen, nur aus wenigen unterschiedlichen Grundtypen. Neben den Einzelräumen für die buddhistischen Würdenträger gab es einfache Wohnzellen und Gemeinschaftsräume für die Mönche sowie verschiedenartige Wirtschaftsbauten. Diese profanen Bauwerke waren nur selten mit Malereien oder Skulpturen ausgestattet. Anders da die Versammlungs- und Kulträume der Ordensgemeinden. Sie waren sehr oft fast vollständig ausgemalt und mit Plastiken geschmückt. Den Plänen der Expeditionen zufolge unterscheidet von LeCoq vier Grundtypen:

I. Höhlenbauten

1. Der erste und einfachste Typ zeigt eine lange, schmale, rechteckige Halle, die über einer Vorkragung der Wand nach innen, von einem Tonnengewölbe überragt wird (Fig. 1a). Dieser Typ tritt besonders in den jüngeren Höhlen auf, nur ganz selten in Höhlen älteren Datums. Zuweilen ist an der Rückwand der Cella noch ein kleiner Raum angebracht oder es befinden sich an den Seitenwänden mehrere sich gegenüberliegende Kapellen (Fig. 1b). Auch diese Variante wird besonders in den jüngeren Höhlen angetroffen.

2. Die Höhlen des zweiten Bautyps bestehen aus einem quadratischen Raum, dessen Wände am Plafond nach innen auskragen und über einem oft profilierten Sims der Vorkragung eine halbkugelförmige Kuppel tragen (Fig. 2a). In manchen dieser Kuppeltempel (z. B. in der Pfauenhöhle) stand ein großer profilierter Sockel in der hinteren Hälfte des Raumes, dort, wo sich in Bautyp 3 der Stūpapfeiler befindet; diese Art der Kuppeltempel kann daher vielleicht als ein Entwicklungsstadium der Bauart 3 betrachtet werden (Fig. 2b).

3. Der im chinesischen Zentralasien am häufigsten vorkommende Architekturtyp ist der Pfeiler- oder Stūpatempel (Fig. 3a). Er besteht aus einer quadratischen oder rechteckigen Cella, deren Hinterwand der Stūpapfeiler bildet. Zwei schmale und niedrige Gänge sind rechts und links neben dem Stūpapfeiler angebracht; sie führen in einen meist höheren Raum hinter ihm. Diese Gänge oder Korridore dienen zur feierlichen Umwandlung des Stūpapfeilers bzw. des Kultbildes. Sie haben stets Tonnengewölbe als Decken. Zuweilen ist die hintere Wand des Stūpapfeilers bogenförmig nach hinten gekrümmt, der hintere Korridor hat dann ebenfalls Bogenform. Auch die Cella ist meist mit einem Tonnengewölbe überdacht, zuweilen auch überkuppelt (Fig. 3b) oder mit einer der Holzbauweise nachempfundenen imitierten Laternendecke versehen (Fig. 3c). In, wie es scheint, späterer Zeit, wird die Nische für die Aufnahme der Kultfigur, die in die Vorderwand des Stūpapfeilers eingemeißelt ist, noch mehr vertieft.

4. Die Höhlen des vierten Typs bestehen aus einer querliegenden rechteckigen Cella mit Tonnengewölbe (Fig. 4a). Die Tür befindet sich in der Mitte einer der Längswände und ist manchmal auf den Seiten von einem Fenster flankiert. Eine Art Freiterrasse liegt vor der Cella und erklärt das Vorhandensein von Fenstern, die in fast allen anderen Höhlen fehlen und dort auch keinen Sinn gehabt hätten; denn die meisten Tempel haben dunkle Vorhallen gehabt, die aber beinahe überall durch Erdbeben abgestürzt sind.

Ähnlich diesem Typ 4a sind die kleinen Grotten, die den Mönchen usw. als Wohnzellen dienten. Es sind querliegende Gewölbe mit einem Fenster in der Außenwand. Den Eingang ermöglichte ein stollenartiger, winkelig abgezweigter Seitengang (Fig. 4b). Neben der Tür befindet sich der Kamin. Oft ist eine (hier fehlende) steinerne Pritsche eingebaut.

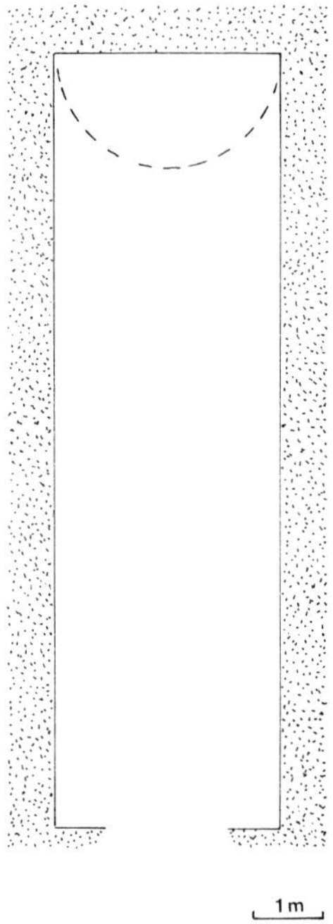

Fig. 1a
Kyzil, Seefahrerhöhle.

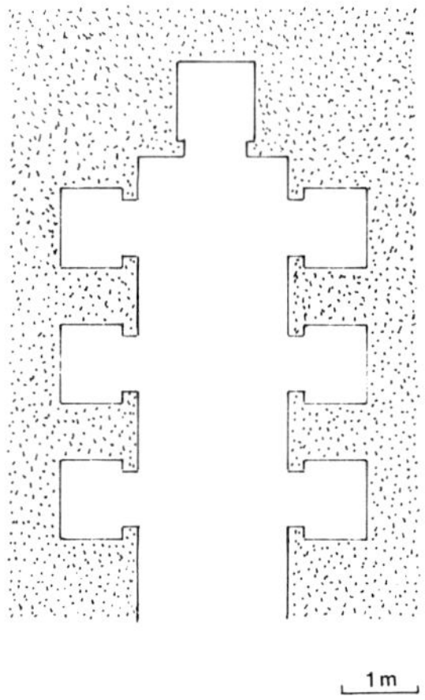

Fig. 1b
Schortschuq.

Fig. 2a
Kyzil, Rotkuppelhöhle.

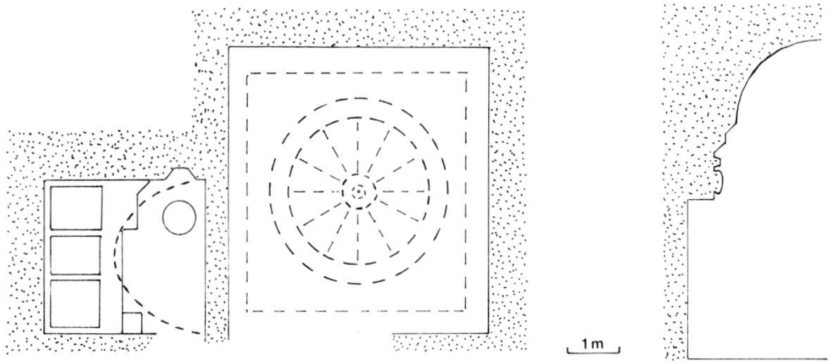

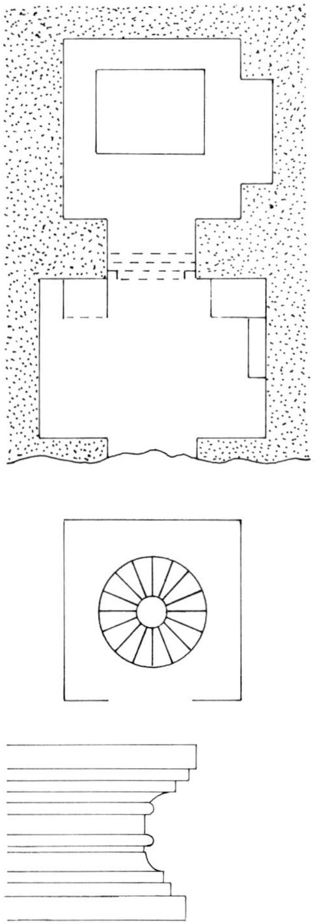

Fig. 2b
Kyzil, Pfauenhöhle.

Fig. 3a
Kyzil, Ajātaśatruhöhle.

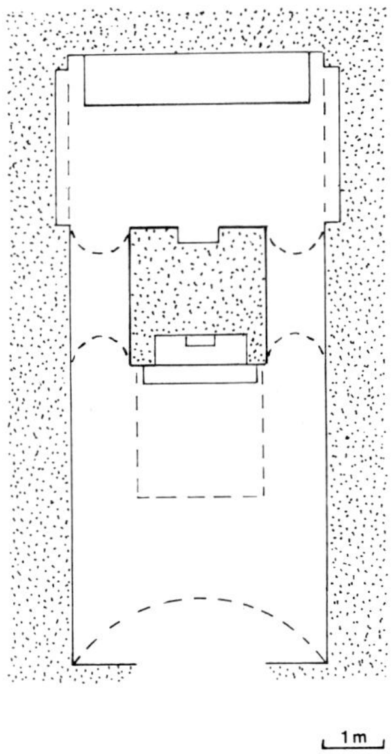

Fig. 3b
Kumtura, 1. Schlucht, Höhle 15.

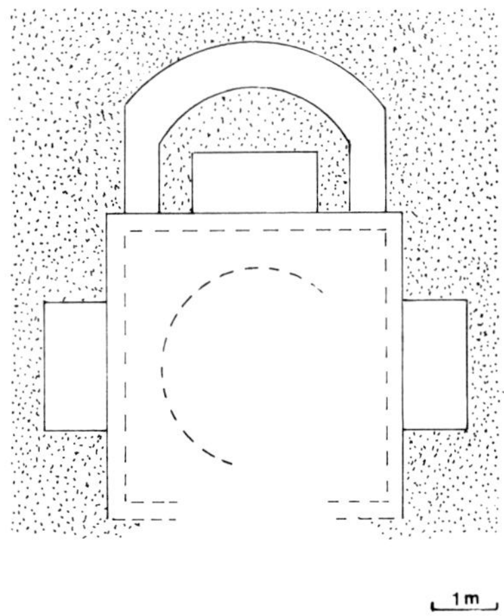

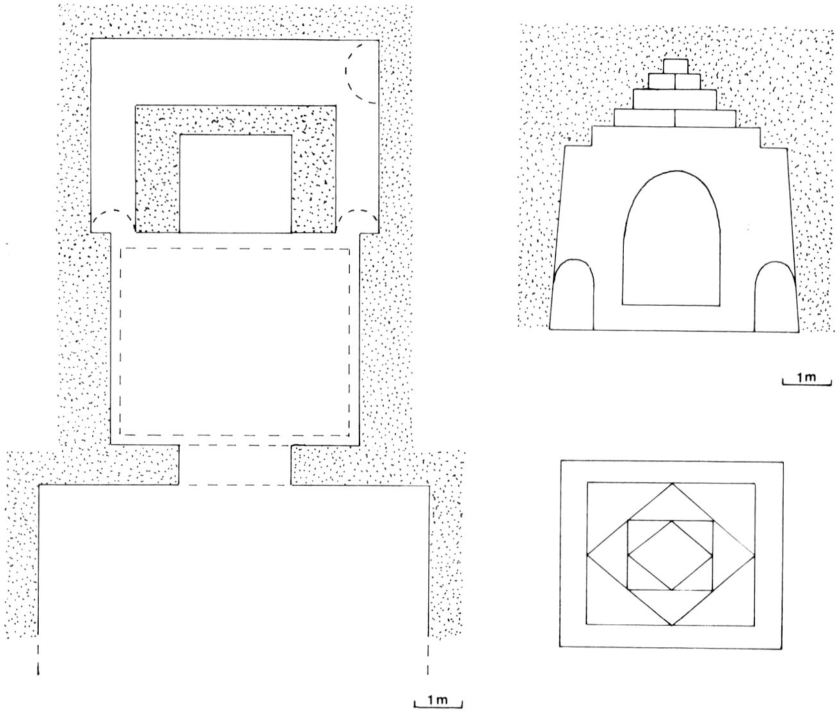

Fig. 3c
Kyzil, Malerhöhle.

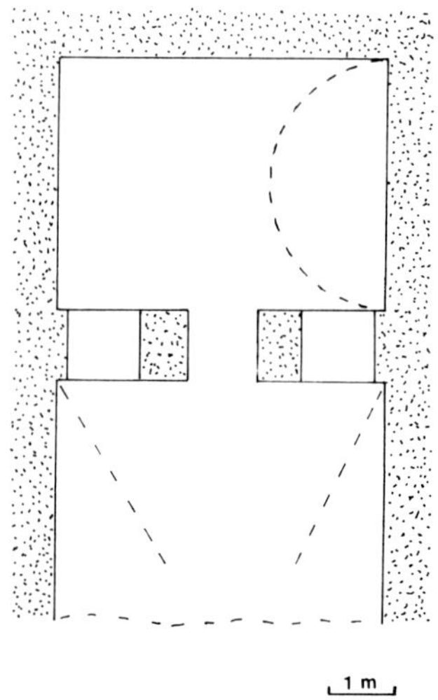

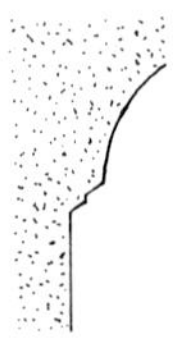

Fig. 4a
Kyzil, Hippokampenhöhle.

Fig. 4b
Mönchszelle.

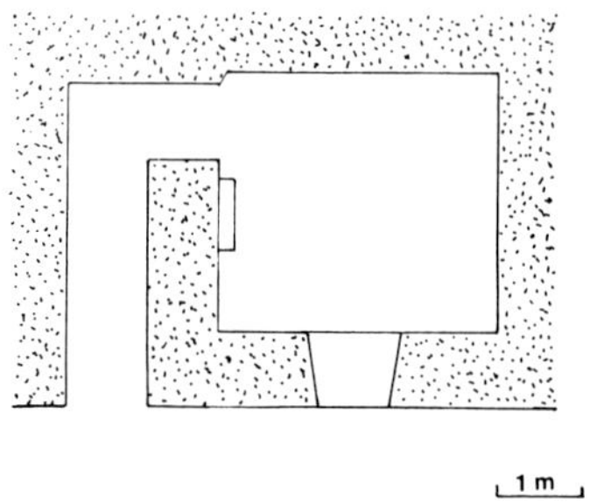

Die Architektur des Turfan-Gebietes variiert sehr von der der westlichen Regionen. Zwar gibt es hier ebenfalls Höhlentempel, wenn auch in wesentlich geringerer Zahl. Die ausgedehntesten in den Stein geschlagenen Höhlen mit ihren meist freistehenden Vorbauten oder vorgebauten Terrassen oder Eingängen, im übrigen aber ähnlichen Typs wie die Höhlen im Kutscha-Gebiet, fanden sich außerhalb Chotschos in Bäzäklik bei Murtuq.

Im eigentlichen Stadtgebiet von Yarchoto und Chotscho gibt es ausschließlich Freibauten, die jedoch Spuren großer Zerstörung trugen. Denn das Baumaterial – in Ermangelung des Steins sonnengebrannte Ziegel – war entweder von den türkischen Bauern zum Düngen der Felder benutzt worden, oder dem natürlichen Verfall durch Klima und Erdbeben anheimgefallen. Da hier nicht nur der Stein, sondern auch das Nutzholz fehlte, wurde die Dachdeckung zu einem großen Problem, das man durch Schaffung von Gewölben oder Kuppeln zu lösen suchte.

II. Freibautempel

1. Der am häufigsten auftretende Tempeltyp unter den nur noch in Ruinen erhaltenen Freibauten ist der Stūpatempel. Er ist von einer rechteckigen Mauer umschlossen, die einen Vorhof oder eine Vorhalle und einen Stūpa enthält (Fig. 5a). Der Stūpa steht auf einer quadratischen

Fig. 5a
Chotscho, Tempel γ.

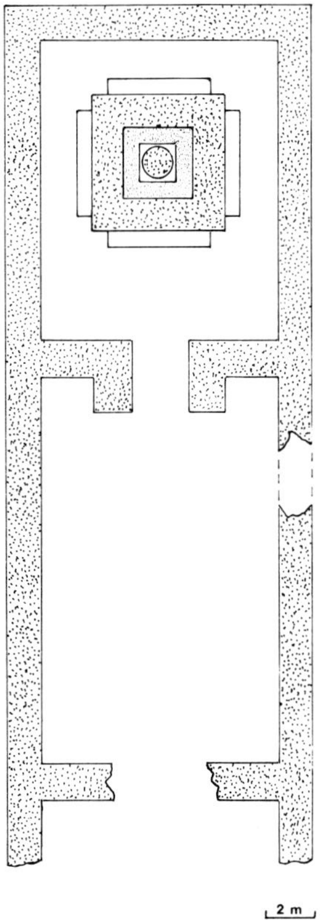

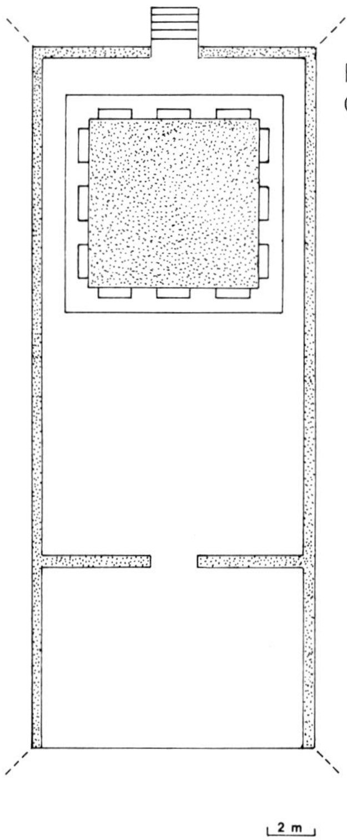

Fig. 5b
Chotscho, Tempel A.

Fig. 6
Chotscho, Tempel V.

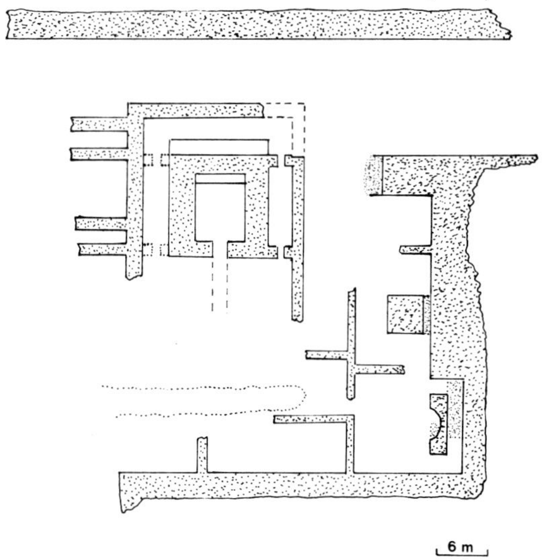

Plattform. Oft ist er an allen vier Seiten mit einem oder mehreren Sockeln oder mit Nischen für Statuen versehen (Fig. 5b).

2. Die in dieser Bauweise errichteten Tempel bestehen aus einem Umwandlungsgang, der in diesem Fall nicht um einen Stūpa herumführt, sondern eine Cella umgibt (Fig. 6).

3. Als dritter hier auftretender Architekturtyp kann der Terrassenstūpa gelten. Über einem quadratischen Grundriß erhebt sich ein aufragender Turm mit abgetreppten Terrassenstufen. In jede Terrasse sind – meist auf allen Seiten – Nischen für Figuren eingelassen (Fig. 7).

Fig. 7
Chotscho, Terrassenstūpa.

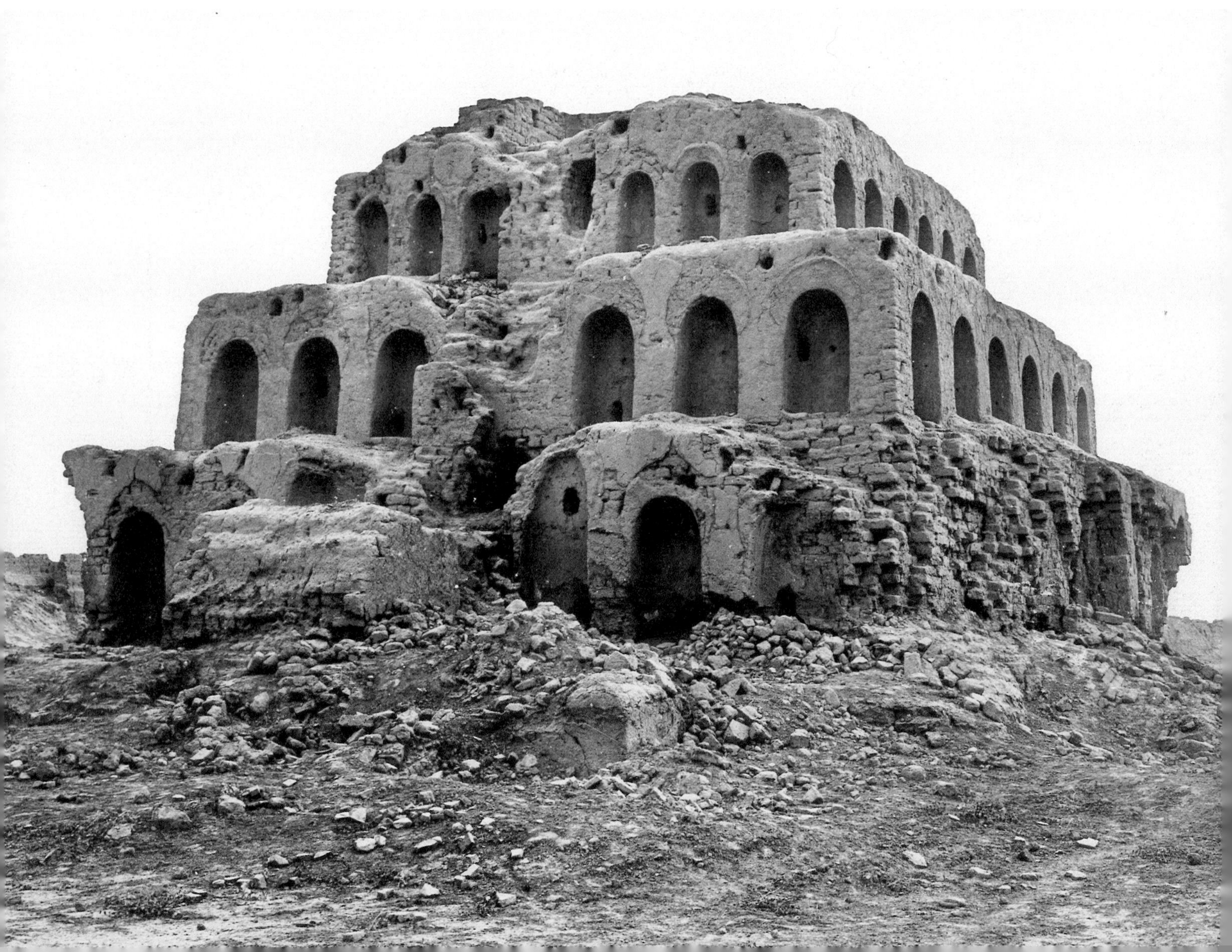

KATALOG

1 Rinderhirt, einer Predigt lauschend
Kyzil, Statuenhöhle, um 500 n. Chr.
Wandmalerei, 33,0 × 60,0 cm
MIK III 8838

Die Malereien Nr. 1 und 2 stammen aus einer der ältesten Höhlen in Kyzil, der Statuenhöhle – so genannt nach der Masse der hier gefundenen Lehmfiguren – und sind Teile von verschiedenen Buddhapredigten.

Die buddhistische Literatur enthält zahlreiche Hinweise auf Predigten, die der Buddha während seiner Lehr- und Wanderjahre gehalten haben soll, und viele solcher Predigten werden ausführlich geschildert, enthalten sie doch stets ein hohes Maß buddhistischer Moral, die den Gläubigen nahegebracht werden soll. So kann es nicht verwundern, daß sich auch die buddhistische Kunst dieser Thematik annimmt: Moral in Bildern beeindruckt stärker als das gesprochene Wort. Besonders häufig sind Predigtszenen an den Wänden buddhistischer Höhlenklöster in Zentralasien malerisch dargestellt worden. Die Künstler verfuhren schematisch: Der Buddha sitzt, die Hände in lehrender Geste erhoben, im Zentrum des Bildes. Nur die ihn umgebenden Personen, Tiere oder Gegenstände, sind austauschbar, entsprechend der Szene, die darzustellen beabsichtigt ist. Auch das Bild des Rinderhirten stammt von einer solchen Predigt. Das Fragment bewahrt oben rechts ein Stück der Aureole, des rechten Arms und des Knies des auf einem Thron sitzenden Buddha. Unten rechts ist in grüner Farbe und starker Kräuselung das Wasser eines Baches angedeutet, auf dem eine rote Blume schwimmt. Ein dunkles und ein weißes Rind liegen auf dem Boden. Hauptgestalt des Malereifragmentes ist der Rinderhirt Nanda. Er steht, auf einen knorrigen Stock gestützt, neben seinen Tieren und lauscht andächtig der Predigt des Buddha. Gebannt von den Worten des Erhabenen bemerkt Nanda nicht, daß er unter seinem Stock einen Frosch zerquetscht. Das arme Tier verzichtet auf den rechtzeitigen Sprung in die Freiheit, weil es Nanda nicht in seiner Andacht stören will. Der Frosch wird danach in der Götterwelt wiedergeboren, der Hirte Nanda tritt in den buddhistischen Orden ein.[1]

Publ. A. v. LeCoq – E. Waldschmidt, Die Buddhistische Spätantike in Mittelasien, VI, Taf. 3c und S. 66. M. Bussagli, Die Malerei in Zentralasien, S. 72. Ausstellungskataloge des Museums für Indische Kunst, 1971, Nr. 418, Tafel 61, 1976, Nr. 418, S. 221, 1986, Nr. 418. Museum für Indische Kunst (Belser, Kunst der Welt in den Berliner Museen), Nr. 7.

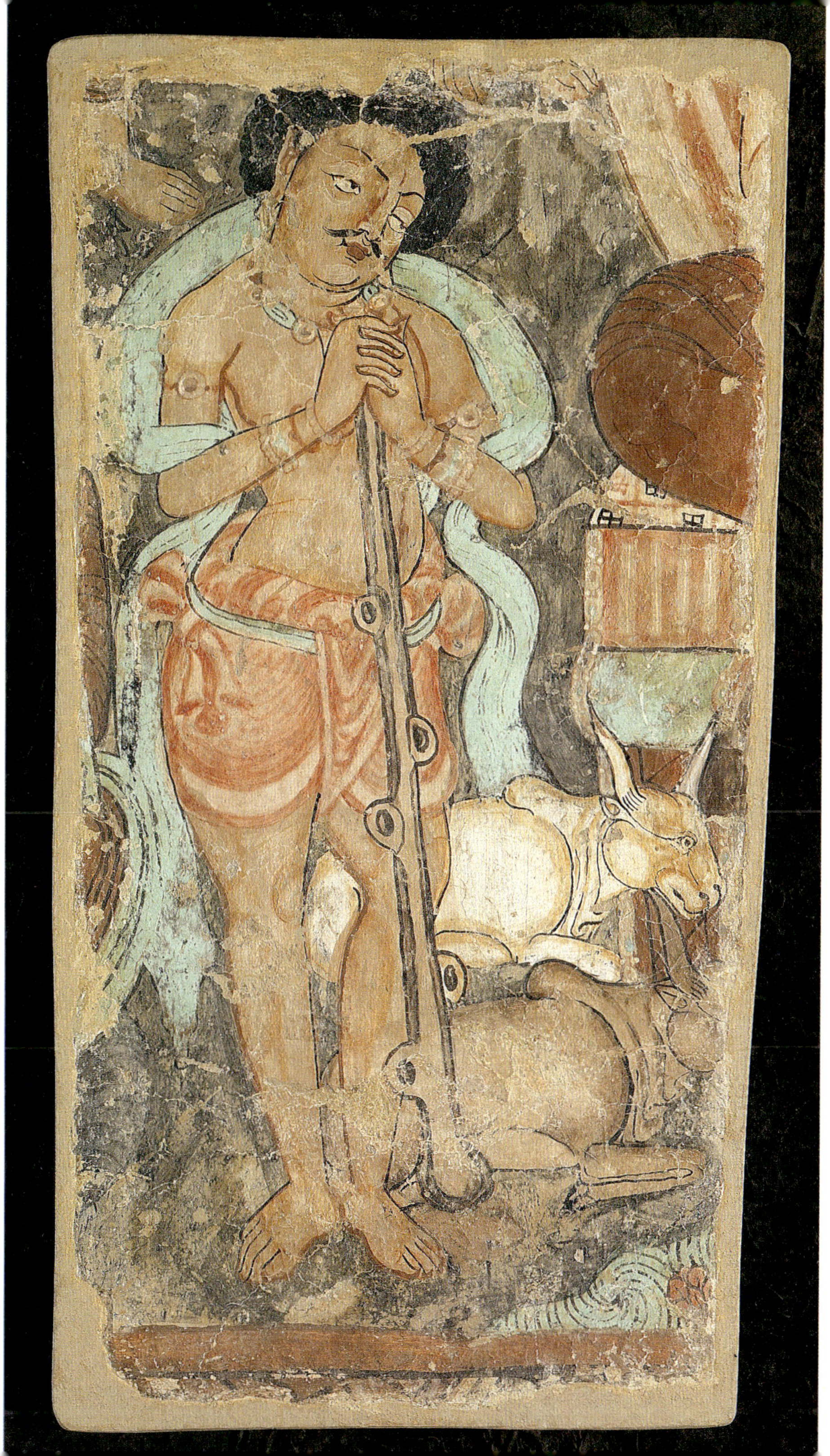

2 Vajrapāni, aus einer Predigtszene
Kyzil, Statuenhöhle, um 500 n. Chr.
Wandmalerei, 40,0 × 57,0 cm
MIK III 8839

Der anmutig auf einem geflochtenen Rohrsitz hockende Vajrapāni, oft nur als Schutzgeist des Buddha bezeichnet, gehört in Wahrheit zu den am häufigsten und am unterschiedlichsten dargestellten, schillerndsten und interessantesten Persönlichkeiten, die den Buddha begleiten. Er hält in seiner Linken den vajra, der hier eher einem Zepter als einer Waffe ähnelt, während die rechte erhobene Hand dem ehemals vorhandenen, nun aber nur noch fragmentarisch erhaltenen, predigenden Buddha mit einem buschigen Wedel kühle Luft zufächelt und die Insekten abzuhalten scheint. Vajrapāni ist reich geschmückt mit Ketten und Reifen aus Perlen oder Metallplättchen. Sein einziges Kleidungsstück, ein braunes Hüftgewand, ist am oberen und unteren Rand von einer grünen Kräuselborte eingefaßt. Auf dem Kopf trägt er eine Krone, die aus einem mit Perlen und Plättchen besetzten Reif besteht, seitlich mit Vogelfedern und in der Mitte mit einer verzierten Scheibe geschmückt, von der kürzere weiße Bänder herabflattern. Ähnliche Kronen begegnen uns schon in sasanidischer Zeit, wie auf einem Steinrelief aus dem 3. Jh. aus Sar-Mesched, das König Bahram II. als Löwentöter zeigt[2]. Ghirshman weist darauf hin, daß die mit Adlerfedern geschmückte Königskrone ursprünglich das Symbol des avestischen Siegesgottes Verethragna ist. In seiner Funktion ist er identisch mit dem vedischen Kampfgott Indra, der in das buddhistische Pantheon miteinbezogen wurde und hier als Vajrapāni erscheint. Breite grüne Schals fallen über die Schultern beinahe bis auf die Erde. Der Nimbus charakterisiert ihn als göttliche Figur.

Am rechten Bildrand erscheint das bloße Knie des auf einem teppichbehangenen Sitz thronenden Buddha. Zur Linken des Vajrapāni sind zwei spitzschnäblige, falkenartige Vögel zu sehen, von denen der eine auf dem Boden sitzt, während der andere abzustürzen scheint.

Die mandelförmig geschwungenen Augen, der kleine Oberlippenbart oder der kreuzförmige Bauchnabel sind Charakteristika, die uns in der zeitgenössischen indischen Kunst immer wieder begegnen.

Publ. A. v. LeCoq – E. Waldschmidt, Die Buddhistische Spätantike in Mittelasien, VI, Taf. 3b, S. 66. Ausstellungskataloge des Museums für Indische Kunst, 1971, 1976, Nr. 416, 1986, Nr. 416, S. 166. Museum für Indische Kunst (Belser, Kunst der Welt in den Berliner Museen) Nr. 45.

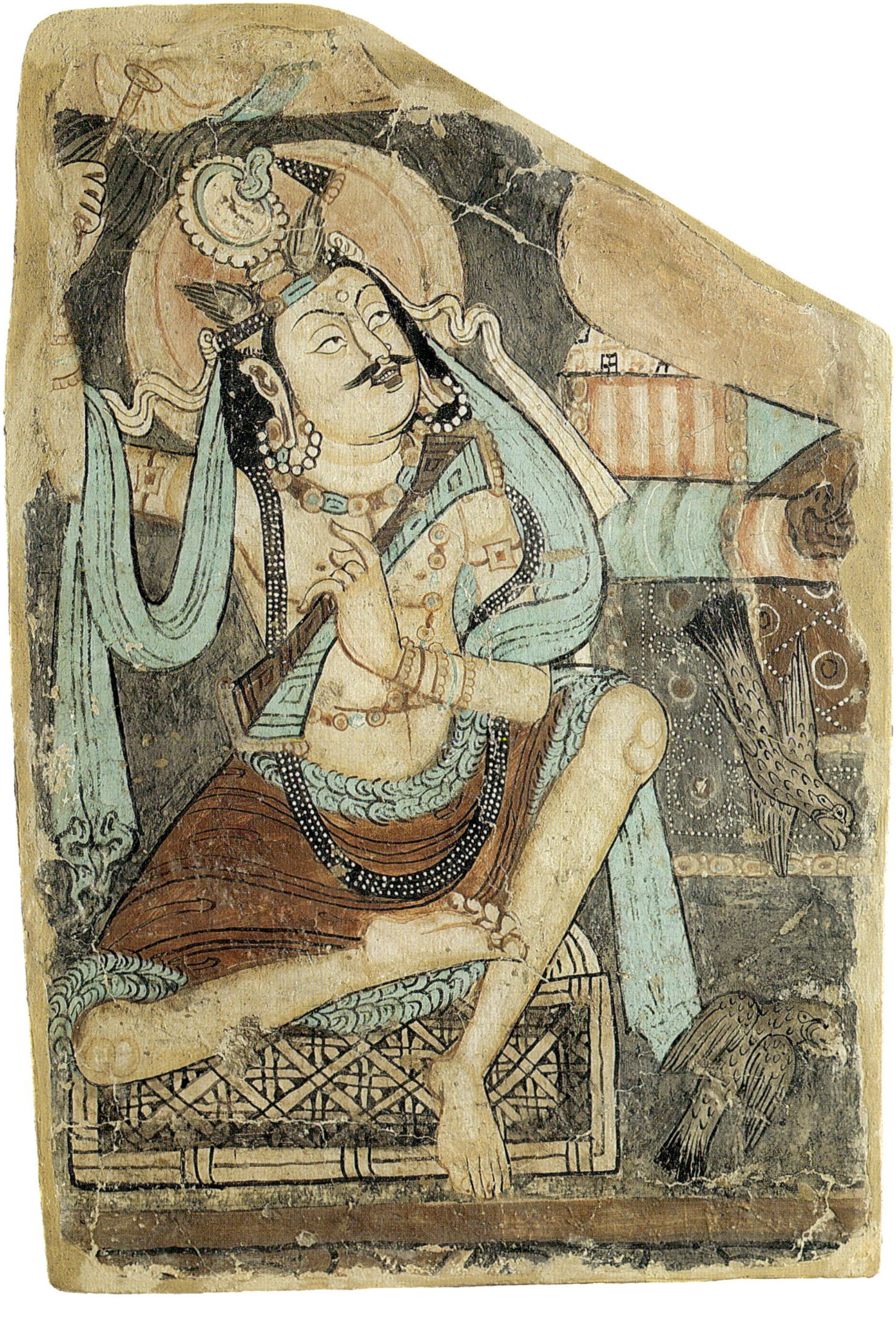

3 Kopf eines Devaputra
Kyzil, Malerhöhle, um 500 n. Chr.
Wandmalerei, 17,0 × 10,0 cm
MIK III 8690 a

Eine zur frühen Gruppe gehörige Kulthalle, wenn nicht sogar die älteste und die am schönsten ausgestaltete, ist die sogenannte Malerhöhle. Sie besteht aus einer breiten Eingangshalle, durch die man über Holzstufen in die Cella gelangte. Zur Zeit ihrer Entdeckung war der Plafond der Cella weitgehend eingestürzt, doch ließen sich noch Reste einer imitierten Laternendecke[3] erkennen. Architektonisch ist die Höhle dem Typ 3 zugehörig, d. h. das Kultbild stand auf einem Sockel direkt an der Rückwand und war über niedrige, tonnenüberwölbte Gänge zu umwandeln.

Das Kultbild selbst war der Zerstörung anheimgefallen, doch fand sich in der Nische die Darstellung des Besuches Indras bei dem in einer Berghöhle meditierenden Buddha; denn dieser hatte sich – der Legende nach – einmal, um ungestört zu sein, in die Einsamkeit einer Felshöhle zurückgezogen. Der Gott Indra wünschte, ihm einige Fragen vorzulegen und näherte sich mit einer großen Götterschar. Er entsandte zur Vorbereitung seines Besuches den Gandharven Pancaśikha, der es durch ein Lied, was er auf seiner Harfe spielte, verstand, den Buddha zu beeinflussen.

Die Seitenwände der Cella waren mit je 9 Buddhapredigten bemalt. Zu einer dieser Predigtszenen (s. Fig. 8) gehört auch dieser schöne Kopf eines herbeischwebenden devaputra, der Daumen und Zeigefinger seiner linken Hand anmutig nachdenklich an die Unterlippe legt.

Die Bezeichnung ‚Malerhöhle' rührt von der wiederholten Darstellung von Malern, von denen einer sich uns sogar namentlich vorstellt. Fig. 9 zeigt unten den Kopf eines Mannes und darüber ein Schild mit dem Namen des Künstlers oder Stifters: *citrakara tutūkasya* = (Bildnis) des Malers Tutūka. Auch der darüber dargestellte Maler war mit Namen benannt, wie aus der zerstörten Kartusche über seinem Kopf hervorgeht.

E. Waldschmidt schreibt dazu: „*Geschrieben sind diese Worte ohne jeden Zweifel im Ductus des archaischen Typs der turkistanischen Brāhmī, für den Lüders das 5.–6. Jh. ansetzt. Um noch genauer zu sprechen, scheint es mir nach einem Vergleich verwandter Handschriften wahrscheinlicher, daß die Buchstaben vor 500 als nach 500 n. Chr. geschrieben worden sind. Mit der Bestimmung „kurz vor oder um 500 n. Chr." ist für die „Malerhöhle" ein sicheres Datum gewonnen und gleichzeitig ein fester Ausgangspunkt für den ersten Stil gegeben. Ich glaube nicht, daß die übrigen Bilder (gleichen Stils) um mehr als 50 Jahre von der Zeit der „Malerhöhle" abweichen können.*"[4]

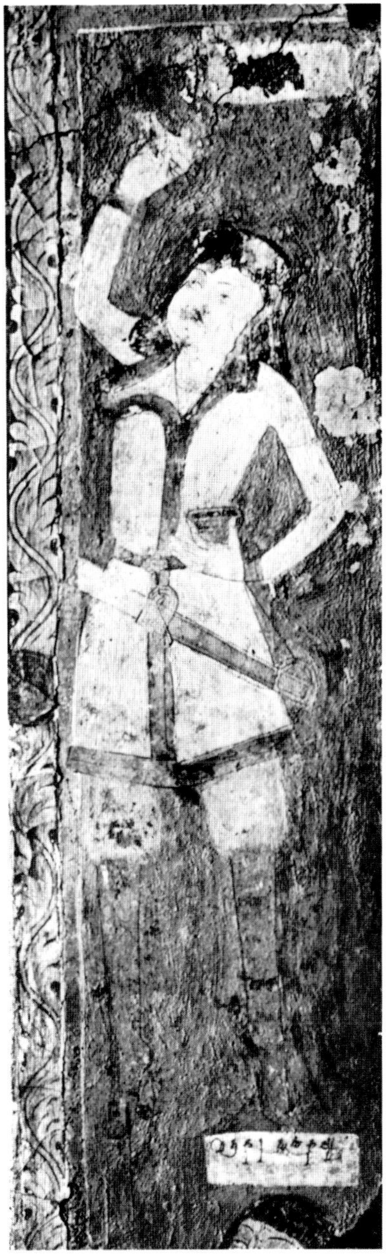

Fig. 9
Maler. Kyzil, Malerhöhle.

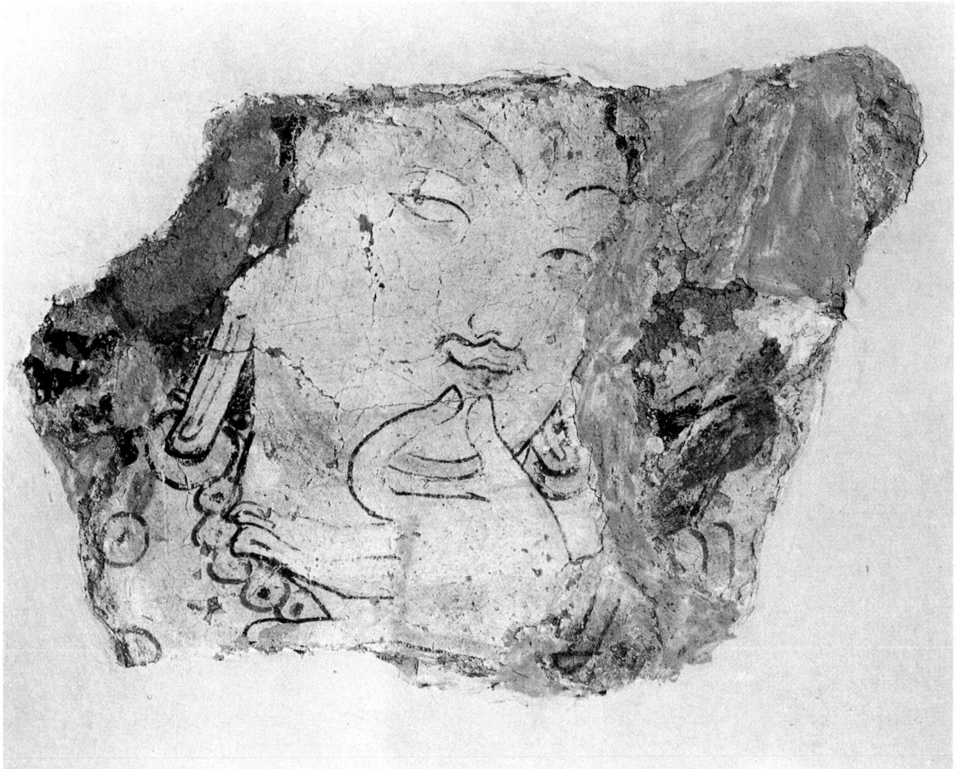

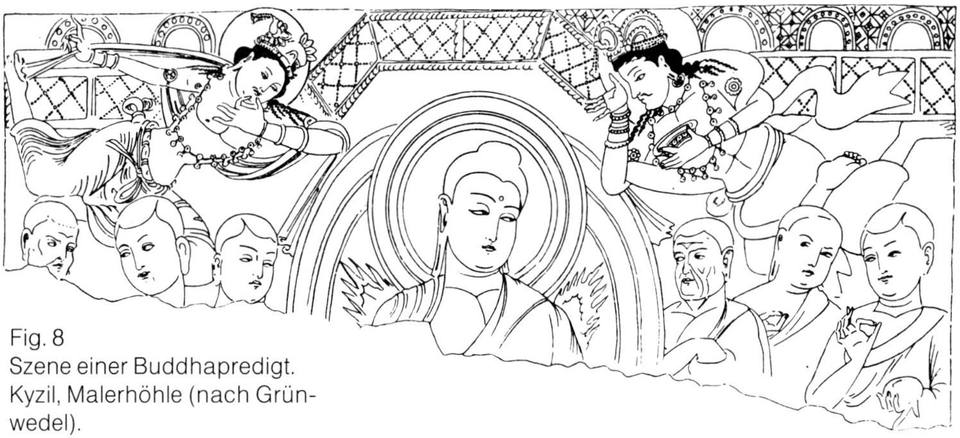

Fig. 8
Szene einer Buddhapredigt.
Kyzil, Malerhöhle (nach Grünwedel).

4 Schwimmer in einem Fluß
Kyzil, Seefahrerhöhle, um 500 n. Chr.
Wandmalerei, 39,5 × 37,8 cm
MIK III 8398

Die Seefahrerhöhle gehört architektonisch zu den einfachsten in Zentralasien auftretenden Bautypen. Sie besteht aus einem langen schmalen, rechteckigen Raum, der über eine Vorkragung von einem Tonnengewölbe überragt wird (s. Fig. 1a). Die Hauptgemälde der Seitenwände, die dem 1. indo-iranischen Stil zugehören, sind Illustrationen zweier Seefahrerlegenden – des Śronakotikarna- und des Maitrakanyaka-Avadāna, die die Wirkungen der guten und schlechten Taten eines früheren Lebens vor Augen führen.[5]

Unser Malereifragment wurde im Schutt gefunden und war Teil des Tonnengewölbes. Es könnte zu der Darstellung des Maitrakanyaka-Avadāna oder einer dritten Seefahrerlegende gehören. Dargestellt sind drei Personen, die in einem Gewässer schwimmen, an dessen Oberfläche Seerosen blühen. Der mittlere Schwimmer scheint sich kaum noch über Wasser halten zu können. Ganz anders der Mann rechts im Bild, der sicher die Hauptperson der Wasserszene bildet. Er unterscheidet sich nicht nur durch seine Größe, sondern auch durch die Schmückungen am Körper und an den Armen. Die von der linken Schulter herabhängende Kette ist wie die Brahmanenschnur des Bodhisattva angelegt. Der Körper schwebt von den Hüften ab federleicht über dem stürmischen Wasser. Die Bewegungen der Arme scheinen kraftvoll und selbstbewußt. Die zugehörige Legende wird sich einmal finden und die bildliche Darstellung mit Sinn erfüllen. Ein Vergleich des Gesichtes der Hauptperson mit denen des Rinderhirten (Abb. 1) und des Vajrapāni (Abb. 2) zeigt die stilistische Verwandtschaft der Werke der Seefahrerhöhle mit denen der Statuenhöhle.

Der menschliche Fuß am oberen Bildrand ist nicht einzuordnen. Teile eines teppichbehangenen Thrones, der dem der zweiten Szene des Maitrakanyaka-Avadāna, auf dem der Kaufmann Mitra sitzt, sehr ähnelt, werden auf der linken Seite sichtbar. Auch die gleichartige Gestaltung des unteren Bildrandes ist auffällig.

Zur Veranschaulichung buddhistischer Legenden soll im folgenden kurz auf den Inhalt der beiden hier illustrierten interessanten und wichtigen Avadānas eingegangen werden.

Die Śronakotikarna-Legende[6] (s. Fig. 10)

Es lebte einmal ein Kaufmann namens Śronakotikarna. Seinen Sanskritnamen führte er auf das Sternbild Śravana (Śrona) zurück, sein Beiname Kotikarna rührte von einem kostbaren Ohrschmuck her, den er von Geburt an trug. Er war der einzige Sohn eines reichen Kaufmanns. Einmal unternimmt Śronakotikarna, der beruflich in die Fußstapfen seines Vaters getreten war, als Führer einer Handelskarawane eine Seereise zur „Edelsteininsel“, um Juwelen und andere Kostbarkeiten zu finden. Auf der Heimreise wird er von seinen Kameraden getrennt und sucht, allein umherirrend, nach Hause zurückzufinden. Dabei hat er einige seltsame Erlebnisse. Er gelangt nacheinander an zwei gleich aussehende Städte und ruft, da ihn hungert und dürstet, das eine Mal nach Speise, das andere Mal nach Wasser. Beide Male tau-

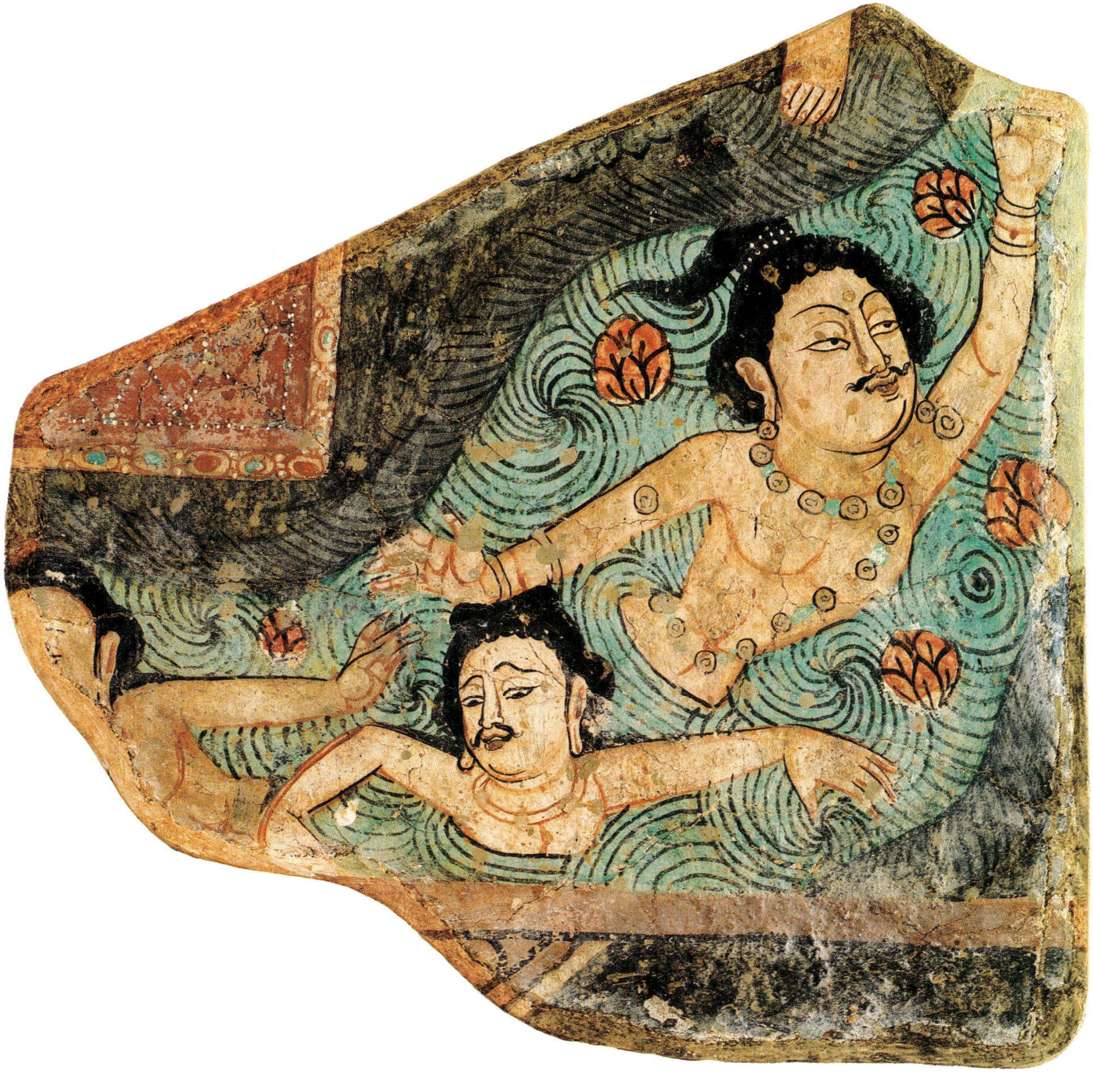

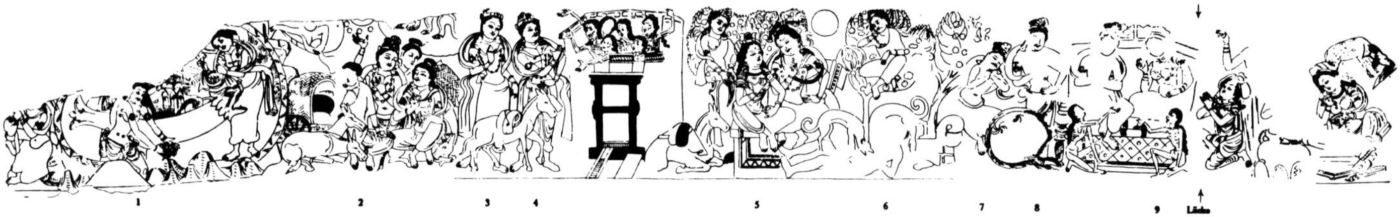

Fig. 10
Die Śronakotikarna-Legende.
Kyzil, Seefahrerhöhle
(nach Grünwedel).

chen am Stadttor die Geister verstorbener Geizhälse und Betrüger als Hungergespenster auf und bekunden durch ihrerseits ausgestoßene Schreie nach Speise und Trank, daß sie zu Qualen des Hungers und Durstes verdammt sind. Śronakotikarna wandert weiter und steigt zur Nachtzeit auf einen Baum. Da beobachtet er unfreiwillig einmal bei Nacht, einmal bei Tag einen Mann, der mit einer Frau die Liebesfreuden genießt. Der erste wird am Tag dafür von Hunden zerfleischt, der zweite erleidet des Nachts Todesqualen.

Śronakotikarna kommt bei seiner weiteren Wanderung an einen See, wo er Wasser trinkt und seinen Esel tränkt. Am Ufer des Sees bemerkt er plötzlich einen Palast, und von Hunger gequält tritt er ein. Eine schöne Frau lädt ihn zum Essen ein. Während des Essens tauchen plötzlich zwei Hungergespenster auf, die sich zu beiden Seiten des Lagers kauern. Śronakotikarna wirft ihnen etwas Speise hin, die sich im gleichen Augenblick in Eiter und Blut verwandelt. Er erfährt von der Frau, daß die beiden Gespenster ihr Mann und ihr Sohn seien, die einstmals, als die Frau einem Mönch Essen spendete, geizhälsig wünschten, dieses möge sich in Eiter und Blut verwandeln. Dann treten zwei Frauen an das Lager und bitten gleichfalls um Speise. Die Wirtin fordert sie auf, ihre gewohnte Nahrung zu verzehren. Die eine Bittstellerin steigt darauf in einen Topf, kocht sich selbst und ißt hernach ihr eigenes Fleisch. Die zweite Frau hingegen verwandelt sich, auf die gleiche Aufforderung der Wirtin, in einen Schafbock, der dann im Grase weidet. Von seiner Gastgeberin erfährt Śronakotikarna, daß diese Frauen ihre Schwiegertochter und ihre Dienerin gewesen seien. Sie hätten einst Nahrungsmittel gestohlen, es aber geleugnet mit der Bemerkung, ihr eigenes Fleisch, bzw. Gras essen zu wollen, wenn sie schuldig seien. Diese Erlebnisse beschäftigen Śronakotikarna sehr. Nach der Rückkehr in seine Heimatstadt Ujjain erinnerte er sich immer wieder an das Leiden des Geburtenkreislaufes. Da reift in ihm der Entschluß, in den buddhistischen Orden einzutreten.

Die Maitrakanyaka-Legende[7] *(s. Fig. 11)*

In Benares lebte einst ein reicher Kaufmann namens Mitra, der sich genauso sehnlichst wie vergeblich einen Sohn wünschte. Er flehte die verschiedensten Götter an, unter anderem Śiva und Varuna, ihm aus seiner Not zu helfen. Nach langer Zeit brachte seine Frau ein Kind zur Welt, dem sie, um Unheil zu verhüten, den Namen eines Mädchens gaben. Nach der Geburt wurde ein großes Fest gefeiert, an dem der Sohn den Namen Maitra (Sohn des Mitra) Kanyaka (kleines Mädchen) erhielt.

Eines Tages fuhr der Vater zum Handel aufs Meer und kehrte nie von dort zurück.

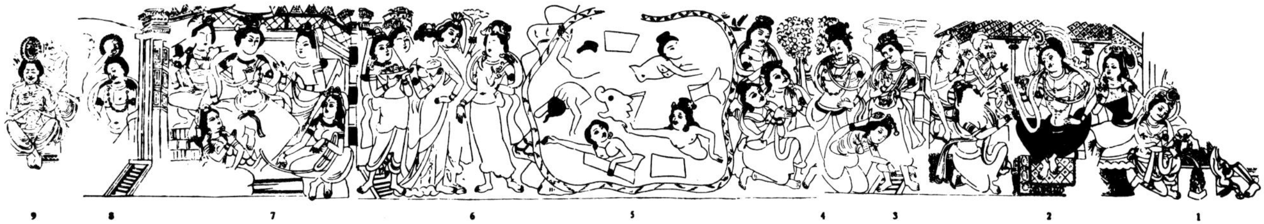

Fig. 11
Die Maitrakanyaka-Legende.
Kyzil, Seefahrerhöhle
(nach Grünwedel).

Um dieses entsetzliche Schicksal nicht noch einmal herauszufordern, verschwieg die Mutter – auf Befragen des inzwischen erwachsenen Sohnes – diesem den wahren Beruf des Vaters. Doch neidvolle Kaufleute konnten nicht umhin, ihm diesen zu verraten.

Trotz flehentlicher Bitten seiner Mutter, bereitete Maitrakanyaka zusammen mit anderen Kaufleuten eine Seefahrt vor. Am Tage der Abreise bat seine Mutter ihn zum letzten Male inständig, sich doch einem weniger gefährlichen Beruf zuzuwenden. Doch er verhöhnte sie und trat die Unglückliche, vor ihm Liegende mit seinem Fuß gegen den Kopf. Als er sie verließ, hörte er ihre Worte: „Mein Sohn, möge die Frucht dieser Tat nicht auf dich zurückfallen."

So fuhr Maitrakanyaka zur See. Doch bald wurde das Schiff von einem Seeungeheuer zum Kentern gebracht. Maitrakanyaka gelang es, sich mittels einer Bohle zu retten. Der Wind tat sein übriges dazu, so daß er sicher an Land getrieben wurde. In einiger Entfernung bemerkte er eine Stadt. Als er sich anschickte, diese zu erreichen, begegneten ihm 4 verführerische Apsaras und baten ihn, mit ihnen zu gehen. Nachdem er mehrere Jahre mit ihnen verbracht hatte, trieb ihn die Unruhe weiter. Gegen ihren Willen gelang es ihm, nach Süden zu wandern. Hier, in der nächsten Stadt, hatte er das gleiche Erlebnis, nur waren es dieses Mal 8 schöne Frauen, die ihn verführten, auf dem weiteren Weg 16, dann 32.

Als es ihm endlich gelang, ihnen allen zu entfliehen, erreichte er eine eiserne Stadt. Kaum war er eingetreten, klappten die Tore hinter ihm zu. Plötzlich sah er einen Mann, auf dessen Kopf sich ein Feuerrad drehte. Eiter und heraustriefendes Blut waren seine einzige Nahrung. Entsetzt fragte Maitrakanyaka: „Wer bist du?" „Ich bin ein Mensch, der seine eigene Mutter beleidigt hat." Kaum hatte der Mann diesen Satz gesprochen, erinnerte sich Maitrakanyaka an sein Vergehen, das nun schon viele Jahre zurücklag, und er erkannte, daß jetzt der Zeitpunkt gekommen war, wo er seine Tat büßen mußte. Da ertönte auch schon eine Stimme: „Die, die gebunden sind, sollen frei sein, und die, die frei sind, gebunden." Kaum waren die Worte ausgesprochen, da sprang das Feuerrad vom Kopf des Mannes auf den Maitrakanyakas über. Maitrakanyaka aber, obwohl gebeugt durch den brennenden Schmerz, sprach voller Mitleid, der anderen Sünder gedenkend: „Ich will zum Heil aller das Rad weiter auf meinem Kopf tragen". Doch kaum hatte er die Worte gesprochen, sprang das Rad vom Kopf des Bodhisattva Maitrakanyaka hoch in die Luft. Er aber wurde unter der Götterschar im Tushitahimmel wiedergeboren.

Publ. A. Grünwedel, Altbuddhistische Kultstätten in Chinesisch-Turkistan, S. 147. A. v. LeCoq, Die Buddhistische Spätantike in Mittelasien, IV, Taf. 9a. A. Grünwedel, Alt-Kutscha, Fig. 30, 31, S. II 29-II 53. Ausstellungskataloge des Museums für Indische Kunst, 1971, 1976, 1986, Nr. 410. M. Bussagli, Die Malerei in Zentralasien, S. 73. E. Waldschmidt, Zur Śroṇakoṭikarṇa-Legende.

5 Brahmane
Kumtura, 2. Kuppelhöhle, um 500 n. Chr.
Wandmalerei, 56,5 × 69,0 cm
MIK III 9054

Die Höhlenanlagen von Kumtura liegen etwa 20 km südöstlich der Höhlen von Kyzil am Unterlauf des Muzart-Flusses in einem breiten Flußtal. Sie sind in die Abhänge einer Bergkette eingeschlagen, die in nordsüdlicher Richtung das östliche Ufer des Muzart begleitet. Von Osten her wird das Bergmassiv – ganz ähnlich wie in Kyzil – von Schluchten zerteilt, an denen auch Höhlentempel liegen.

Zwei Tempel in der Zweiten Bachschlucht waren Kuppelbauten. Ihre Malereien gehören der frühen indisch beeinflußten Stilphase an. Interessanterweise fand man in Kumtura, etwas weiter nördlich am Flußlauf zur Hauptgruppe gehörig, drei Tempel mit wesentlich später entstandenen tangzeitlichen Malereien.

Das Malerei-Fragment stammt aus dem Plafond der 2. Kuppelhöhle, die in ihrer Architektur der Pfauenhöhle entspricht (s. Architektur der Höhlen, Fig. 2b). Thema der Darstellung ist ein bärtiger Brahmane mit ergrautem Haar und gebräunter Haut. Er trägt die typischen Kleidungsstücke der Asketen, einen Schurz um die Hüften und einen schmalen Schal über Brust und Rücken, eingefaßt mit einer Fellborte. Untypisch ist die Schmückung der Ohren, des Halses und der Oberarme. In der rechten Hand hält er das Attribut der Asketen, ein enghalsiges Fläschchen, seine linke ist gestikulierend emporgehalten. Er scheint mit einem Buddha zu diskutieren, der vor ihm nur sehr fragmentarisch erhalten ist. Erkennbar sind Teile seiner linken Körperhälfte, Arm und Knie. Er war in ein braunes Gewand gekleidet und von einer Mandorla umgeben. Zwischen Brahmanenkopf und Mandorla schwebt ein kleiner Buddha, hinter dem Brahmanen ist eine Devatā sichtbar. Die rosenkranzähnliche, um ihre rechte Hand gelegte Perlenkette scheint später hinzugesetzt. Die hier dargestellte Legende ist aufgrund des fragmentarischen Charakters des Bildes schwer zu deuten. Die Malerei ist mit einer Akanthus-Borte gerahmt.

Publ. A. v. LeCoq-E. Waldschmidt, Die Buddhistische Spätantike in Mittelasien, VII, Taf. 5 und S. 35 f. S. Gaulier, R. Jéra-Bezard, M. Maillard, Buddhism in Afghanistan and Central Asia, Fig. 120 and S. 53.

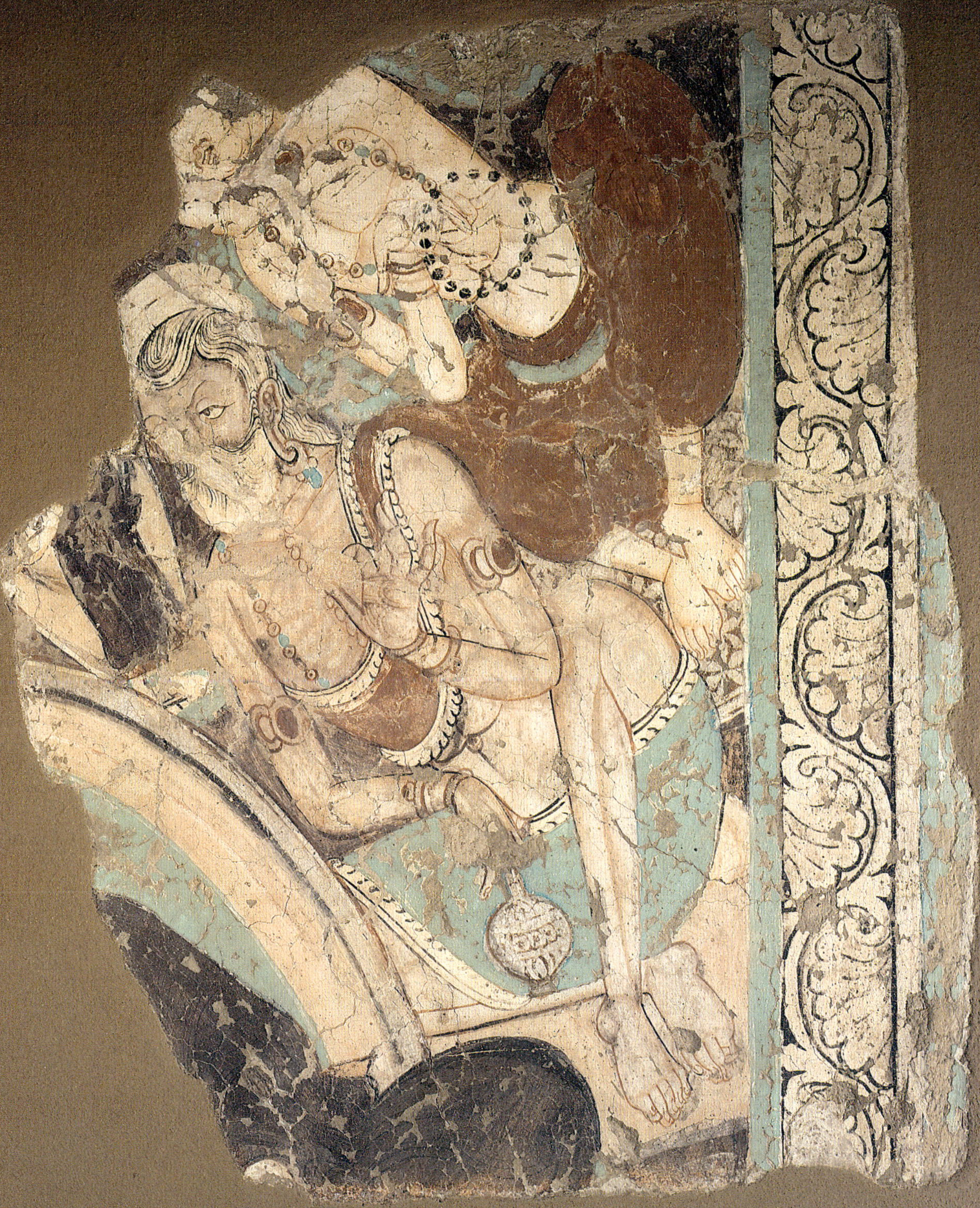

6 Kultbildnische mit Mönchen

Kyzil, Teufelshöhle C, um 600 n. Chr.
Wandmalerei, 147,5 × 153,0 cm
MIK III 9042

Die von Grünwedel ‚Teufelshöhle mit Annexen' genannte Tempelgruppe[8] liegt im östlichen Teil der Hauptanlage in Kyzil (s. Fig. 12), zwischen dem Paß, der in die Berge zur 2. Anlage führt, und der Kleinen Bachschlucht. Sie besteht aus drei zusammenhängenden parallel liegenden Höhlen A, B, C, deren Vorhallen zerstört waren (s. Fig. 13). Die Höhlen A und C sind von gleicher Bauart. Sie repräsentieren den Pfeiler- oder Stūpatempel, bestehend aus einer Cella mit Tonnengewölbe und weisen eine Kultbildnische in der Stūpawand auf sowie einen Umwandlungsgang, der in den Berg hineinführt. Höhle B dagegen besteht aus einem schmalen, langgestreckten Raum, ebenfalls mit Tonnengewölbe, ähnlich der Seefahrerhöhle (s. Fig. 1 a). An Fläche viel kleiner als die Nachbarhöhlen, stellt sie die Verbindung zwischen beiden dar.

Unser Wandbild stammt aus der Teufelshöhle C, der am weitesten links liegenden Höhle der Gruppe, aus dem Quergang zwischen dem rechten und dem linken Korridor. Dieser Gang war verhältnismäßig breit und nicht von einem Tonnengewölbe, sondern von einer flachen Decke überspannt. Seine Schmalwand war mit einer Nische für ein Kultbild versehen. Beiderseits der Nische fanden sich Darstellungen auf der Wand, die in Beziehung zum Kultbild standen und mit ihm eine Komposition bildeten. Nur die linke Seite neben der Nische ist erhalten. Die Malerei zeigt fünf Mönche, die in drei Ebenen hintereinander angeordnet sind. Die beiden vorderen knien am Boden, die Hände in Andacht zusammengelegt. Der linke ist von dunkler, braunschwarzer Hautfarbe. Seine Körpermodellierung wird durch ein helles Braunrot hervorgehoben. Er trägt ein braun gefüttertes, grünes Obergewand, das an der Oberkante umgeschlagen ist. Teile seines Untergewandes sind – wenn auch sehr undeutlich – sichtbar. Seine rechte Schulter ist, wie auch bei den übrigen Mönchen, unbedeckt. Der hellhäutige Mönch daneben ist in ein mattblaues Gewand gekleidet. Bei beiden, ebenso wie bei den dahinter stehenden hellhäutigen Mönchen, sind die Handflächen rosa gefärbt, um den Eindruck größerer Plastizität zu erzeugen. Der fünfte Mönch, dessen Oberkörper zwischen den beiden anderen erscheint, ist wieder von dunkler Hautfarbe. Die Handhaltungen der stehenden Mönche deuten auf einen lebhaften Meinungsaustausch hin. Die Darstellung von Bäumen im Hintergrund soll andeuten, daß die Szene in einem Wald spielt. Auch die Kultfigur saß unter einer blühenden Baumkrone, fasanenähnliche Vögel beleben die Szene.

Die Kultbildnische wird von einer geometrischen, vegetabil wirkenden Borte eingefaßt, die sich im unteren Bildabschluß in ähnlicher Weise wiederholt. Die nur noch fragmentarisch auf der linken Seite vorhandene Borte besteht aus einer Reihe übereinandergestellter grüner Rautenfelder.

A. Grünwedel hat an Ort und Stelle folgende Beschreibung der Nische aufgenommen[9]: *„Die ... Schmalwand war in folgender Weise ausgestattet. Unter drei Dübellöchern, welche zur Befestigung eines Balkons oder großer ‚Clay'-Figuren gedient haben mögen, ist unten in der Wand eine oben abgerundete Nische... Welche Figur in der Nische gesessen hat, läßt sich nicht mehr ausmachen. Umgeben war die Nische von zehn gemalten, stehenden und knienden Religiosen. Die Figuren sind etwas höher als die Nische. Über der Nische sieht man prächtige Phönixe. Viele Köpfe der früher sehr schönen Mönchsfiguren fand ich herausgeschnitten: 1, ein nackter Jaina-digambara, der Kopf ist herausgeschnitten; die Merkwürdigkeit aber, daß*

Fig. 12
Skizze der Hauptanlage von Kyzil.

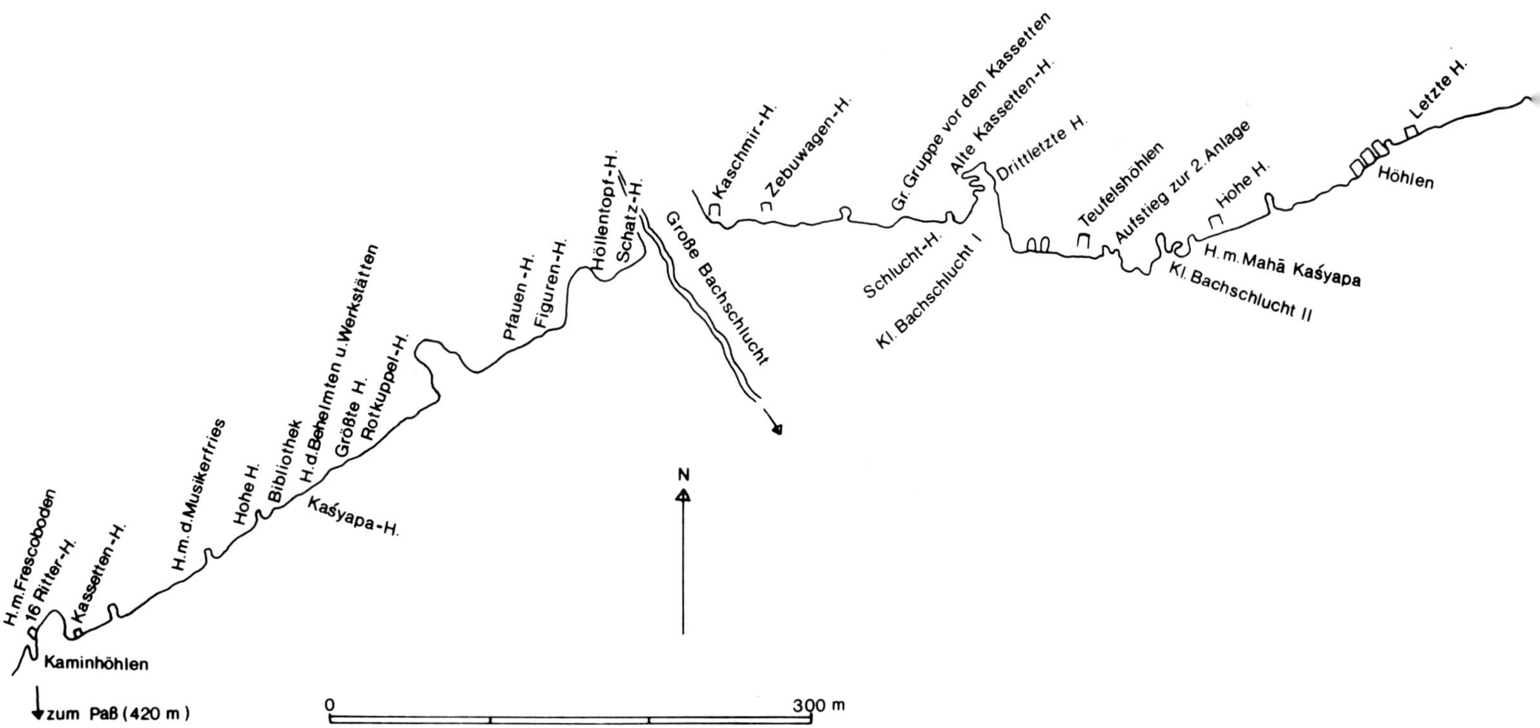

die Figur ein Lingavalaya trägt (genau von ders. Form, wie sie noch in Indien getragen werden) hat der Mann, der die Platte ausschnitt, übersehen, 2, ein Mönch im Flickenkleid, 3, 4, 5, buddhistische Mönche; der mittelste von ihnen hat eine ganz dunkle Hautfarbe. Alle diese Figuren stehen. 6, 7 sind zwei kniende Mönche, 6, ist von ganz dunkler Hautfarbe. 8, 9, 10 drei stehende Mönche, der mittelste ist wieder von dunkler Hautfarbe."

Dazu meint E. Waldschmidt:[10] *„Aus der Beschreibung Grünwedels ergibt sich, daß außer dem Asketen in der ganzen Szene nur Mönche dargestellt waren. Darum ist der Asket mit Sicherheit als die Hauptperson der Handlung anzusehen. Grünwedel hat angenommen, daß die Gruppe noch zum Gefolge des ins Parinirvāṇa eingehenden Gautama Buddha auf der gegenüberliegenden Hinterwand des Ganges gehörte. Ich glaube ebenfalls, daß es sich um eine Szene handeln kann, die in unmittelbarer Beziehung zum Parinirvāṇa des Buddha steht. Es muß sich m. E. um das Zusammentreffen Mahākāśyapas mit dem Ājīvika, der ihm Nachricht vom Tode des Buddha gibt, unter einem Baume auf dem Wege von Pāvā nach Kuśinagara handeln. In der Nische hat man sich Mahākāśyapa dargestellt zu denken."*

Publ. A. v. LeCoq, – E. Waldschmidt, Die Buddhistische Spätantike in Mittelasien, VII, Taf. 15 und S. 47 f. A. Grünwedel, Altbuddhistische Kultstätten in Chinesisch-Turkistan, S. 142.

Fig. 13 Teufelshöhlen A, B, C.

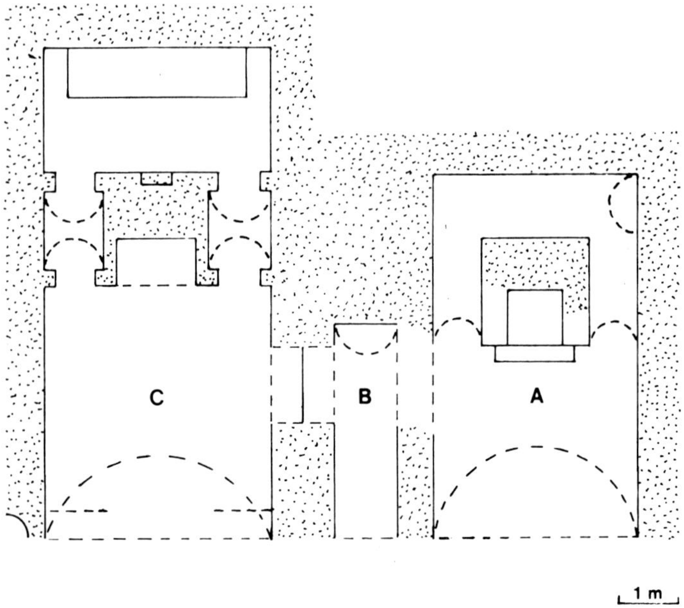

Fig. 14 Kyzil, Teufelshöhle C,
Diagramm der Kultbildnische. (nach Grünwedel).

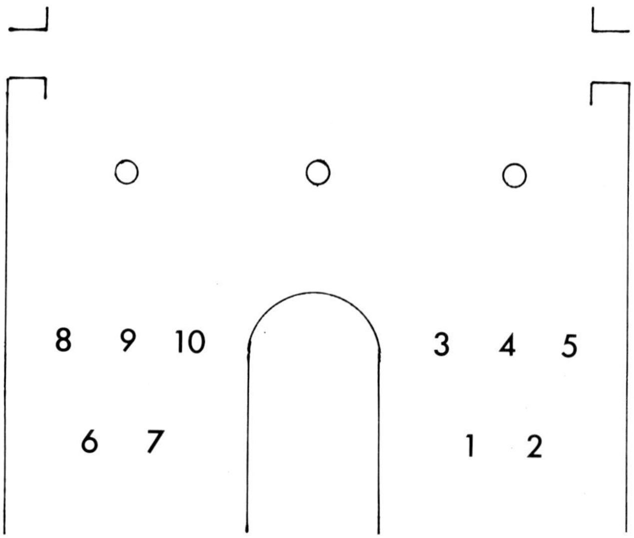

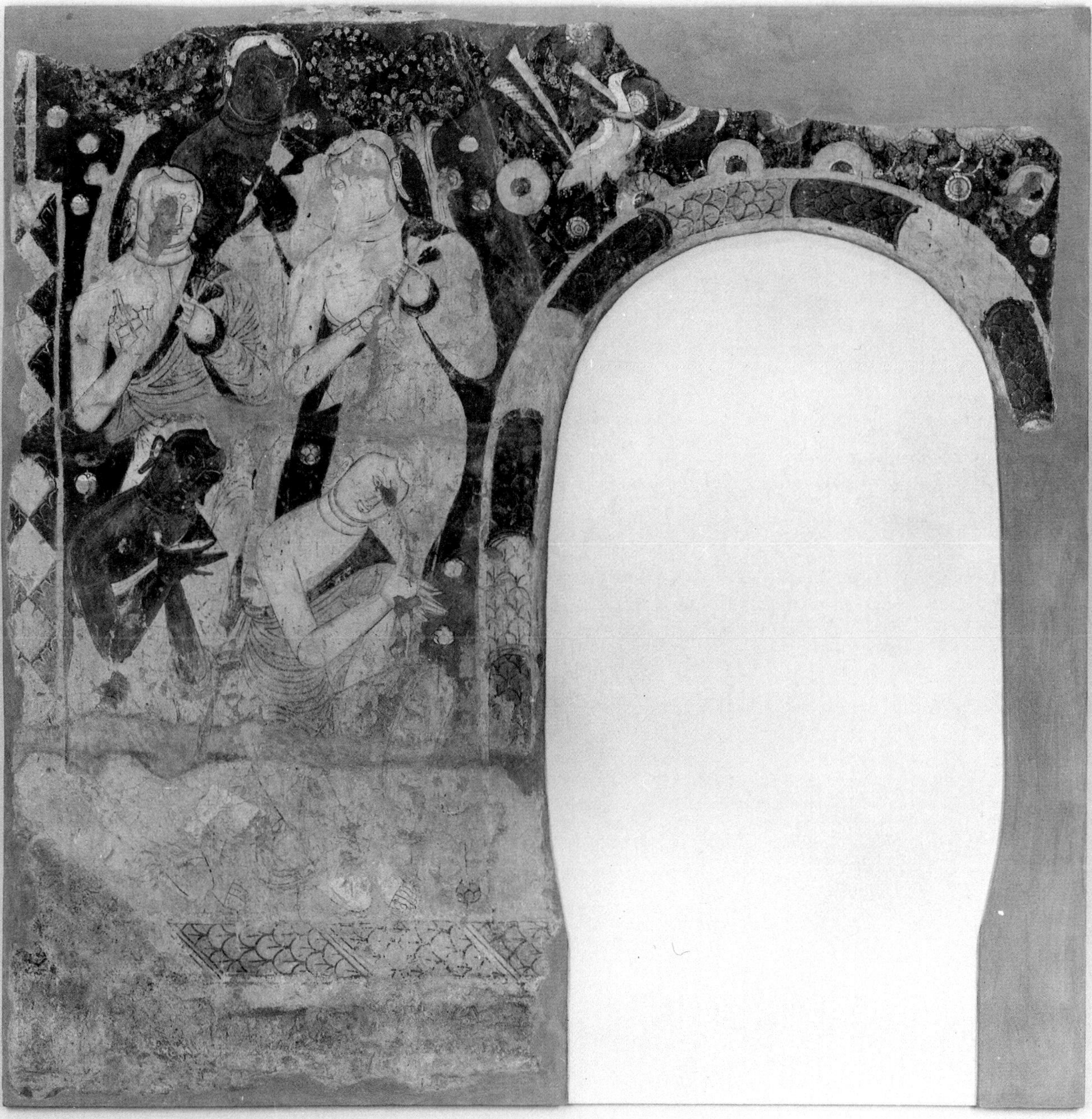

7 Höllenszenen

Kyzil, Teufelshöhle A, um 600 n. Chr.
Wandmalerei, 260,0 × 50,0 cm
MIK III 8432

Auf der rechten Seitenwand der Cella A (s. Fig. 13) fand sich unterhalb zweier Bildreihen mit Darstellungen von Buddhapredigten der hier wiedergegebene Fries mit Höllenszenen als unterste Reihe.

Der buddhistischen Überlieferung nach gibt es sechs Stätten des Lebens, zu denen neben Göttern, Asuras, Menschen, Geistern und Tieren auch die zahlreichen Höllen zählen. In den Jātakes werden acht Haupthöllen aufgeführt.[11]

In der ersten, der *Samjīva-Hölle,* werden die Verdammten von den Höllenwächtern des König Yama mit dem Kopf nach unten aufgehängt und mit Äxten und Beilen in Stücke geschlagen.

In der zweiten, der *Kālasūtra-Hölle,* zerlegen die Höllenwächter ihre Körper mit Axt, Beil und Richtschnur, so wie man Bäume sägt; um sie noch weiter zu quälen, werden heiße Eisenplatten auf ihre Körper gelegt. Auch die *Samghāta-Hölle* erlöst sie nicht von ihren Leiden, im Gegenteil, die Berge mit Widderköpfen schieben sich ineinander und die in den Schluchten befindlichen Verdammten werden zerquetscht. In der *Raurava-Hölle* läßt man sie in den Flammen schmoren, während sie in der *Mahāraurava-Hölle* manchmal viele hundert Jahre ausgepeitscht werden. In der *Tapana-Hölle* werden sie in glühendem Eisen geröstet und in der *Pratāpana* mit scharfen Spießen gequält. Auch *Avīci,* die achte und letzte der Haupthöllen, erlöst sie nicht von ihrer Qual. Als lebende Feuersäulen zwingt man sie, ihre Sünden zu büßen.

Auf unserem Wandbild sind sechs Höllenszenen erhalten, davon die erste links nur sehr frag-

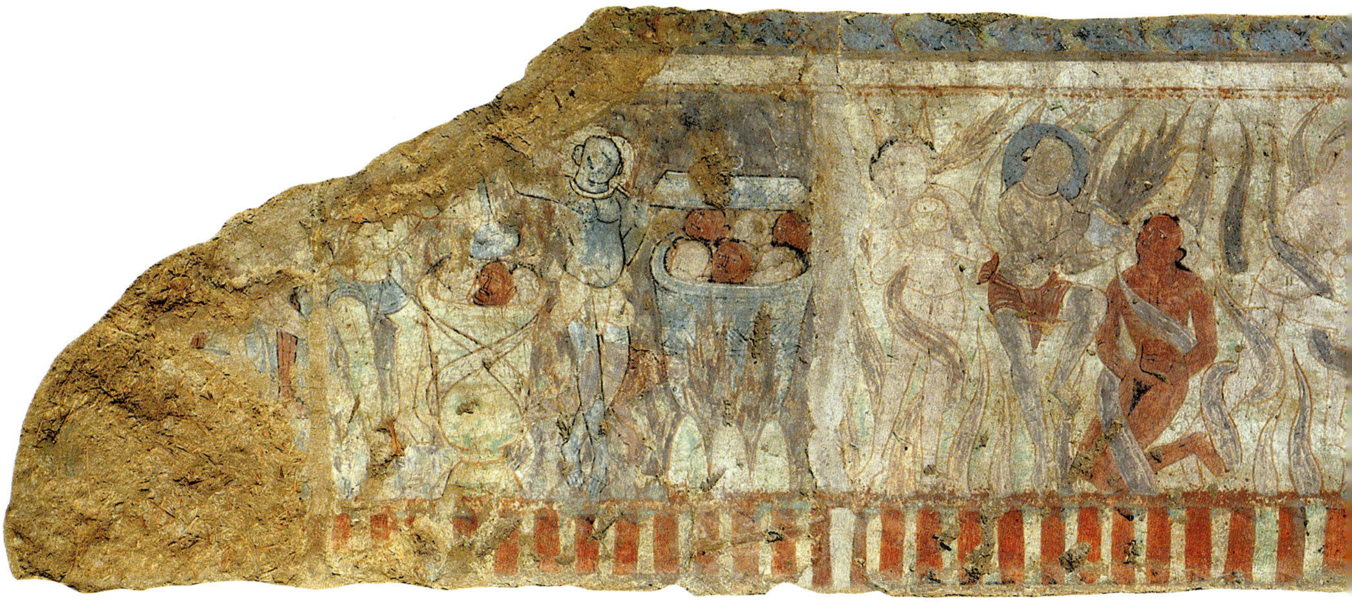

mentarisch. Die zweite Szene links zeigt eine Anzahl Gestalten in einem Mörser, ein links daneben stehender Höllenwächter ist im Begriff, mit der Mörserkeule zuzustoßen. Ein zweiter scheint eine Ladung Menschen, oder deren Köpfe, auf dem Rücken herbeizuschleppen, um sie in den bereits vollen, blauen Kessel zu werfen. Beide Töpfe stehen in den Flammen, so daß es sich hier um eine Darstellung der Raurava- oder Tapana-Hölle handeln könnte.

Das folgende Bild zeigt eine Höllenlandschaft mit lodernden Flammen, in deren Mitte eine dunkelhäutige, nackte, gefesselte Gestalt kniet. Ein graubraun gemalter Dämon scheint dem Sünder aus einem blauen Gefäß etwas einflößen zu wollen. Zwei weiße, nackte Gestalten flankieren die Szene, die linke trägt die Bettelschale eines Mönchs, Flammen schlagen aus ihrem Mund, die andere hält eine flache Schale in den Händen, aus der ebenfalls Flammen emporlodern. In der folgenden, rotgrundierten Szene, die sich in der Pratāpana-Hölle abspielt, sticht ein eberköpfiger Dämon weißer Hautfarbe auf einen am Boden liegenden Sünder mit einer Lanze ein. Eine blaue, ähnlich dargestellte Gestalt nähert sich (links), ein weißhäutiger Mann scheint zu flüchten. Im nächsten Feld quälen zwei Höllenwächter zwei Verdammte. Der eine mit gesträubtem Flammenhaar ist im Begriff, dem gefesselten dunkelhäutigen Sünder den Kopf abzuschneiden, der andere hat sein fliehendes Opfer am Haar gepackt und versucht, es zu bestrafen. Möglicherweise ist das eine Illustration der Kālasūtra-Hölle. Die letzte Szene zeigt mit Sicherheit die Samghāta-Hölle. Im roten Feld sind zwei Berge abgebildet, der eine grün, der andere blau, beide mit Flammen bedeckt. In der Schlucht, die zwischen beiden liegt, sieht man die Verdammten, die zermalmt werden, als sich die Berge zusammenschieben.

Die auf die Bergspitzen aufgesetzten Widderköpfe sollen, so meint A. v. LeCoq, die häufige Wiederholung des Vorfalles andeuten.

Publ. A. v. LeCoq, Die Buddhistische Spätantike in Mittelasien, IV, Taf. 9d, S. 16f. D. Schlingloff, Die Religion des Buddhismus, S. 28, Abb. 3–5.

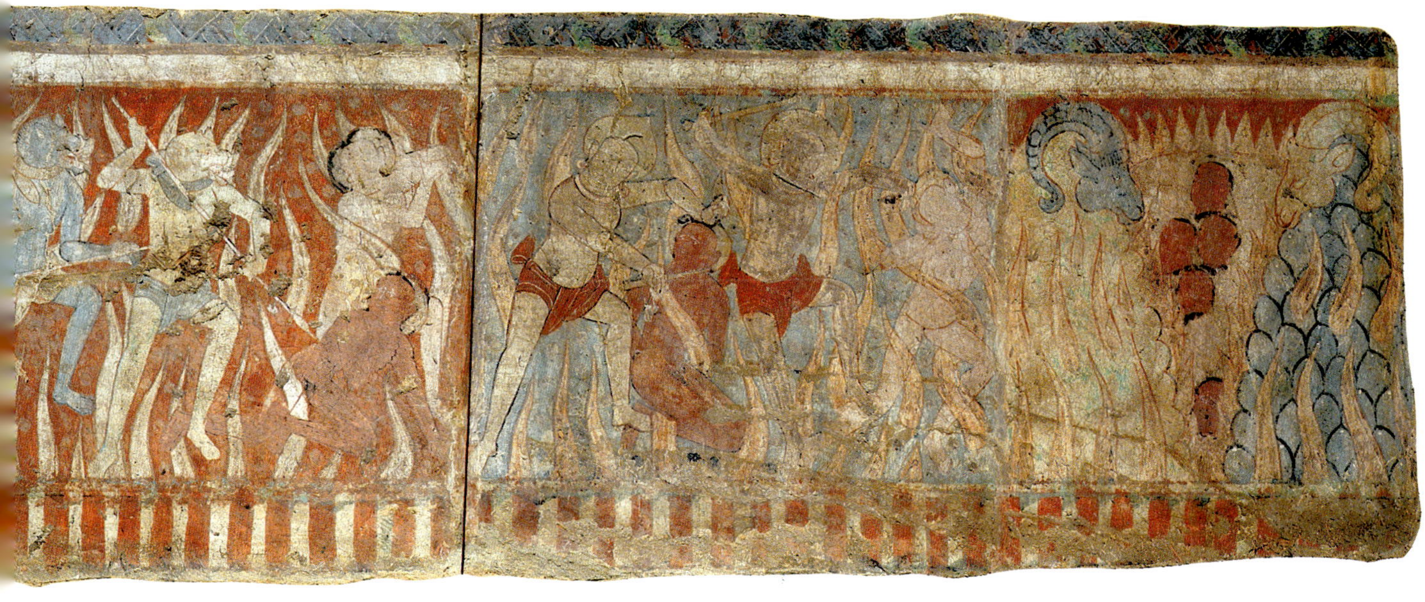

8 Kopf des Mahākāśyapa

Kyzil, Höhle oberhalb der Größten Höhle, 7. Jh. n. Chr.
Wandmalerei, 71,0 × 46,5 cm
MIK III 8373 a

Hoch oberhalb der Größten Höhle lag in der Bergwand ein kleiner schwer zugänglicher Tempel. Er gehörte jenem üblichen Architekturtyp an, der aus einer Cella besteht, mit dem Kultbildsockel an der Rückwand und den in den Berg hineinführenden Umwandlungsgängen. Leider waren die Wandmalereien – bis auf zwei kleine Bilder – der Zerstörung anheimgefallen. Unser hier ausgestelltes Gemälde ist eins davon. Dargestellt war Mahākāśyapa, einer der bekanntesten Schüler des Buddha. Wir sehen seinen geneigten Kopf vor einem Blütenhintergrund. In das kurz geschorene Haar schieben sich von der Stirn her zwei kahle Stellen. Augen, Brauenwülste und Nase sind übermäßig betont. Der starke, hellblaue Bart und das gleichfarbige Kopfhaar umrahmen sein Gesicht. Die Ohrläppchen sind von dem einst getragenen Schmuck gelängt. Hals, Kinn und Mundwinkel weisen tiefe Falten auf. Das Gewand, das aus einem grünen Flickenrock bestand, ist nur noch an der Schulter erhalten.

Dieses Malereifragment stammt – wie wir aufgrund besser erhaltener, gleichartiger Darstellungen wissen – von einem Mahāparinirvāna-Bild. Und aus dem Mahāparinirvānasūtra[12], einem Lehrtext vom völligen Erlöschen (des Buddha), einem Sanskrittext, der hier in Zentralasien gefunden wurde, und seinen Parallelen in Pali, Tibetisch und Chinesisch, erfahren wir die Vorgänge der Zeit vor bis nach dem Tode des Buddha.

Die Texte überliefern übereinstimmend, daß sich der Buddha von seinem Lieblingsjünger Ānanda zwischen zwei Bäumen eines Śālawaldes bei Kuśinagara habe ein letztes Lager bereiten lassen. Er wollte mit dem Kopfende nach Norden auf der rechten Seite liegen. Die Śālabäume blühten zur Unzeit und bestreuten den Körper des Buddha mit ihren Blüten, während himmlische Musik ertönte. Es folgen noch einige in diesem Zusammenhang unwichtige Begebenheiten, Lehre und Gemeinde betreffende Anordnungen und zwei letzte Bekehrungen. Mit dem Hinweis auf die Vergänglichkeit der Samskāras und der Ermahnung an die Mönche, ohne Nachlässigkeit an sich zu arbeiten, geht der Buddha in das Nirvāna ein. Mahākāśyapa hält sich zu dieser Zeit nicht in der Nähe des Buddha auf. Er ist mit einer großen Gemeinde von Mönchen auf dem Wege zwischen Pāpā und Kuśinagara; unterwegs trifft er einen Brahmanen, der aus Kuśinagara kommt und eine Mandāraka-Blume von den dortigen Feierlichkeiten zu Ehren des Buddha mitgenommen hat. Durch ihn erfährt Mahākāśyapa von dem bereits vor sieben Tagen erfolgten Parinirvāna. Er begibt sich sofort zum Verbrennungsplatz, wo er die Leiche des Buddha in einer mit Öl gefüllten Wanne findet, nimmt sie heraus, wäscht und salbt sie und hüllt sie in frische Tücher. Dann legt er sie auf den Scheiterhaufen und zündet ihn an.

Die Darstellungen Mahākāśyapas stehen sehr oft, wie wir gesehen haben, in direktem Zusammenhang mit dem Parinirvāna des Buddha. Auch unser Bild gehört, wie schon das von Trauer geprägte Gesicht vermuten läßt, zu einer solchen Szene. Ob er hier am Fußende kniete oder während der Verbrennung am Kopfende stand, ist nicht mehr nachzuvollziehen.

Publ. A. v. LeCoq, Die Buddhistische Spätantike in Mittelasien, III, Taf. 2, S. 28. Ausstellungskataloge des Museums für Indische Kunst, 1971, 1976, 1986, Nr. 443. M. Bussagli, Die Malerei in Zentralasien, S. 75.

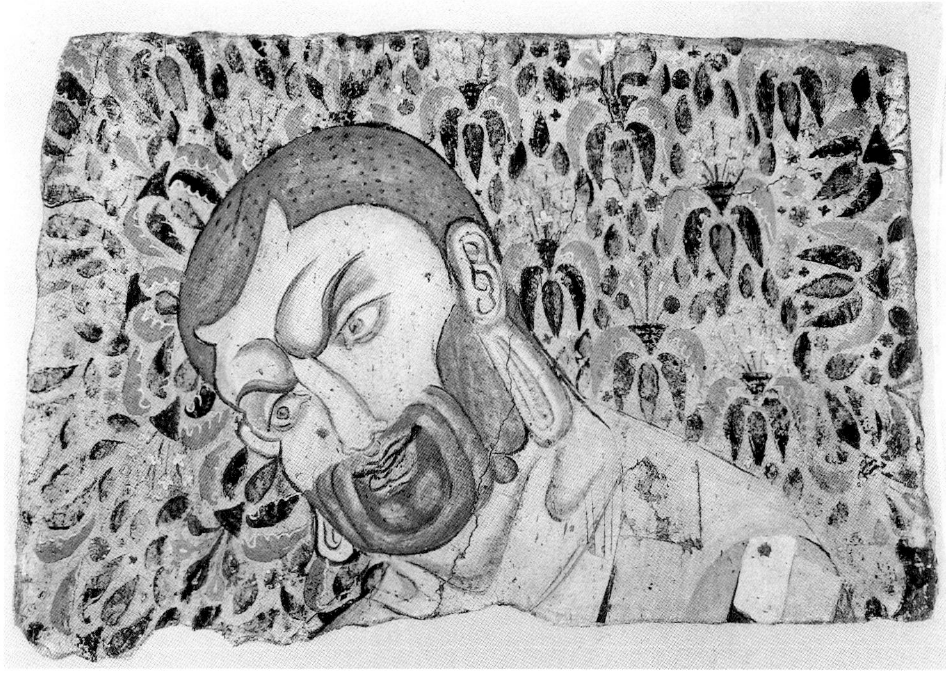

9 Māras Angriff
Kyzil, Treppenhöhle, 600–650 n. Chr.
Wandmalerei, 203,0 × 136,0 cm
MIK III 9154 a

Die Treppenhöhle – so benannt nach einer an der Felswand entlang auf einen schmalen Vorplatz führenden Treppe – ist eine der interessantesten Höhlen in Kyzil; denn hier zog sich das Leben des Buddha, vollständig in Malereien illustriert, über Seitenwände und Rückwand der Cella. Das ausgestellte Bild, ein Fragment der Lünette der Kultbildwand (Fig. 15), ist ein Detail einer in der buddhistischen Kunst von Gandhara bis China sehr beliebten Darstellung, nämlich der Versuchung des Asketen Gautama durch den buddhistischen Versucher Māra.

Wie die Legende berichtet, fürchtet Māra, der Böse, für den Besitz seiner Herrschaft, wenn es dem Bodhisattva gelingen sollte, die Erleuchtung zu erlangen. So begibt er sich mit seinem Dämonenheer ans Ufer der Nairanjanā zum Baum der Erkenntnis, unter dem der Buddha meditiert. Mit den unterschiedlichsten Waffen greifen sie den Bodhisattva an. Der aber bleibt unberührt von allem Wüten und verharrt in seiner Meditation, so daß sich Māra geschlagen geben muß. In einigen Texten wird erwähnt, daß Māra den Bodhisattva – nach seinem fehlgeschlagenen Angriff – davon zu überzeugen versucht, daß dieser keine guten Taten vollbracht hat, er also nicht als Welterlöser auftreten könnte. Doch im Bewußtsein seiner in den früheren Leben verrichteten guten Werke berührt der Asket Gautama mit der rechten Hand den Boden (bhūmīsparśa-mudrā) und ruft die Erde als Zeugin an. Sogleich tut sich der Boden auf, die Erdgöttin erscheint und bestätigt die Richtigkeit seiner Worte. Māra ist damit endgültig besiegt.

Das Gesamtbild, in deren Mitte sich der meditierende Bodhisattva befand, zeigte alle drei aufeinanderfolgenden Szenen. Māra selbst war ebenfalls dreimal dargestellt. Auf der linken Seite zog er gerade sein Schwert und stürmte mit seinen Dämonenscharen auf Gautama zu. Der rechte, erhaltene Bildteil zeigt Māra, zur Linken des nicht mehr vorhandenen Bodhisattva sitzend, ursprünglich sechsarmig, in voller Rüstung. Er diskutiert mit dem Buddha über dessen gute Taten. Sein Körper ist durch einen kunstvoll gearbeiteten Schuppenpanzer geschützt, den er über seinem aus graublauem kleinkariertem Stoff hergestellten, mit kurzen, weiten Glockenärmeln versehenen Gewand trägt. *„Māras Rüstung“*, so meint A.v. LeCoq, *„ist zweifellos ein Lederküraß, der in verschiedener Weise durch Panzerplättchen vernietet und vorn durch Schnürung verschlossen ist.“*

Im Gefolge Māras fällt die kuriose Gestalt eines dreiköpfigen, doppelgesichtigen, spitzohrigen Dämon auf.

Die dritte Szene zeigt den Versucher Māra, am Boden unmittelbar vor dem Thron des zukünftigen Buddha liegend. Ein spitzohriger Dämon versucht – wie es scheint erfolglos – ihn wieder aufzurichten. Māra ist besiegt.

Publ. A. Grünwedel, Altbuddhistische Kultstätten in Chinesisch-Turkistan, S. 117–119. Alt-Kutscha, S. II 16, Fig. 22. A. v. LeCoq – E. Waldschmidt, Die Buddhistische Spätantike in Mittelasien, VII, Taf. 7, S. 38 f.

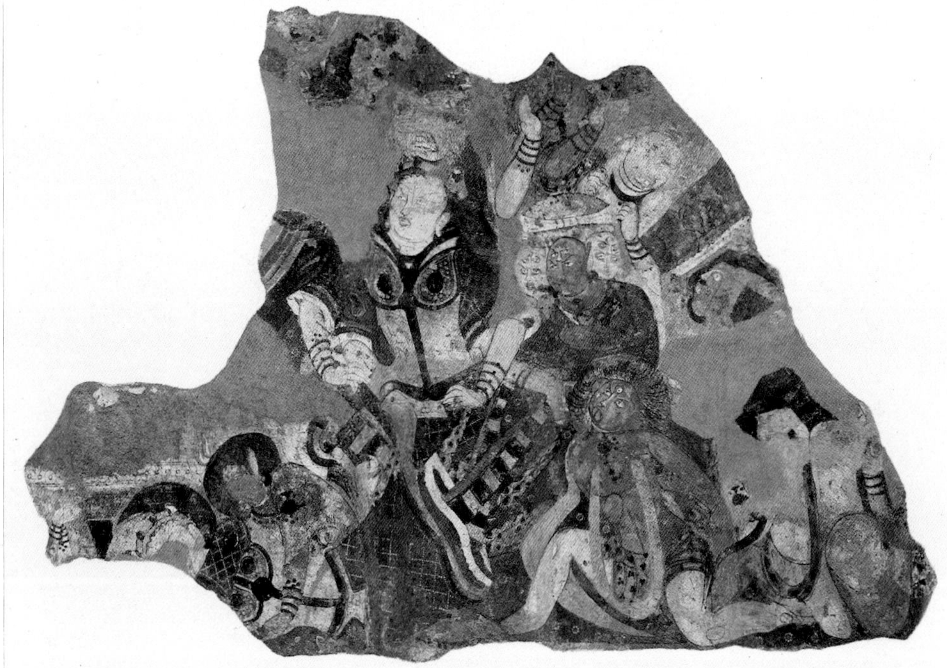

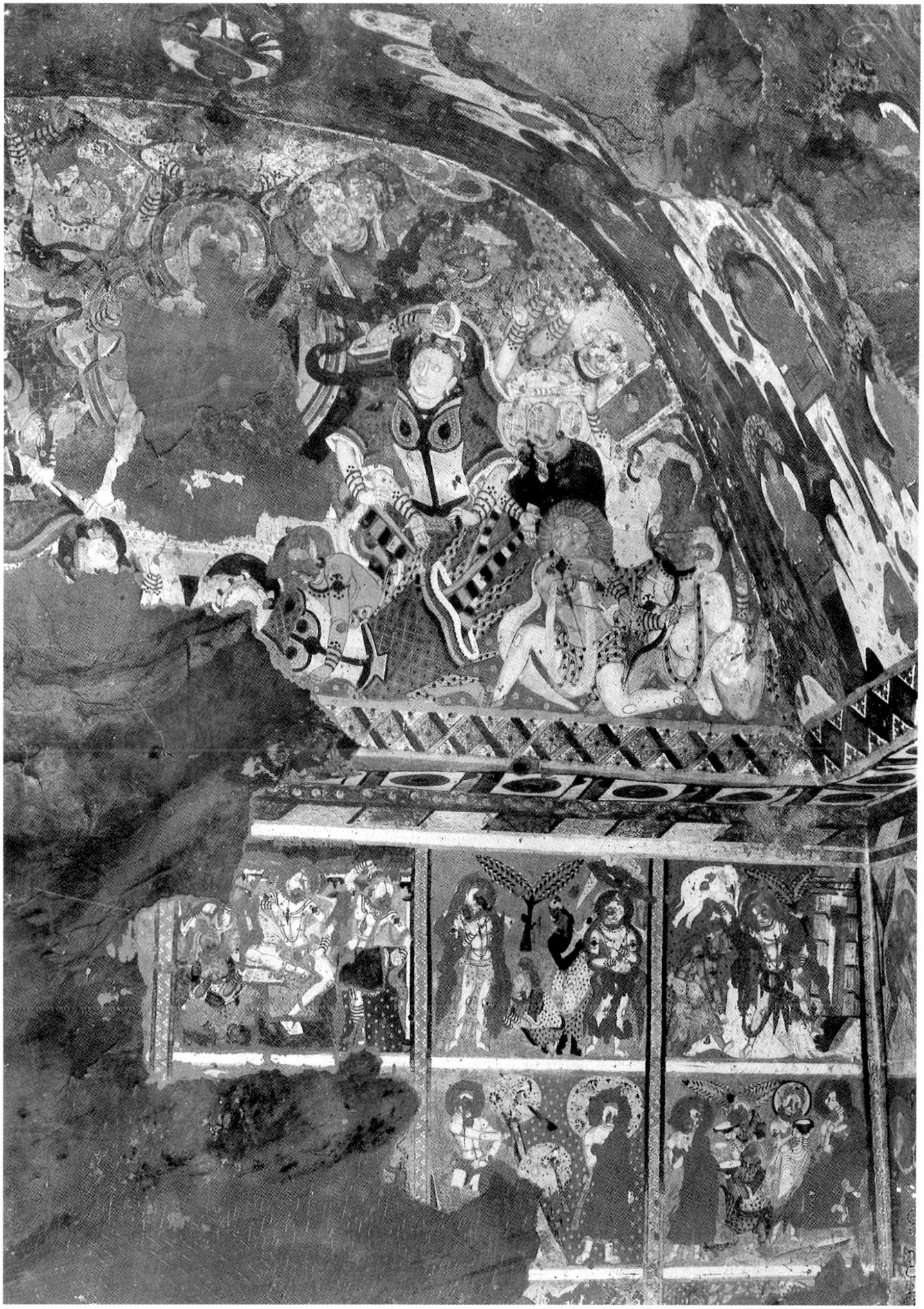

Fig. 15
Kyzil, Treppenhöhle.
Lünette über der Kultbildnische
(nach Grünwedel).

10 Schmuckborte
Kyzil, Größte Höhle, 6./7. Jh. n. Chr.
Wandmalerei, 110,0 × 52,0 cm
MIK III 8419

In dem Tempel, der die Bezeichnung ,Größte Höhle'[13] trägt, war an jeder der beiden Seitenwände eine Bank angebracht. Ursprünglich hatten auf diesen Bänken Lehmskulpturen gestanden, Buddhas, Bodhisattvas oder Devatās; die Frontseiten der Bänke waren bemalt mit Friesen von Perlkreismedaillons.

Das ausgestellte Malereifragment stammt von einer solchen Bank. In den Medaillons sind – immer paarweise gegenständig – Enten dargestellt, jede ein Perlhalsband mit grünen oder schwarzen Juwelenanhängern im Schnabel. Vom Halse flattern Bänder wie windbewegt nach hinten. Die Zeichnung des Gefieders der Tiere an Brust und Bauch ist unterschiedlich gestaltet. Sie tritt in Längs- oder Querstreifen auf und ist schuppen- oder schachbrettartig angeordnet. Dort, wo die großen Medaillons einander fast berühren, ist ein gleichartiges kleines Medaillon als Bindeglied aufgemalt, in dessen Mitte ein Halbmond erscheint. Die Räume zwischen den Kreisen sind von Sternblumen mit drei Blüten ausgefüllt. Die Farben sind weitgehend verblaßt, doch die Zeichnung ist deutlich sichtbar. Perlkreismedaillons mit Tier- oder Fabelwesendarstellungen sind der sasanidischen Textilkunst entlehnt, treten jedoch auch in anderen Materialien, wie hier in Lehm, auf.

Publ. A. v. LeCoq, Die Buddhistische Spätantike in Mittelasien, IV, Taf. 15 o und S. 25. B. Rowland, Zentralasien, S. 166.

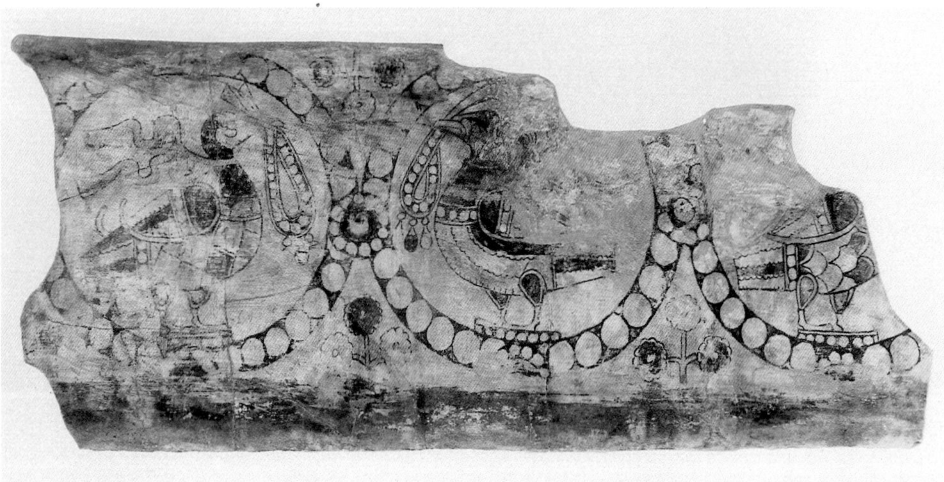

11 Dreihenkliger Krug
Angeblich Borazan bei Khotan, 5./6. Jh. n. Chr.
Töpferware, H: 45,0 cm
MIK III 7665

Die von A. v. LeCoq entdeckte Tonamphore, die aus dem an der südlichen Seidenstraße gelegenen Khotan stammen soll, ist ein Beweis für das Eindringen antiker Formen nach Zentralasien.

Das aus einem sehr dichten, rötlichbraunen Ton auf der Scheibe hergestellte Gefäß stellt sich dar als ein bauchiger, dreihenkliger Krug, dessen Oberteil unterhalb des ausladenden Halses reich mit der Antike entlehnten Ornamenten verziert ist. Jedem der Henkel ist ein kleiner, antikisierender Frauenkopf aufgesetzt (einer ist abgebrochen). Die Oberansicht des Gefäß-Mundes ist scheibenförmig; elf Rosetten sind in die Mündung eingestempelt, eine Halsborte leitet die Dekoration des Gefäßkörpers ein. Der bauchige Mittelteil trägt die wichtigsten Verzierungen, nämlich sieben kreisrunde Reliefmedaillons von etwa 9,5 cm Durchmesser, die deutlich ihren antiken Ursprung erkennen lassen. Jedes Medaillon ist eingefaßt von zwei konzentrischen Kreisen, zwischen denen sich eine Perlenreihe befindet. Die Darstellungen in den Medaillons sind dreifacher Art: Viermal erscheint eine nach rechts gewendete, stehende weibliche Figur in indischer Göttertracht, mit Schenkkanne und halbkugelförmigem Becher; zweimal ist ein nach links gewendeter, sitzender Mann dargestellt, bärtig, straubhaarig, aber mit kahlem Scheitel, beleibt, mit Aureole, Rhyton und Becher; das dritte Motiv, ein Löwenkopf, kommt ein einziges Mal vor. Alle Ornamente wurden in Formen oder mit Stempeln hergestellt und dem Gefäß vor dem Brennen aufgesetzt.

Publ. A. v. LeCoq, Die Buddhistische Spätantike in Mittelasien, I, Taf. 45, S. 29. Ausstellungskataloge des Museums für Indische Kunst, 1971, Nr. 456, Taf. 54, 1976, Nr. 456, S. 214, 1986, Nr. 456. H. Härtel – J. Auboyer, Indien und Südostasien, Abb. 235, S. 265. B. Rowland, Zentralasien, S. 143, Fig. 63.

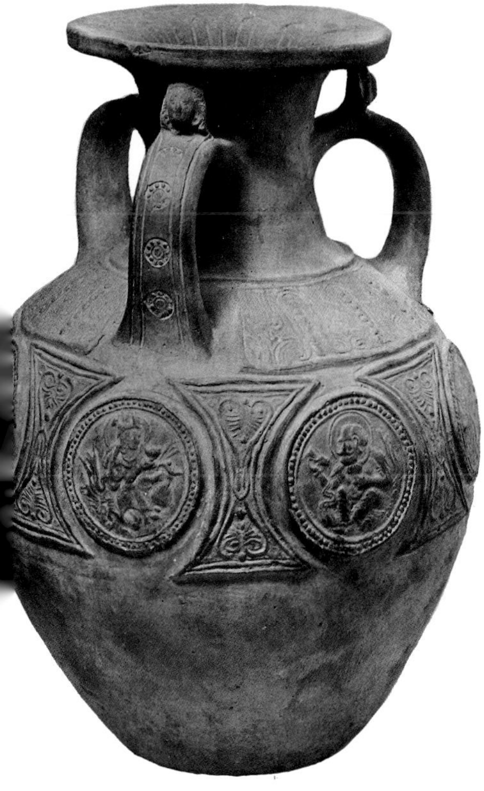

12 Kopf eines Bodhisattva
Kyzil, Statuenhöhle, 6. Jh. n. Chr.
Lehm, bemalt, H: 38,0 cm
MIK III 7920

Man kann nur vermuten, daß die Plastiken aus den Höhlentempeln der Kutscha-Oase größtenteils zur gleichen Zeit entstanden sind wie die Wandmalereien, doch haben sie sich in ihrer Formgebung länger unverändert erhalten; denn die große Mehrheit der hier gefundenen Figuren und Köpfe ist keine Individualschöpfung eines einzelnen Künstlers, sondern es handelt sich vielmehr um Erzeugnisse des Formereiverfahrens. Die recht zahlreich entdeckten Mulden sind aus Stuck gemacht und tragen auf ihrer Rückseite häufig Sanskritnamen, wahrscheinlich die Namen der Künstler, die sie hergestellt haben oder deren Eigentum sie waren.

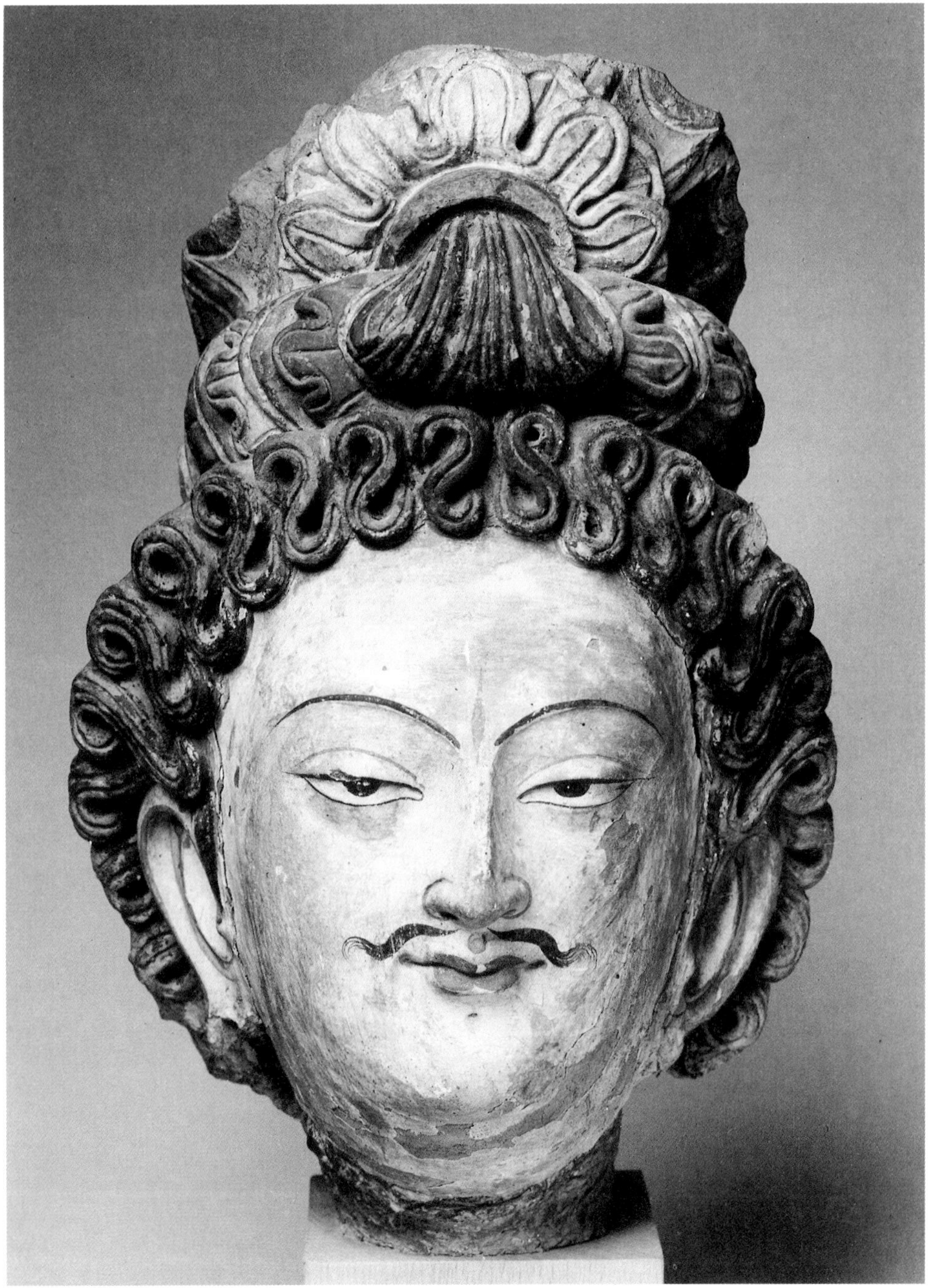

Der Mangel an Kalk und Stein hat die Künstler in der Lößlandschaft Ostturkistans gezwungen, als Grundprodukt zur Herstellung von Götterbildern aller Art den Lehm zu akzeptieren, der zur besseren Festigkeit mit Häcksel, Pflanzenfasern oder Tierhaaren vermengt wurde. Bei kleineren Figuren sorgte ein Astkreuz, bei großen ein Steinkern für inneren Halt. Aus dem gekneteten und gestampften Lehmgemisch wurden neben dem Kopf auch die einzelnen Glieder gemuldet und mit dem Rumpf verbunden. Unter Verwendung einer dünnen Schicht geschlämmten Lehms modellierte der Künstler die so zusammengesetzte Gestalt nach, grundierte sie mit einer Stuckschicht und bemalte sie schließlich. Die ausgestellten Figuren bezeugen, daß die Künstler es verstanden, auch auf diese Weise ansprechende Wirkung zu erzielen. Am häufigsten sind Darstellungen von Buddhas und Bodhisattvas, neben denen von Devatās, den zahlreichen namenlosen buddhistischen Gottheiten.

Bei der Betrachtung unseres Bodhisattvakopfes sollte man wissen, daß derartige lebensgroße Figuren nicht immer, wie hier in der Ausstellung, als Einzelstücke erscheinen, sondern zusammen mit anderen Plastiken und Malereien gelegentlich eine Szenerie gebildet haben.

Das Gesicht ist ebenmäßig und symmetrisch gearbeitet. Die S-förmig nebeneinander gelegten Haarlocken umrahmen Stirn und Gesicht. Die mandelförmig geschnittenen Augen, die angedeuteten Nasenflügel und der fein aufgemalte Schnurrbart wiederholen sich mit nur geringen Abweichungen bei anderen Figuren im Kutscha-Gebiet. Eigenwillig ist die phantasievolle Krone, bestehend aus einem Kranz und einer aus einer Lotusblüte herausfallenden Haarquaste.

Publ. A. v. LeCoq, Die Buddhistische Spätantike in Mittelasien, I. Taf. 20 a. B. Rowland, Zentralasien, S. 176.

13 Kopf eines Bodhisattva
Kyzil, Statuenhöhle, 6. Jh. n. Chr.
Lehm, bemalt, H: 27,0 cm
MIK III 7882

Blickt man nur auf die Bemalung, so weist dieser Bodhisattvakopf geringe Unterschiede zum vorigen auf. Beachtet man aber das breitere Gesicht, die handgeformte, kürzere Nase, die etwas nach links gestellten Pupillen bei ein wenig schräg gemalten Lidern und die von der Form abweichende Zeichnung der Augenbrauen, so weist der Kopf eine andere, individuelle Note auf. Unterschiedlich gestaltet sind auch Krone und Frisur. Die Krone setzt sich zusammen aus einem rot-grün gemalten Kranz und zwei mit den oberen Hälften schräg unter seinem vorderen Oberrand hervorragenden Schmuckscheiben. Die Frisur besteht aus horizontal gelegten Haarschlingen, symmetrisch zu beiden Seiten des Gesichts angeordnet.

Die Farbbreite der Bemalung beider Köpfe bewegt sich innerhalb der Skala der frühen Phase des 1. indo-iranischen Stils und auch die stilistische Übereinstimmung mit Wandmalereien dieser Zeit (vgl. Schwimmer, Abb. 4) legt die Vermutung nahe, daß beide Köpfe in der gleichen Periode entstanden sind wie die Gemälde an den Wänden der Statuenhöhle.

Publ. A. v. LeCoq, Die Buddhistische Spätantike in Mittelasien, I, Taf. 20c.

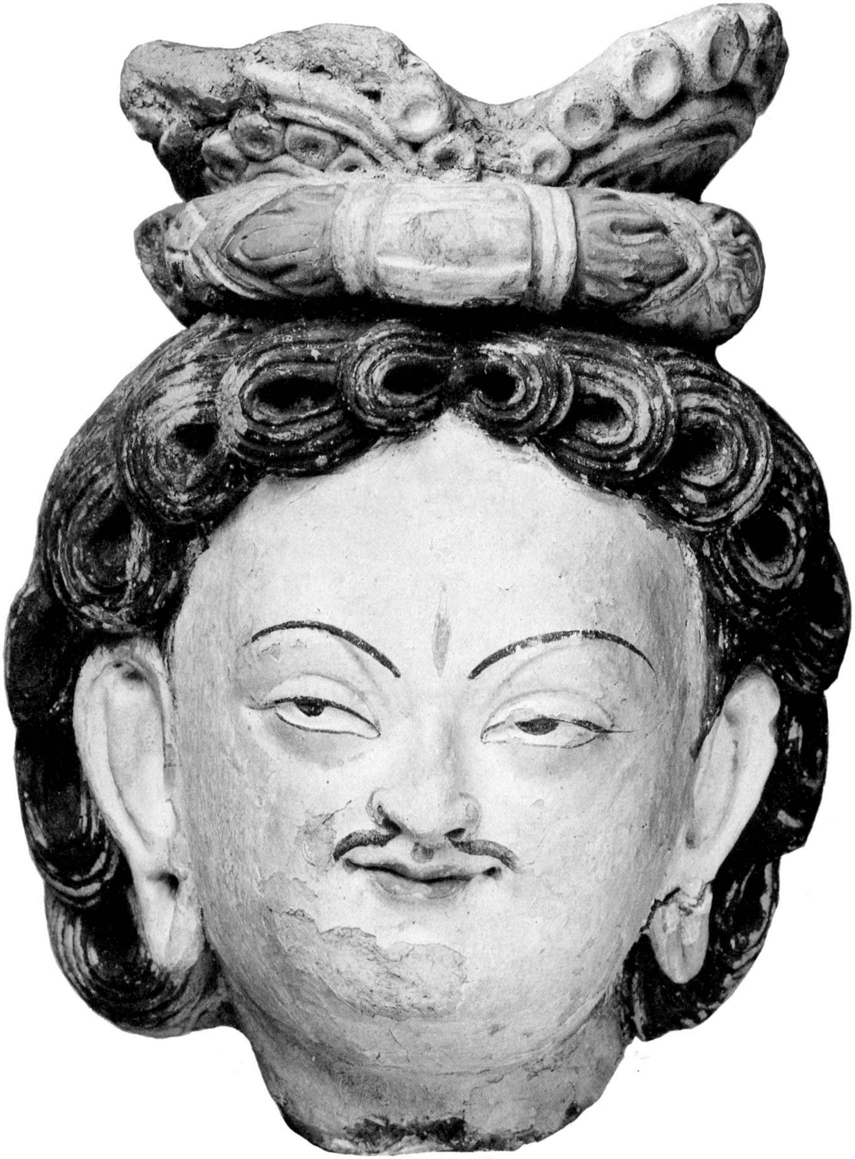

14 Kopf einer Devatā
Kyzil, Statuenhöhle, 6. Jh. n. Chr.
Lehm, bemalt, H: 38,0 cm
MIK III 7918

Dieser Kopf einer ehemals überlebensgroßen Figur war einst vollständig bemalt. Das Fehlen des Oberlippenbartes verleiht ihr einen eigentümlich weichen Ausdruck, so daß es nicht schwer fällt, sie in die Gruppe jener zahlreichen namenlosen buddhistischen Gottheiten, der Devatās, einzureihen. Ihre Krone aus Kranz und übergeworfener Haarquaste liegt auf dem spiralfederartig, horizontal um den Kopf gelegten Haar. Die für die Bemalung verwendeten Farben fügen sich in die Skala der übrigen Werke der Statuenhöhle.

Publ. A. v. LeCoq, Die Buddhistische Spätantike in Mittelasien, I, Taf. 21 c.

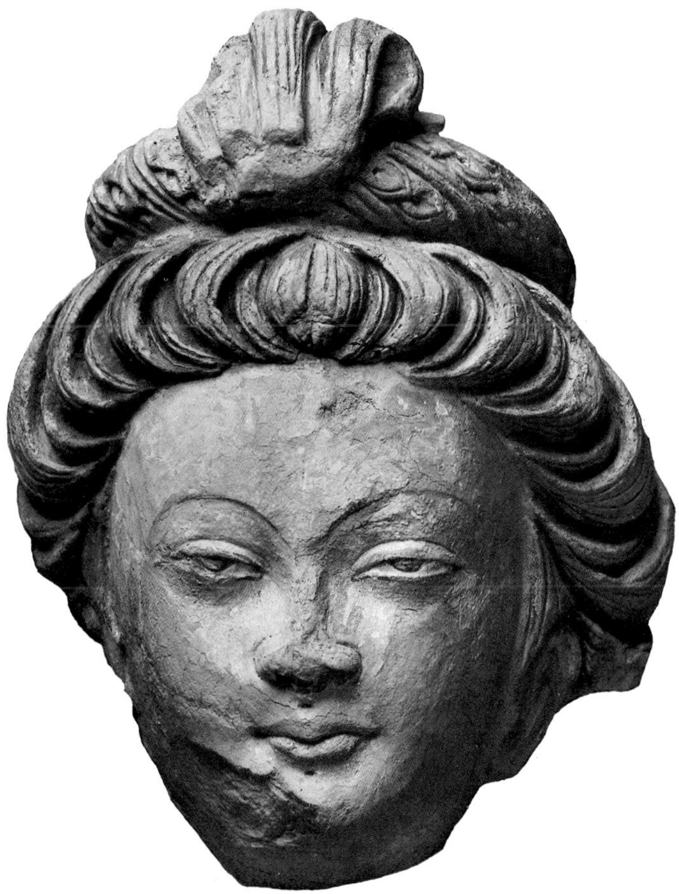

15 Bodhisattva-Aufopferung(?)
Kyzil, Musikerchorhöhle, 600–650 n. Chr.
Wandmalerei, 25,5 × 30,0 cm
MIK III 8390

Die hier dargestellte Szene ist noch nicht identifiziert. Unter einem Baum steht ein Mann, der sich gerade mit einem langschneidigen Schwert die Halsschlagader öffnen will. Vor ihm, zu seiner Rechten, kniet eine Frau mit einem Kind im Arm, das sehr krank zu sein scheint. Oder sollen die Binden, mit denen der kleine Körper vollständig umwickelt ist, Extremitäten eingeschlossen, den nahen Tod andeuten? Man darf annehmen, daß der Mann den Bodhisattva darstellen soll, der sich opfert, um mit seinem Blut das Kind zu retten.

Ähnliche Darstellungen von Aufopferungslegenden finden sich in der Kunst von Kyzil häufig. So erscheint z. B. in der Gebetsmühlenhöhle[14] eine Illustration zum Rūpāvatī-Avadāna[15], einer Legende, in der sich der Bodhisattva in Gestalt einer vornehmen Dame mit Namen Rūpāvatī selbst die Brüste abschneidet, um eine verhungernde Frau zu speisen, die ihr Kind verzehren will. Die gleiche Geschichte kommt auch in der Musikerchorhöhle zur Darstellung.[16] In beiden Fällen ist das Kind – wie auch auf unserem Bild – vollständig umwickelt. Wie E. Waldschmidt nachweist, kann es sich hier kaum um eine Illustration des Rūpāvatī- oder um eine solche des Sujāta-Avadāna[17] handeln.

Publ. A. Grünwedel, Altbuddhistische Kultstätten in Chinesisch-Turkistan, S. 69, Fig. 141 und S. 70. A. v. LeCoq – E. Waldschmidt, Die Buddhistische Spätantike in Mittelasien, V, Taf. 10 a (55), VI, S. 46, Fig. 126. B. Rowland, Zentralasien, S. 172. M. Bussagli, Die Malerei Zentralasien, S. 84.

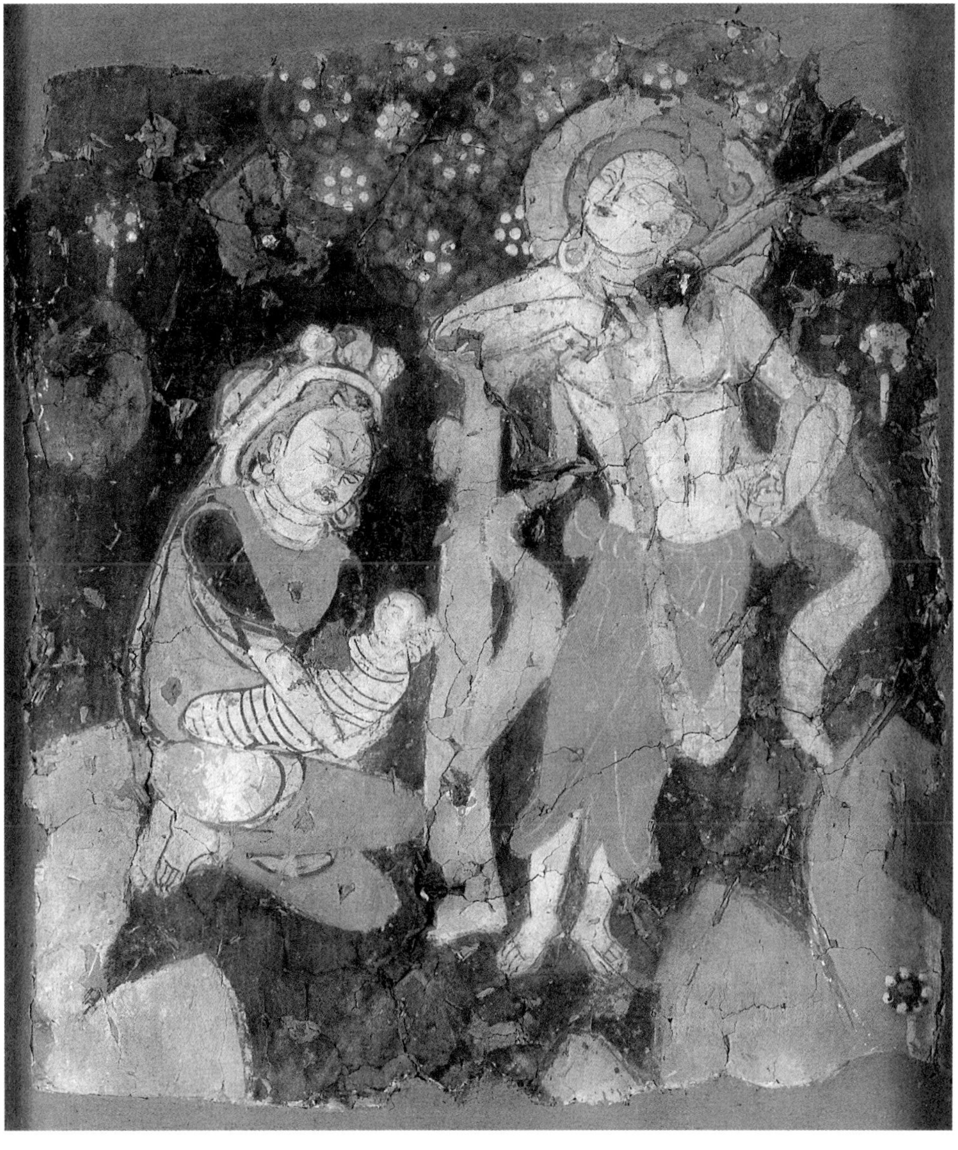

16 Szene aus dem Viśvantara-Jātaka
Kyzil, Musikerchorhöhle, 600–650 n. Chr.
Wandmalerei, 27,0 × 30,0 cm
MIK III 8392

Diese einst sehr schöne Höhle, die – nach Bauart 3 – aus einer Cella mit Tonnengewölbe, dem Kultbildsockel an der Rückwand und den Umwandlungsgängen bestand, war reich ausgemalt. Die Bemalung begann schon am Eingang zur Cella auf der Unterseite des Türsturzes. Das Deckengewölbe der Höhle war übersät mit stilisierten, sich rautenförmig ineinanderfügenden Berglandschaften, in denen Jātaka-Szenen und Bodhisattva-Aufopferungen dargestellt waren.

Unser Bild zeigt wohl die berühmteste und in der ganzen buddhistischen Welt beliebteste aller Vorgeburtsgeschichten, das Viśvantara-Jātaka[18]. Mit seinen zahlreichen Strophen ist es als echtes Epos anzusehen; Versionen in vielen Sprachen, unzählige bildliche Darstellungen in Malerei und Plastik und die Berichte der chinesischen Pilger bezeugen es uns.

Der Prinz Viśvantara hat einmal das Gelübde abgelegt, keinem auf der ganzen Welt etwas zu versagen, was auch immer man von ihm verlangte. *„Mein Herz und Aug', mein Fleisch und Blut, den ganzen Leib – sollt' einer heischen sie von mir, ich geb sie hin."* (Rückert). Da er ohne Rücksicht auf das Wohl des Volkes einen regenspendenden Staatselefanten verschenkt, wird er in die Verbannung geschickt. Seine treue Frau Madrī und seine beiden Kinder folgen ihm in die Waldeinsamkeit. Allen Besitzes ledig, ziehen sie auf einem von vier Pferden gezogenen Wagen, der ihnen als letzes geblieben ist, fort. Aber schon bald begegnen ihnen vier brahmanische Bettler, die den Prinzen um die Pferde bitten. Vier andere Bettler stellen sich ein und bitten um den Wagen. Als nun Viśvantara beides fortgegeben hat, setzen er und seine Frau, die Kinder tragend, ihren Weg zu Fuß fort. Bald gelangen sie zu einer Einsiedlerei im Wald, wo sie ihre Wohnung aufschlagen. Als Madrī beim Beerenlesen im Wald ist, erscheint Gott Śakra in Gestalt eines bösen, habgierigen Brahmanen und fordert die Kinder von Viśvantara, um sie als Sklaven in sein Haus zu holen. Auf unserem Bild sehen wir die beiden Kinder, die verzweifelt versuchen, ihrem traurigen Schicksal zu entrinnen und sich an ihren Vater klammern. Diese dramatische, immer wieder dargestellte Szene der Verschenkung der Kinder ist der eigentliche Höhepunkt des Epos. Zuletzt verlangt der Brahmane sogar noch Madrī, und erst nachdem Viśvantara ihm auch diese nicht versagt, gibt sich Gott Śakra zu erkennen und alles wendet sich zum Guten. Der Prinz hat die Prüfung bestanden und wird von seinen Angehörigen heimgeleitet. Im Palast gibt es ein Wiedersehen mit Frau und Kindern. In seiner nächsten Geburt wird Viśvantara als Buddha erscheinen.

Publ. A. v. LeCoq – E. Waldschmidt, Die Buddhistische Spätantike in Mittelasien, VI, S. 21, Fig. 41. A. Grünwedel, Altbuddhistische Kultstätten in Chinesisch-Turkistan, S. 68 (23), Fig. 129.

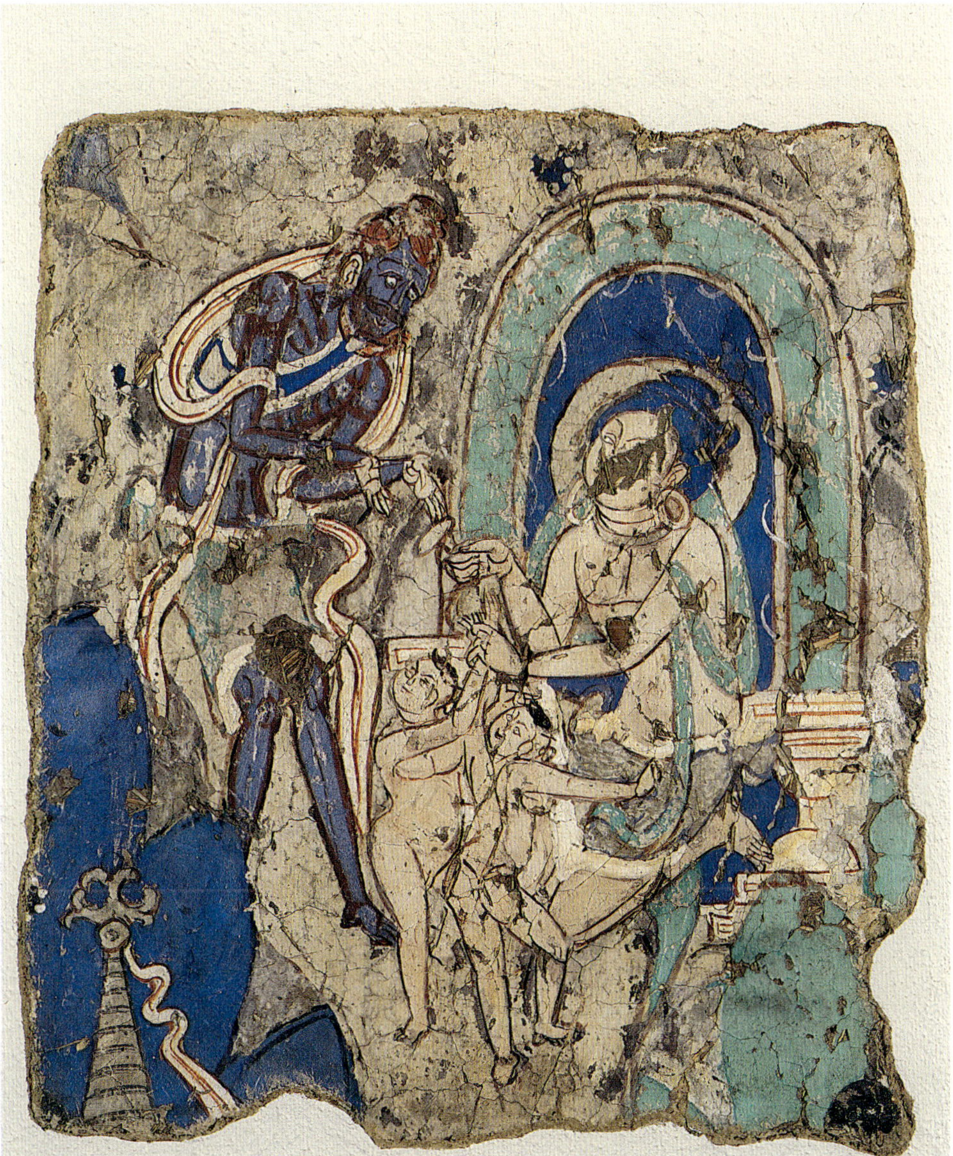

17 Der Buddha auf dem Drachenschiff
Kyzil, Musikerchorhöhle, 600–650 n. Chr.
Wandmalerei, 30,7 × 34,0 cm
MIK III 8707

Unser Wandbild zeigt den Buddha, mit einem Baldachin bekrönt, auf einem Drachenschiff sitzend. Die große Körper-Aureole und der Nimbus beherrschen die fragmentarische Szene wie ein Blickfang. Der Baldachin scheint ziemlich künstlich ohne konstruktive Bindung zum Boot aufgesetzt. Wie die unten ins Bild hineinragenden Bergspitzen andeuten, befindet sich das Gefährt noch in unmittelbarer Nähe des Ufers. Wenn diese Deutung des Bildes stimmt, dürften wir in der kleinen Gestalt links einen Fährmann vermuten.

Thema dieses Bildes ist möglicherweise die Darstellung eines der letzten Wunder, die der Buddha vor seinem irdischen Tod vollbrachte. Es heißt, er habe sich von Rajagriha nach Vaiśali begeben wollen, mußte aber in der Nähe von Pataliputra die Gangā überqueren. Der Fluß führte Hochwasser und so war kein Bootsmann bereit, ihn ans andere Ufer zu bringen. Da machte der Buddha von seinen übernatürlichen Kräften Gebrauch und schwebte über das Wasser.

Publ. A. Grünwedel. Altbuddhistische Kultstätten in Chinesisch-Turkistan, S. 69 f. (50). Das Bild des Buddha, Fig. 62, S. 131.

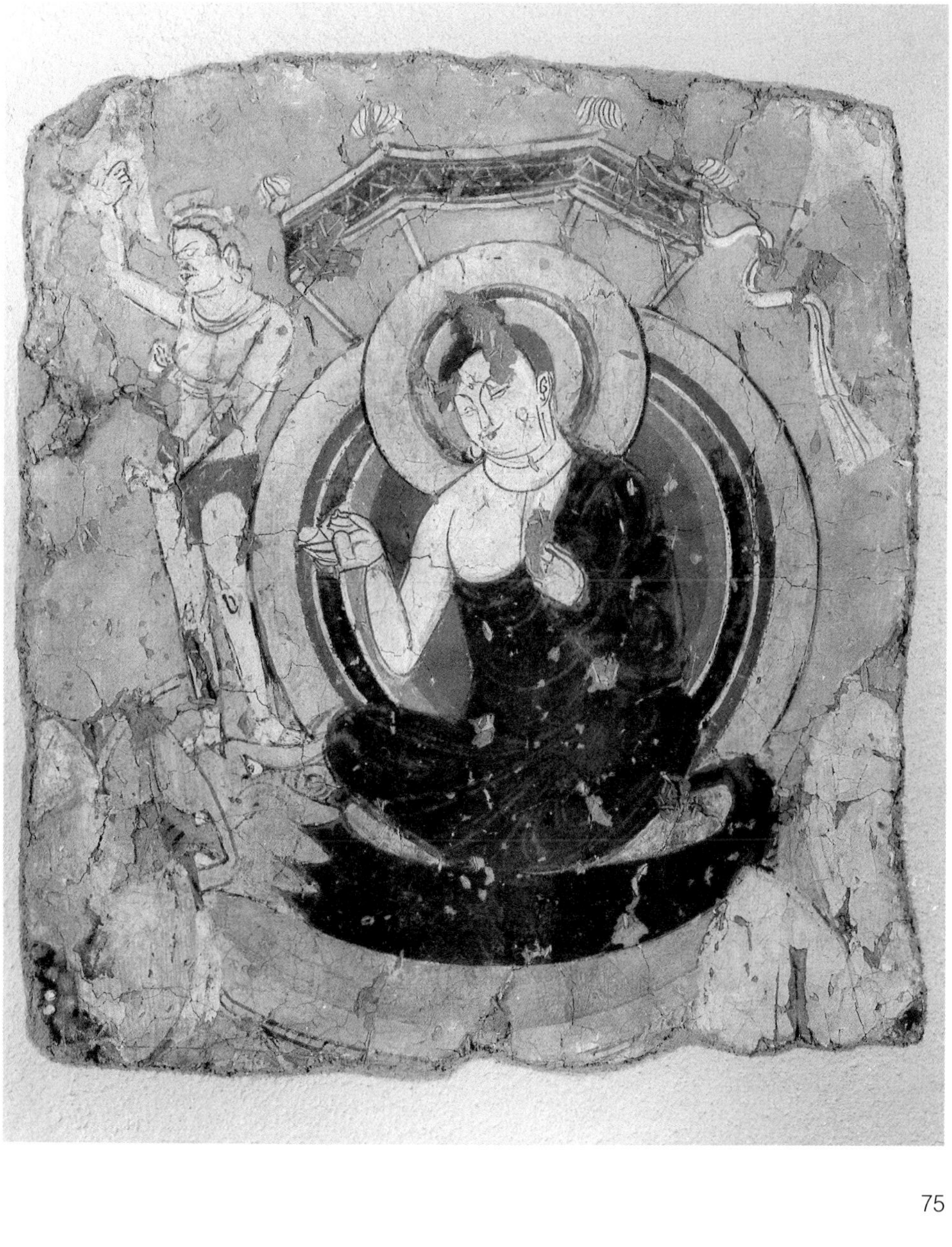

18 Musizierende Gottheit
Kyzil, Gebetsmühlenhöhle, 600–650 n. Chr.
Wandmalerei, 18,0 × 22,7 cm
MIK III 9233

Schon die frühen chinesischen Berichte geben uns Nachricht über Musiktraditionen in Kutscha. Der von dem chinesischen Kaiser Wu-ti im Jahre 138 v. Chr. nach Westen gesandte Chang K'ien brachte Musikinstrumente und Melodien aus Kutscha in die Hauptstadt Ch'ang-an mit.[19] *„Nur der Name dieser Melodien ist erhalten; er lautet Mo-ho-tou-le. Mo-ho ist eindeutig die chinesische Wiedergabe von mahā (groß). Über Tou-le ist das letzte Wort noch nicht gesprochen; es ist vielleicht eine Variante von Tou-k'ü-le, das ist Tochara. Der Name der Melodie deutet auf indischen Ursprung hin. Möglicherweise wurde diese ursprünglich indische Melodie in Kutscha heimisch, wo in späteren Zeiten nachweislich Tocharisch gesprochen wurde und auch das Zentrum der indisch beeinflußten Musik in Zentralasien war, und gelangte dann nach China. Demnach stand Kutscha bereits damals kulturell unter indischem Einfluß. In China schuf nun ein Schwager des Kaisers Wu-ti (140–87 v. Chr.) auf der Grundlage dieser Mo-ho-tou-le-Melodie 28 neue Melodien, die dann als Militärmusik gespielt wurden."*[20]

Doch auch in den nachfolgenden Jahrhunderten riß die Musiktradition in Kutscha nicht ab. Und als die Westländer im Jahre 382 wieder einmal unter chinesische Oberhoheit gerieten, brachte der Generalprotektor Lü Kuang Künstlergruppen, bestehend aus Schauspielern, Musikern und Tänzern als Siegesbeute nach China zurück. Die Vorliebe für diese fremde Musik nahm in der Folgezeit bei den Chinesen an Beliebtheit zu. Zu den Instrumenten gehörte neben fünfsaitiger Laute, Harfe, Mundorgel, Trommel, Zimbel und Gong auch die viersaitige Kutscha-Laute. Als Lehrer dieser Laute war in China ein Brahmane tätig, dem Familiennamen nach ein Sogder.

Ein weiterer bekannter Lautenspieler, Sujīva, der im Jahre 568 nach China kam, trug den Familiennamen Po des Königshauses von Kutscha. Er lehrte die sieben Tonarten der Kutscha-Musik, die oft auf indischen Ursprung zurückgeführt werden. So scheint also mit dem Buddhismus auch die indische Musik nach Kutscha gelangt zu sein, wie wir aus zahlreichen Darstellungen auf Wandgemälden schließen können.

Die nähere Betrachtung unseres Bildes, das Teil einer Predigtszene ist, läßt den Kopf einer dunkelhäutigen, flötespielenden Gottheit erkennen, vor der einst ein Lautenspieler stand.

Publ. A. Grünwedel, Altbuddhistische Kultstätten in Chinesisch-Turkistan, S. 113, Schema VI, h, i.

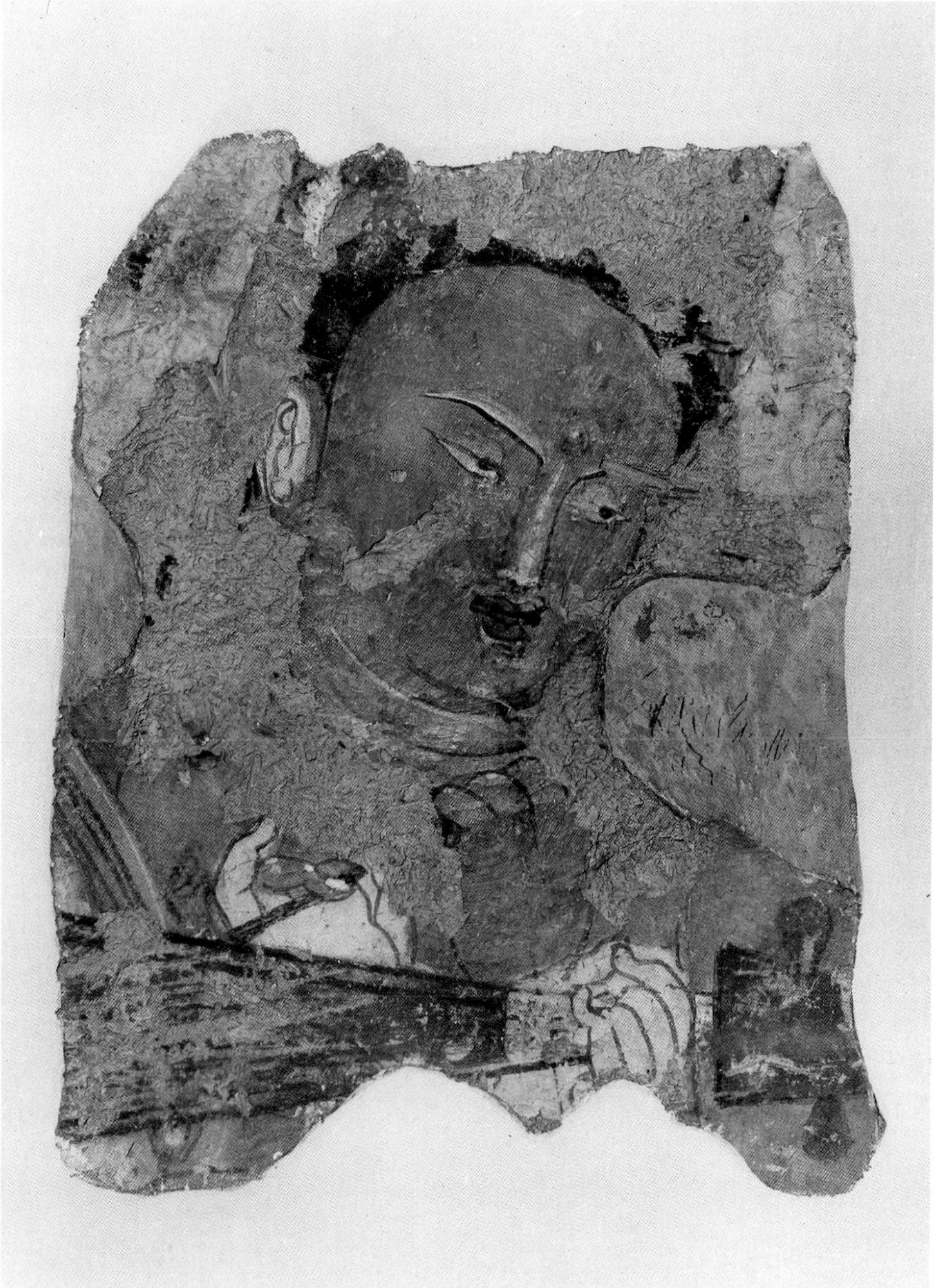

19 Drei geschichtliche Gestalten
Kyzil, Māyāhöhle (III. Anlage), 600–650 n. Chr.
Wandmalerei, 72,0 × 41,0 cm
MIK III 8864

Von der schwer zugänglichen II. Anlage aus führt ein schmaler Weg über steile Hügel und dazwischen liegende Sandfelder in ein kleines Tal, das noch etwa 1 1/2 km weiter im Gebirge liegt. A. Grünwedel beschreibt die Anlage mit folgenden Worten: „*Die Anlage besteht aus acht größeren und kleineren Höhlen, von denen übrigens nur zwei oder drei durch Bemalung beachtenswert sind. Eine darunter muß sogar als hervorragend bezeichnet werden, da sie noch Teile der sonst überall verlorenen Vorhalle enthält und auch sonst in ihren Gemälden merkwürdige Varianten bietet. Die Anlagen sind in folgender Reihenfolge gezählt:*

8 7 6 5 4 3 2 1

Über Höhle 8 hinaus wird… das Tal immer enger und endlich ganz unpassierbar. Hier an der geschütztesten Stelle ist auf beiden Seiten in der Wand des Berges je eine ziemlich hohe, durch eine Stufe erreichbare Freiterrasse gebildet, wie es scheint, ein Raum zur vorübergehenden Unterkunft für Pilger, welche die in dieser abgeschlossenen Ecke wohnenden Asketen besuchten, und also ein Unterkunftsplatz, welcher ihnen ermöglichte, ihre Pferde usw. abzustellen, die Opfergaben, Speise- und andere Darreichungen für die Heiligtümer und die in den Wohnhöhlen hausenden Asketen zu ordnen…“ [21]

Die Māyāhöhle, aus der unser Bild stammt, ist identisch mit der auf Grünwedels Schemazeichnung bezeichneten Höhle 5. Ihre fast quadratische Vorhalle war teilweise erhalten. Über eine Stufe gelangte man in die etwas unregelmäßig gebaute Cella. Die aus technischen Gründen nebeneinander gestellten Köpfe sind Teile großer Bildkompositionen. Das Brustbild der Figur ganz links gehört zu einem Ausritt des Königs Ajātaśatru und seinem Minister, dem Brahmanen Varshakāra.[22] Hinter dem König wird der Schirmträger sichtbar (s. Fig. 16). Auch auf unserem Bild erkennt man in Schulterhöhe ganz links die braune Hand des Schirmträgers. Die dunkelhäutige, ebenfalls mit Nimbus versehene Frau in der Mitte mit jugendlichen Gesichtszügen und üppigem Busen, die ein Kopftuch zu tragen scheint, das über der Stirn zu einer dreieckigen Spitze geformt und von einer Blüte gekrönt ist, stellt wohl die Frau des Königs dar, der ohne Nimbus und Krone gemalte Brahmane rechts den Minister Varshakāra (vgl. Abb. 20).

Publ. A. Grünwedel, Altbuddhistische Kultstätten in Chinesisch-Turkistan, S. 171 ff. A. v. LeCoq – E. Waldschmidt, Die Buddhistische Spätantike in Mittelasien, VI, Taf. 16 und S. 82; VII, S. 52. Ausstellungskataloge des Museums für Indische Kunst, 1971, 1976, 1986, Nr. 448.

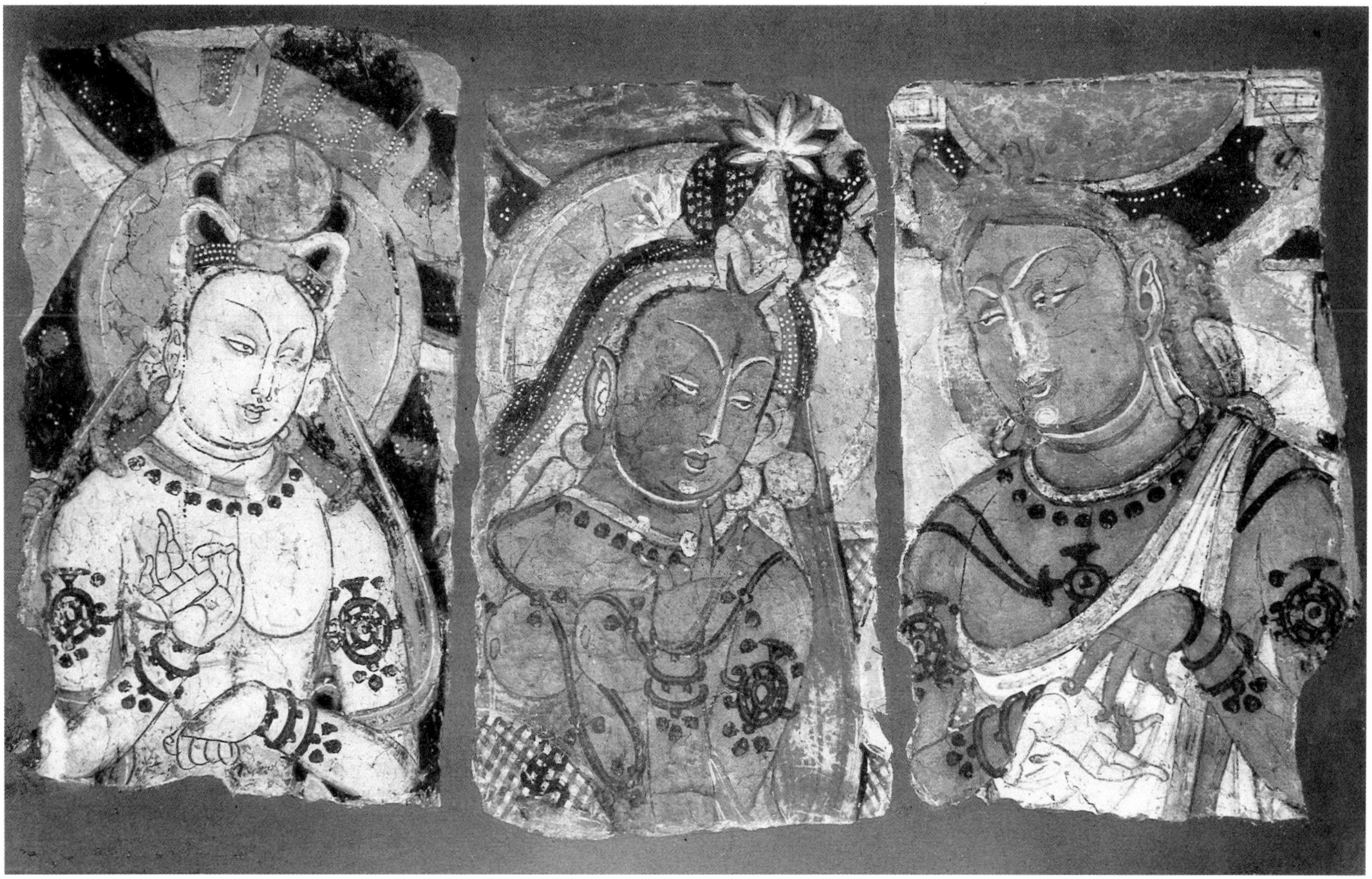

20 Kopf des Varshakāra
Kyzil, Māyāhöhle (III. Anlage), 600–650 n. Chr.
Wandmalerei, 30,0 × 20,0 cm
MIK III 8880

Auch in dieser Malerei, die Teil von Fig. 16 ist, stellt sich uns der Brahmane Varshakāra vor. Sie ist eine Variante der sogen. Varshakāra-Ajātaśatru-Legende, die in Kyzil in fünf Höhlen zur Darstellung kommt.[23] Ihr Inhalt ist folgender: Als der Buddha ins Parinirvāna einging, hielt sich der ehrwürdige Mahākāśyapa im Bambuswald bei Rājagriha auf. Das Erbeben der Erde tat ihm den Tod des Buddha kund. Er fürchtete um das Leben des Königs Ajātaśatru, der dem Erhabenen grenzenlos zugetan war, und überlegte, wie man ihm die Nachricht so schonend wie möglich überbringen könnte. Er bat Varshakāra, den königlichen Minister, ein Bild der vier Hauptbegebenheiten im Leben des Buddha auf ein Tuch zu malen. Dann sollte er sieben Krüge voll mit frischer ghī und einem Sandelholzpulver bereitstellen. *„Wenn der König nun an das Tor des Parkes kommt, so mußt du ihn fragen, ob er nicht Lust habe, das Bild zu sehen; wenn er dann zu den Bildern kommt, so wirst du sie ihm erklären, indem du mit dem ersten beginnst. Wenn er nun gehört hat, daß der Allerheiligstvollendete gestorben ist, wird er zur Erde stürzen; dann mußt du ihn in einen der mit frischer Ghī gefüllten Krüge legen, und wenn die Butter anfängt zu schmelzen, dann mußt du ihn in den Krug mit Gośīrṣasandelholzpulver stecken und er wird sich erholen.“*[24] Die hier erzählten Begebenheiten erscheinen alle u. a. in

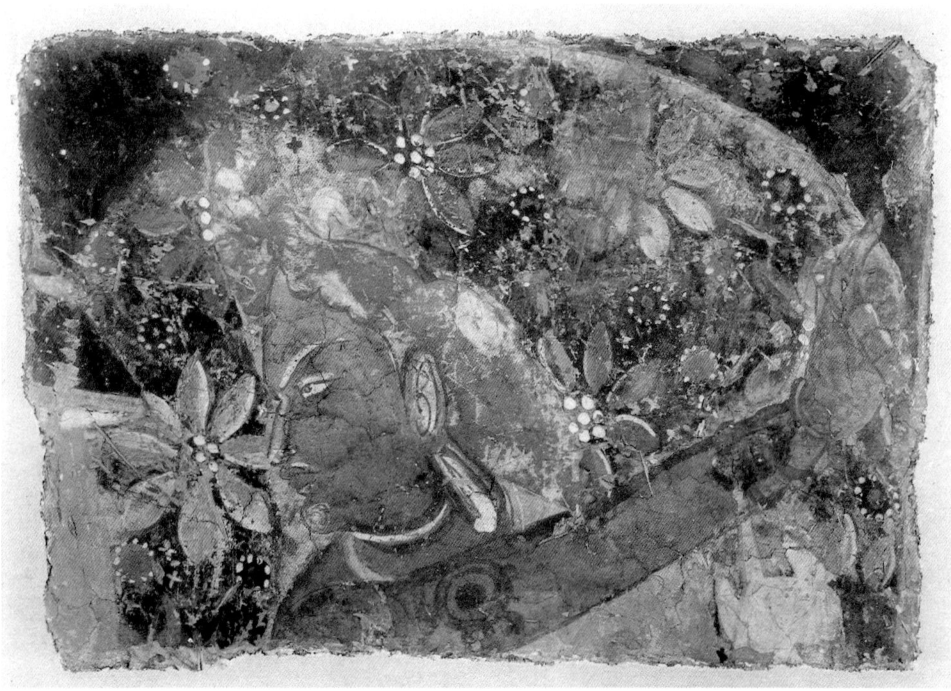

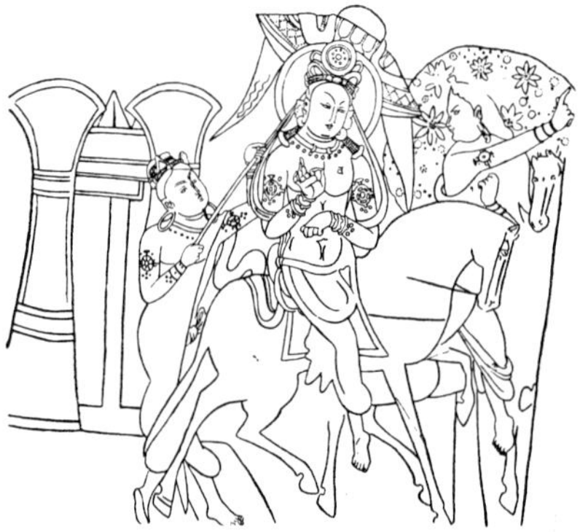

Fig. 16
Ajātaśatru und Varshakāra
Kyzil, Māyāhöhle, III. Anlage
(nach Grünwedel).

der Māyāhöhle der II. Anlage (s. Fig. 17). Das Erdbeben ist rechts im Bild dargestellt durch den Einsturz des Berges Meru. Dieses Motiv fehlt in der Māyāhöhle, III. Anlage, aus der unsere Wandmalerei stammt. An seine Stelle tritt der Ausritt des Königs mit Varshakāra – der sich hier einwandfrei als diesem Bild zugehörig belegen läßt – in seinen vor der Stadt liegenden Park.

Publ. A. v. LeCoq – E. Waldschmidt, Die Buddhistische Spätantike in Mittelasien, VII, S. 52.

Fig. 17 Ajātaśatru-Legende, Kyzil, Māyāhöhle, II. Anlage (nach Grünwedel).

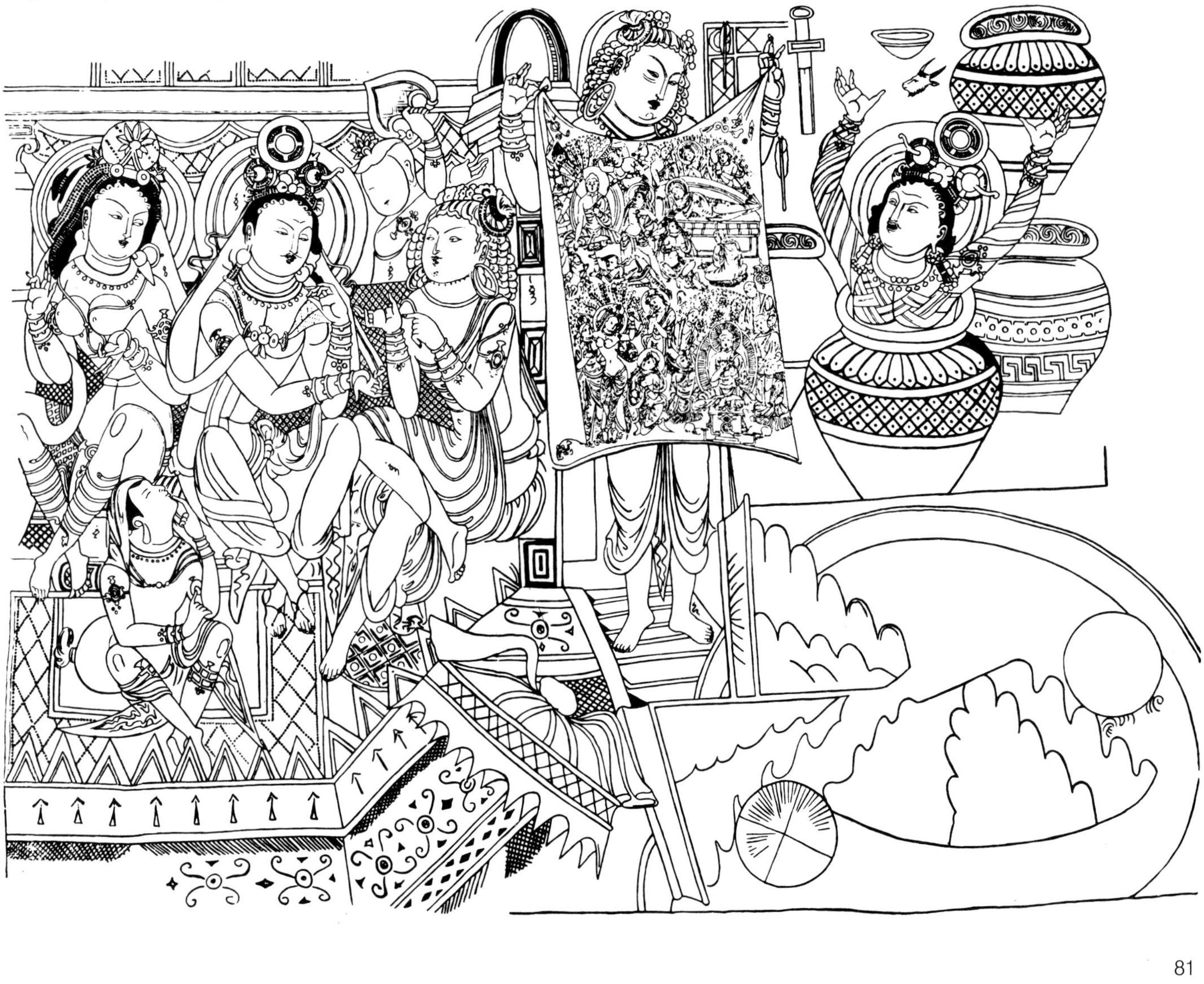

21 Die wunderbare Überquerung der Gangā
Kyzil, Māyāhöhle (III. Anlage), 600–650 n. Chr.
Wandmalerei, 97,5 × 48,5 cm
MIK III 8863

Dieses kleine Fragment ist Teil einer großen, nun nicht mehr vollständig vorhandenen Komposition aus einem Korridor der Māyāhöhle.[25] In der Mitte des Bildes, vor einem Fluß, stand ein Buddha, die linke Hand auf der Brust, in der ausgestreckten rechten eine Schale. In der linken Bildhälfte knieten oder standen fünf fürstlich gekleidete Adoranten, teils Gabenschalen in den Händen, dessen vornehmster – da als einziger von einem Schirm bekrönt – auf dem ausgestellten Wandgemälde dargestellt ist. E. Waldschmidt gibt uns eine mögliche Interpretation des Bildes.[26] *„M. E. kann es sich auf diesem Bild nur um die wunderbare Überquerung der Gaṅgā durch den Buddha handeln, die im Vinaya der Mūlasarvāstivādin (Kyōto Tripiṭaka, 18,8 p. 154 b) erzählt wird. Die Legende steht durch die Person des Brahmanen Varṣakāra in besonderer Beziehung zur Ajātaśatru-Episode, welche auf der gegenüberliegenden Wand des Korridors dargestellt war. In beiden Legenden spielt Varṣakāra eine wichtige Rolle.*

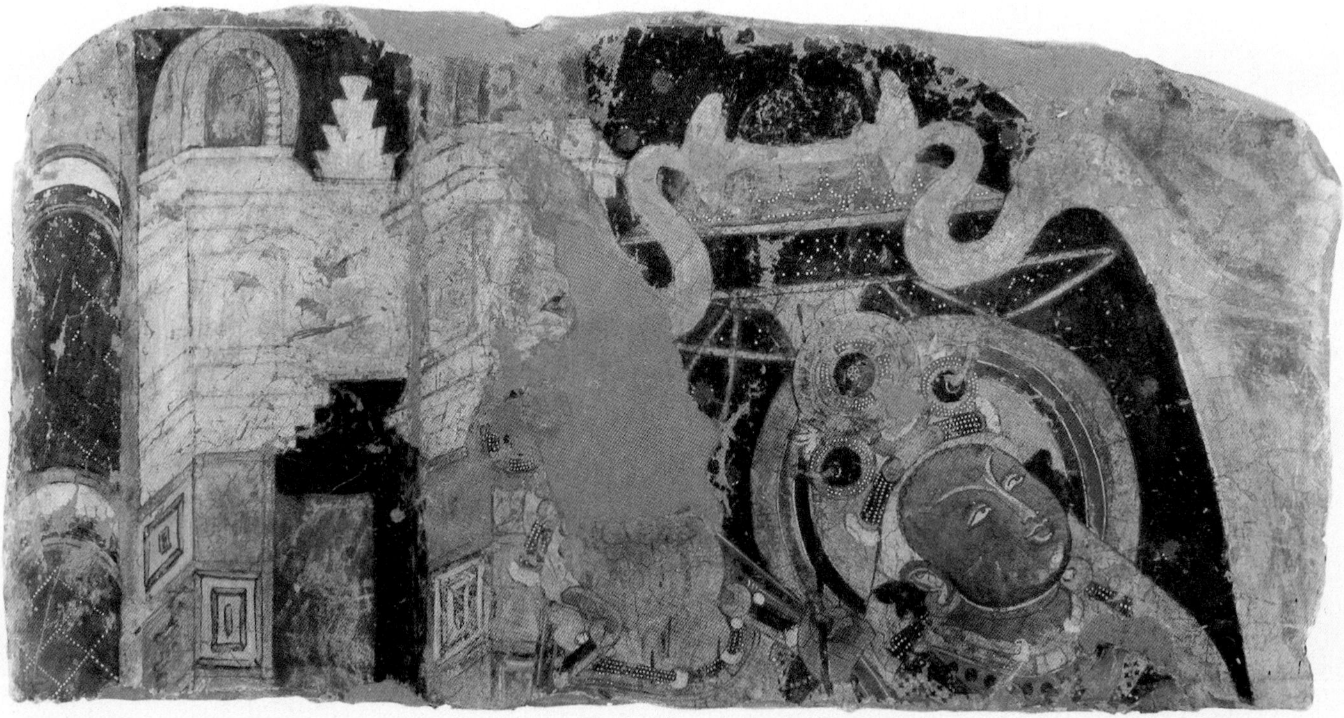

Die Erzählung vom *Gaṅgā-Übergang berichtet folgendes: König Ajātaśatrus brahmanischer Minister Varṣakāra hat den Buddha mit seiner Gemeinde zum Mahle geladen. Nach der Mahlzeit bringt Varṣakāra dem Buddha eine kostbare Schale dar und spricht dabei ein frommes Gelöbnis. Der Buddha antwortet mit einigen Strophen. Dann setzt der Erhabene seinen Weg fort, der ihn über die Gaṅgā führen soll. Varṣakāra gibt ihm das Geleit, denn er will beobachten, durch welches Tor der Erhabene die Stadt verläßt und wo er den Fluß überschreitet: dort will Varṣakāra einen Torturm erbauen lassen und einen Fährverkehr einrichten. – Der Buddha verläßt die Stadt durch das Westtor und wendet sich nach Norden der Gaṅgā zu. Dort sieht er viele Leute mit Hilfe von Kürbissen schwimmend den Fluß überqueren. Dem Erhabenen behagt diese Art des Flußübergangs nicht. Vermöge seiner transzendenten Kräfte versetzt er sich ans andere Ufer und bringt auch in gleicher Weise seine ganze Gemeinde hinüber. Dies Wunder begeistert einen Mönch zu drei verherrlichenden Strophen. Varṣakāra aber führt sein Vorhaben aus und nennt den von ihm neuerbauten Torturm ‚Gautama-Tor', die Flußübergangsstelle ‚Gautama-Furt'."*

Zu beachten ist die interessante Darstellung des Stadttores links im Hintergrund.

Publ. A. v. LeCoq – E. Waldschmidt, Die Buddhistische Spätantike in Mittelasien, VI, Taf. 13 und S. 78f.

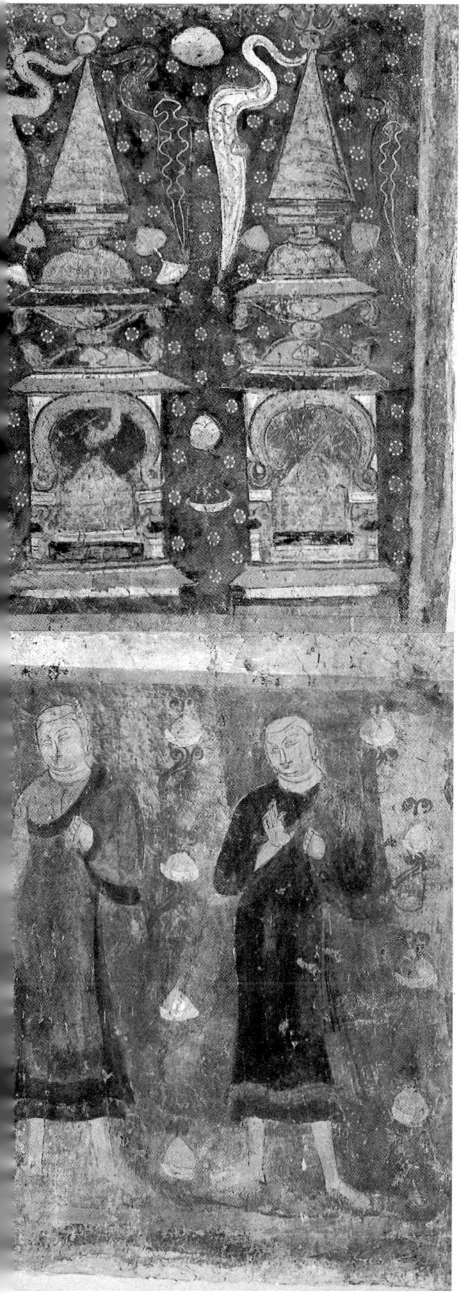

22 Stūpas und Mönche
Kyzil, Freskobodenhöhle, 600–650 n. Chr.
Wandmalerei, 58,0 × 78,0 cm
54,0 × 81,5 cm
MIK III 8859, III 8860

Die Freskobodenhöhle, aus der unser Wandgemälde stammt, bestand aus einem Vorraum und einer fast quadratischen Cella mit Tonnengewölbe. In die Rückwand war eine Kultbildnische eingelassen, die über in den Berg führende Gänge zu umwandeln war. Ihren Namen hat diese Höhle von einem vor dem Kultbild auf den Lehm gemalten Freskofußboden, der sich in den Gängen fortsetzte. Auch die Wände der Gänge waren mit Malereien geschmückt, von denen hier kleine Teile ausgestellt sind. Zwei Bildreihen sind – deutlich voneinander durch weiße Schriftbänder getrennt – erkennbar. Über einem Fries von stehenden Mönchen, deren Namen ursprünglich in Brāhmī-Schrift auf dem Band über ihren Köpfen verzeichnet waren, erscheint eine Stūpareihe. In jedem Stūpa ist entweder ein sitzender Buddha, oder so wie hier, ein Reliquienbehälter sichtbar.

Publ. A. Grünwedel, Altbuddhistische Kultstätten in Chinesisch-Turkistan, S. 48ff. A. v. LeCoq – E. Waldschmidt, Die buddhistische Spätantike in Mittelasien, VII, Taf. 9.

23 Buddhapredigt
Kyzil, Fußwaschungshöhle, 600–650 n. Chr.
Wandmalerei, 103,0 × 103,5 cm
MIK III 8649 a

Die dem gewöhnlichen Bautyp folgende Fußwaschungshöhle besteht aus einer fast quadratischen Cella, der Nische für das Kultbild an der Rückwand und den Umwandlungsgängen. Die Seitenwände der Cella waren mit je acht Buddhapredigten in quadratischen Bildern bemalt, die durch übermäßig starke Verwendung verschiedener Blautöne ins Auge fielen. Die Seitenwand rechts vom Eingang war sehr zerstört, dagegen war die links wesentlich besser erhalten. Unser Bild ist das letzte der untersten Reihe und das einzige, das nach A. Grünwedels Ansicht eine Doppelszene neben dem Buddha enthält.[27] Der Buddha sitzt nach rechts gewandt auf einem hohen teppichbehangenen Thron, vor ihm steht ein mehrfüßiges, kleines Tischchen mit Blumen als Opfergaben. Die Füße des Tischchens stellen die Körper von Schlangen dar, ihre Köpfe liegen als Stützen flach auf. Unmittelbar vor dem Buddha zu seiner Rechten sitzt ein Fürstenpaar, beide mit Nimbus versehen, während ein weiterer, ebenfalls reich geschmückter Mann ihm die Füße küßt. Die beiden dahinter stehenden Personen scheinen Schirmträger und Schwertträger des Fürsten zu sein, darüber erscheint ein dunkler, die Kutscha-Laute spielender Gott und ein Panflötenspieler. Links vom Buddha überreicht derselbe Fürst seine Krone einem vor ihm knienden Diener. Darüber erscheinen zwei Mönche, in denen Grünwedel Ānanda und Mahākāśyapa vermutet und über diesen der dreiäugige Indra und eine andere Gottheit.

A. Grünwedel hält dieses Bild für eine Illustration der Predigt Gautama Buddhas vor seinem Vater Śuddhodana und Angehörigen seiner Familie (Szene rechts vom Buddha) und die zweite Szene als Versuch Śuddhodanas, die Krone und damit die Königswürde weiterzugeben.

Publ. A. Grünwedel, Alt-Kutscha, S. II 87, Taf. XXX-XXXI. ders., Altbuddhistische Kultstätten in Chinesisch-Turkistan, S. 159.

24 Predigtszenen
Kyzil, Schluchthöhle, 7. Jh. n. Chr.
Wandmalerei, 143,0 × 145,0 cm
MIK III 8725 a

Diese quadratischen Buddhapredigten von der linken Seitenwand der Cella bilden eine in sich geschlossene Reihe. Ihre Komposition ist gleichförmig und zeigt stets den predigenden Buddha in der Mitte sitzend. Ohne bestimmte Reihenfolge ist er einmal nach rechts, einmal nach links gewandt, immer zu einer Gruppe Gläubiger sprechend. Nur die unterschiedliche Stellung der Hände mit den auffallend großen, die Finger verbindenden Häuten belebt die statische Gestalt. Er ist größer als alle anderen Figuren, die ihn zu beiden Seiten umgeben und die Bild- und Nimbusränder bisweilen überschreiten.

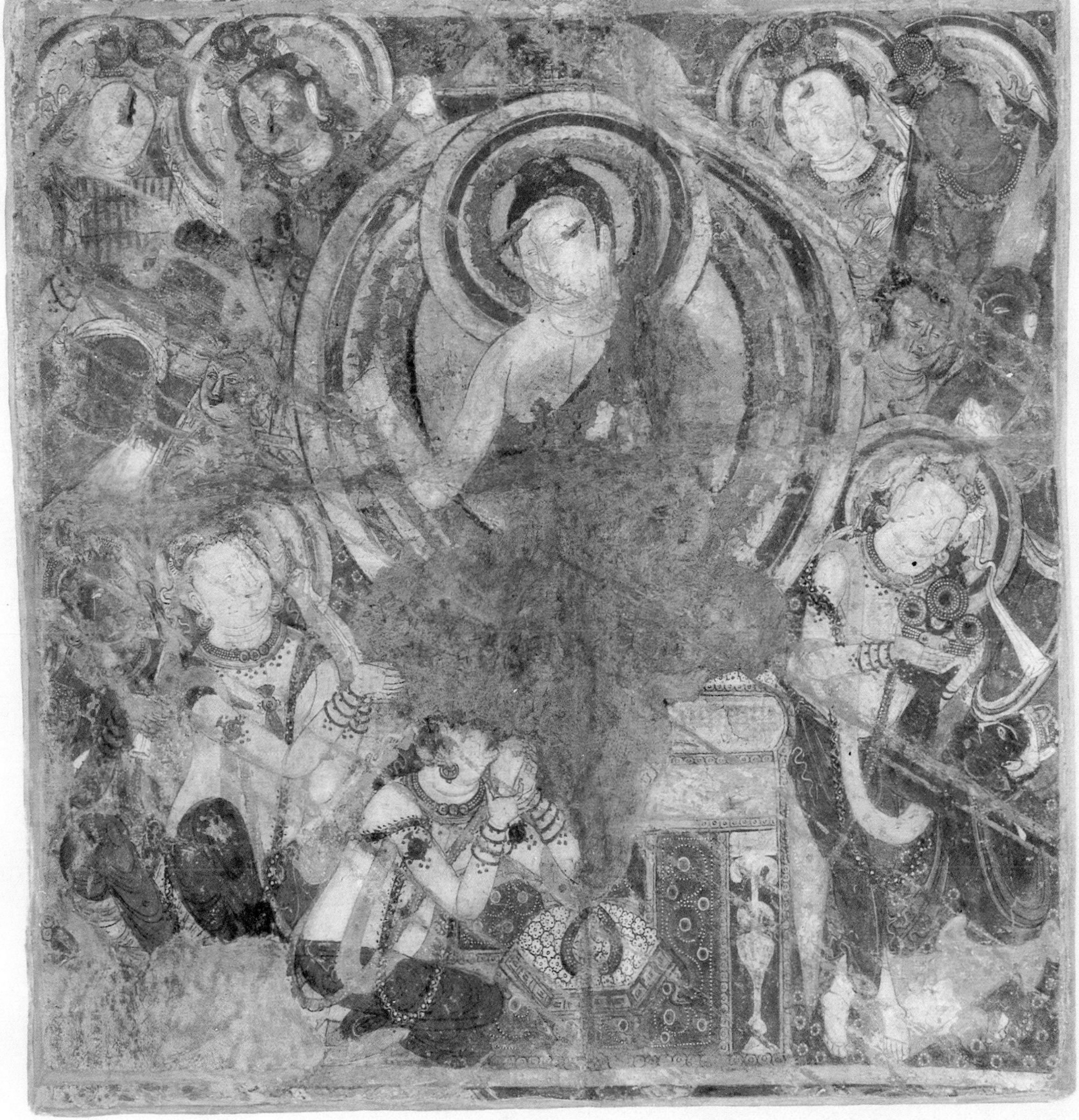

Die erste Szene oben links, deren linke Hälfte fast völlig zerstört ist, zeigte einst den Buddha von Nimbus und Mandorla umgeben, predigend nach links gewandt. Oberhalb seines Nimbus stand links Brahmā im Flickengewand; Gott Indra auf der rechten Seite ist noch erhalten. Auf der linken Hälfte waren einst drei Reihen von Personen dargestellt; direkt zu Füßen des Buddha kniete ein alter Asket im Flickengewand, sicherlich Mahākāśyapa. Hinter ihm saß der Vajrapāni, einen stilisierten blütenähnlichen Wedel in der Linken schwingend, den vajra auf das rechte Knie gestellt. Als dritte Person folgte ein junger Brahmane. In der zweiten Reihe erschien direkt neben der Mandorla ein junger Mann in anbetender Haltung, die Hände zusammengelegt, in dem A. Grünwedel den Mönch Subhūti vermutete. Hinter und über ihm waren drei Brahmanen sichtbar, von denen der oberste links eine Schale in seiner Rechten hielt, aus der er Blumen streute. Inmitten dieser vier stand ein dunkelhäutiger Lautenspieler.

Die erhaltenen Figurengruppen auf der rechten Seite setzen sich folgendermaßen zusammen: Die unterste Reihe zeigt in der Mitte ein Königspaar in anbetender Haltung zum Buddha gewandt. Zu den Füßen der Königin hockt eine Zofe, ein Tablett mit Blumen tragend. Hinter dem König steht ein Schirmträger, der den königlichen Schirm ziemlich tief hält, um seine dahinterstehenden, die übrigen königlichen Insignien tragenden Begleiter nicht zu verdecken. Als da sind: eine Frau, die die Krone trägt und ein hinter dem König stehender Mann mit dem Schwert, ein Flötenspieler und zwei Devaputras. Der König erhält also vor dem Buddha seine Würdezeichen.

Zur Identifikation der Geschichte[28] trägt der dunkelhäutige, zu den Füßen des Buddha kniende Mann bei, der eine Branntweinflasche (dhūrta) hält. Es handelt sich um die Erzählung des Flickschusters Dhūrta, den der Bodhisattva betrunken in den Königspalast schaffen läßt, wo er nach dem Erwachen als König bedient wird. Der über die Wandlung des Schicksals höchst erstaunte Schuster erhält nun erneut Wein, um wiederum in seinem armseligen Häuschen zu erwachen.

Die Kompositionsart dieser Szene ist recht interessant, denn Schuster und König sind ja ein und dieselbe Person. *Der Gegensatz dieser beiden Typen im Leben eines Mannes gibt den Inhalt der Predigt.*

In der rechts anschließenden Szene (oben) sitzt der Buddha predigend nach rechts gewandt unter einem Baum. Vor ihm kniet ein braunhäutiger Mann, scheinbar um etwas bittend, und blickt sich nach dem Königspaar um, das unmittelbar neben dem Buddha sitzt. A. Grünwedel deutet die Szene wie folgt: *„... hinter der Schulter der knienden Figur erscheint eine gestreifte Manschette, die ich in folgender Weise erklären möchte: An den Schädelmasken der tibetischen Lamas... finden wir stets ähnliche Papiermanschetten angebracht. Ich glaube nicht zu irren, wenn ich annehme, daß der damit bezeichnete kniende Mann als Todeskandidat, d. h. als zum Tode verurteilter Verbrecher zu gelten hat. Die beiden Figuren hinter dem Königspaar beziehen sich vielleicht auf das, was der Mann begangen hat: es ist eine alte Frau mit einem Stock, die mit einer Zofe spricht, die einen sehr klein geratenen Schirm über das Königspaar hält."*[29]

Die nächste Szene unten links zeigt den Buddha nach rechts gewandt, Śakra und Brahmā erscheinen wieder oberhalb seines Nimbus, Śāriputra und Maudgalyāyana zu beiden Seiten seiner Mandorla. Die Mondsichel im Baum soll die Nacht andeuten. Rechts und links vom Buddha sitzen je zwei Dämonenfürsten mit ihrem Gefolge. Vor ihm stehen auf einem kleinen Räderwagen drei Schalen. Vier sollen gemeint sein, und zwar die, die ihm die vier Lokapālas,

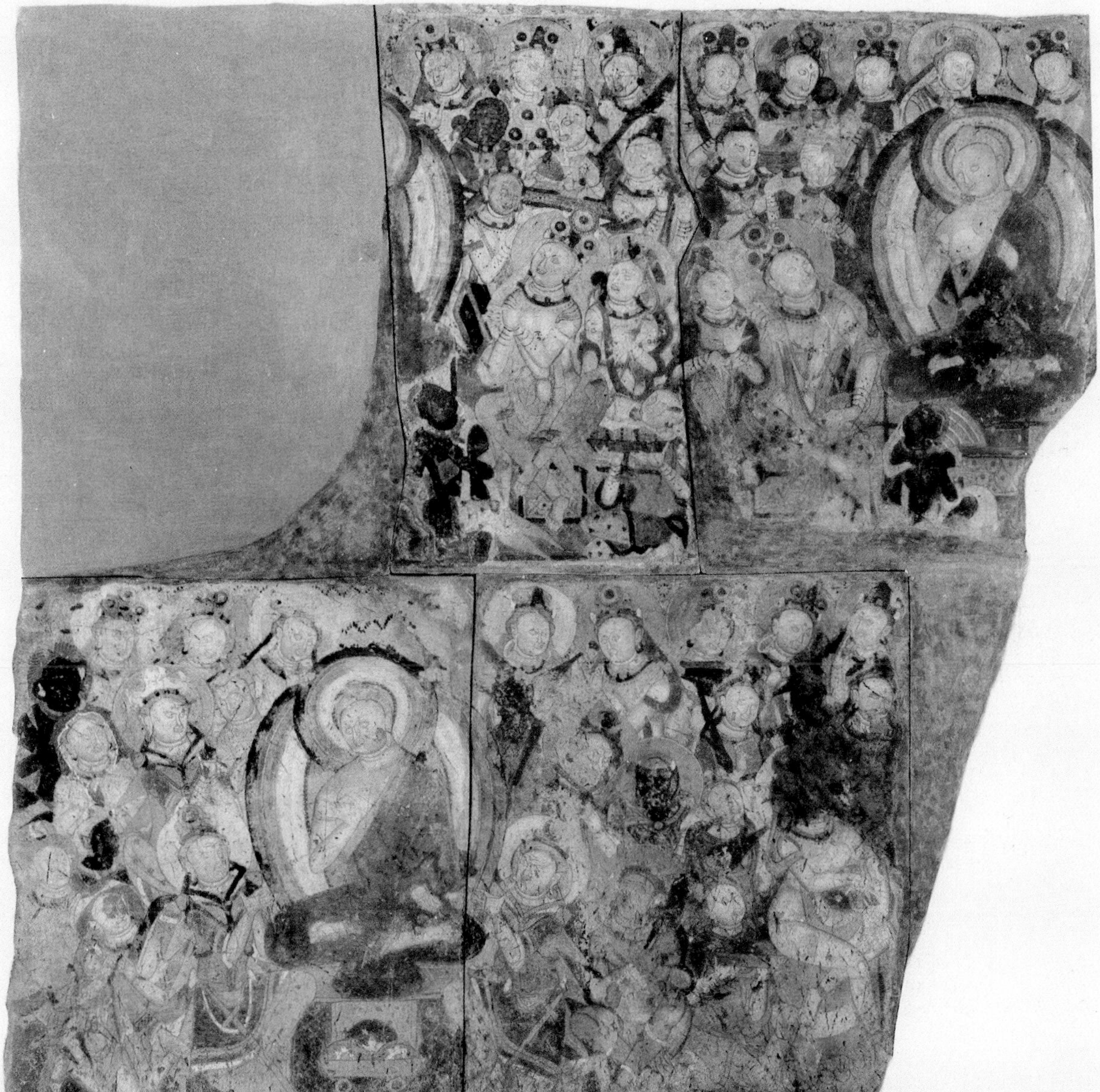

die Dämonenkönige Dhritārashtra, Vaiśravana, Virūpāksha und Virūdhaka anboten, als die beiden Kaufleute Trapusha und Bhallika ihm Gaben brachten.

In der letzten Szene rechts, von der nur noch die linke Hälfte vorhanden ist, saß der Buddha umgeben von je einer nackten Frau – die zu seiner Rechten ist noch erhalten – offenbar Hetären mit ihren Begleitern. Eine Tote lag zu seinen Füßen. In Analogie der Repliken war A. Grünwedels Ansicht nach die einst links vom Buddha sitzende Frau die gleiche Person wie die Tote. *„Gemeint ist mit ihr die schöne Śrīmatī, die Schwester des Jīvaka, ..., in die sich einer der Mönche verliebt hatte und die plötzlich starb. Vor ihrer Leiche hielt der Buddha der Legende nach dem König Bimbisāra eine Predigt über die Nichtigkeit der menschlichen Schönheit."*

Publ. A. Grünwedel, Alt-Kutscha, Taf. XXIV/V, Fig. 2, 3, 4.

25 Reste von Predigtszenen
Kyzil, Mittlere Schlucht, Kleine Höhle, 7. Jh. n. Chr.
Wandmalerei, 53,0 × 67,0 cm
MIK III 8846

Das Bruchstück schildert zwei verschiedene Buddha-Predigten. Im Vordergrund der linken Szene kniet – dem predigenden, nicht mehr vorhandenen Buddha zugewandt – ein dunkelhäutiger Vajrapāni in voller Rüstung. Ein grün-weiß-schwarzer Nimbus umgibt seinen Kopf, den eine dreispitzige ungewöhnliche Krone schmückt. Neben ihm sitzt anmutig auf einem niedrigen Sessel eine Frau, ihre Hände in anjali-mudrā haltend. Sie trägt eine weiße, blaugetupfte Bluse und ein grünes Unterkleid. Die dritte vollständig erhaltene und zu dieser Predigtszene gehörige Person ist ein junger Mönch, der hinter den beiden steht. Seine braune, bläulich gerandete Robe läßt die rechte Schulter frei. Die Stellung seiner Hände gibt zu erkennen, daß er mit dem Buddha argumentiert.

Die Hauptpersonen der rechten Szene stehen anmutig dem predigenden Buddha zugewandt. Auch sie halten ihre Hände bewegt in Argumentationsgestik. Die Hauptgruppe vorn besteht aus einem nur mit einer sehr kurzen, die Oberschenkel bedeckenden dhotī bekleideten, schmucküberhäuften Mann und der rechts neben ihm mit zurückgebogenem Oberkörper in tänzerischer Haltung verweilenden Frau. Diese trägt eine grüne Jacke mit Schmuckborte und weiten braunen Oberärmeln, unter denen grüne Ränder hervorscheinen. Über ihrem schmalen, blaugetupften, knöchellangen Rock trägt sie ein weißes, braungerändertes kurzes Tuch.

Welche speziellen Predigten hier dargestellt sind, ist noch ungeklärt.

Publ. A. v. LeCoq – E. Waldschmidt, Die Buddhistische Spätantike in Mittelasien, VI, Taf. 10.
L'Exposition André Malraux et le Japon Eternel, No. 1125, p. 301.

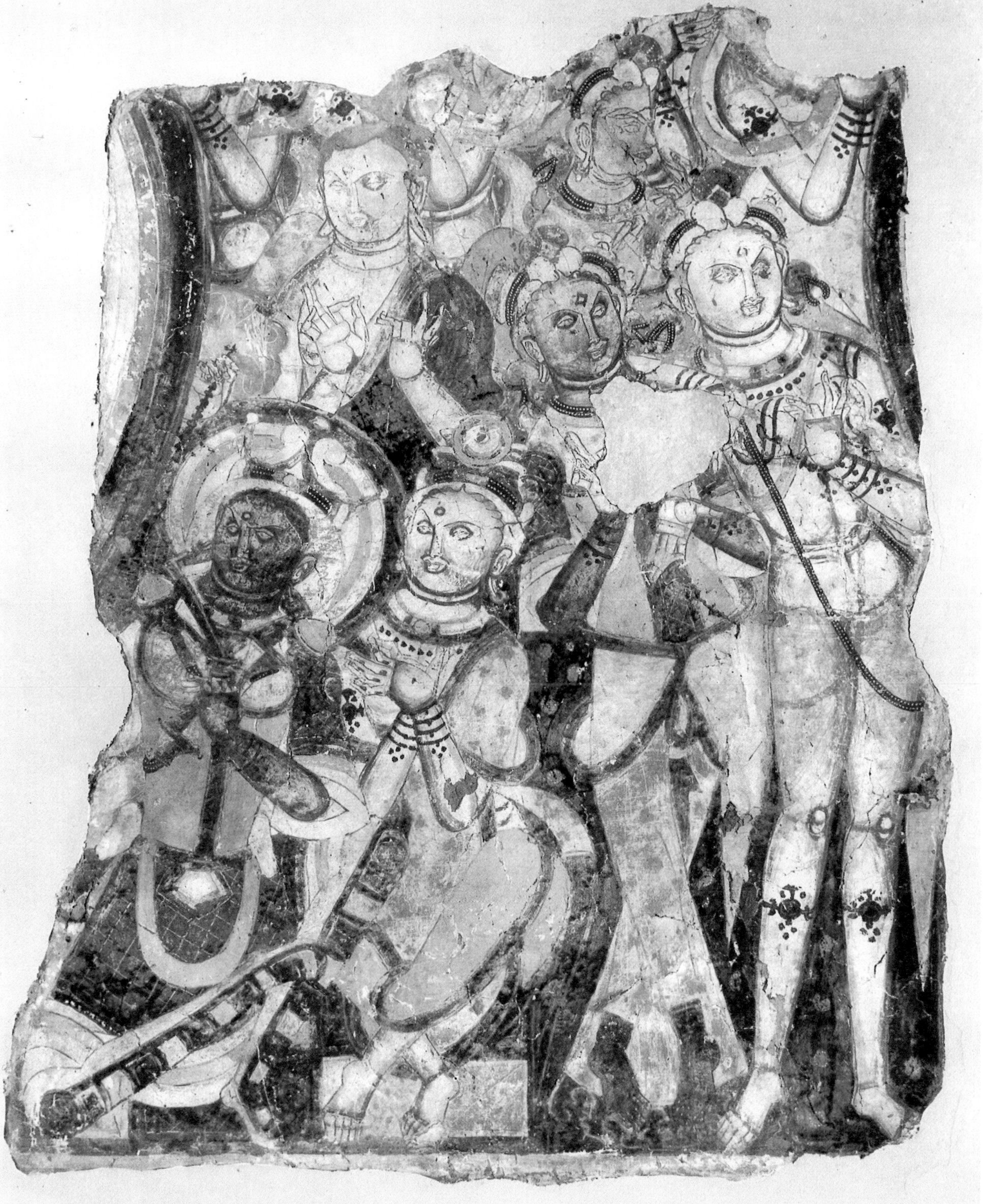

26 Māras Angriff
Kyzil, Versuchungshöhle, 7. Jh. n. Chr.
Wandmalerei, 164,5 × 139,0 cm
MIK III 8878

Die Höhlentempel der Kleinen Bachschlucht in Kyzil, die nach Norden in die Berge hineinführt und sich bald verengt, sind zu beiden Seiten hoch in die Felswände eingeschnitten. Auf der westlichen Seite fand man sechs Höhlen, auf der östlichen sieben. Sechs der Höhlen der Ostseite liegen auf nahezu gleicher Höhe, während die siebente weiter oberhalb in einem zweiten Stockwerk in die Felswand geschlagen ist. Die vorderste der Höhlen der Westseite ist die Versuchungshöhle. E. Waldschmidt schreibt dazu: *„Die Ausbeute in dieser Höhle ist sehr groß gewesen. Nicht nur die Bemalung der Seitenwände, sondern auch kleinere Stücke der Kultbildwand..., Teile von Bildern aus dem Gewölbe und aus dem Umgang sind in unserer Sammlung vorhanden... Das für die Lagebestimmung der Höhle wichtigste Stück, nach dem die Höhle auch ihren Namen trägt, ist eine Darstellung vom Angriff Māras auf den Buddha (Bartus ‚Versuchung'), eine Replik zu Taf. 7 aus der Treppenhöhle"* (vgl. Nr. 9).

Der Buddha sitzt mit untergeschlagenen Beinen, seine Rechte berührt die Erde, eine Geste, mit der er die Erdgöttin als Zeugin anruft. Māra scheint mit seinem aus wilden und kuriosen Gestalten zusammengesetzten Dämonenheer teils mitten im Angriff, teils schon geschlagen am Boden zu liegen.

E. Waldschmidt sieht in dieser Wandmalerei eine Sonderentwicklung des 2. indo-iranischen Stils, die sich für ihn in der auffallenden Körperschattierung zeigt, die oft zu starken Übertreibungen führt.

Publ. A. v. LeCoq – E. Waldschmidt, Die Buddhistische Spätantike in Mittelasien, VII, S. 19.

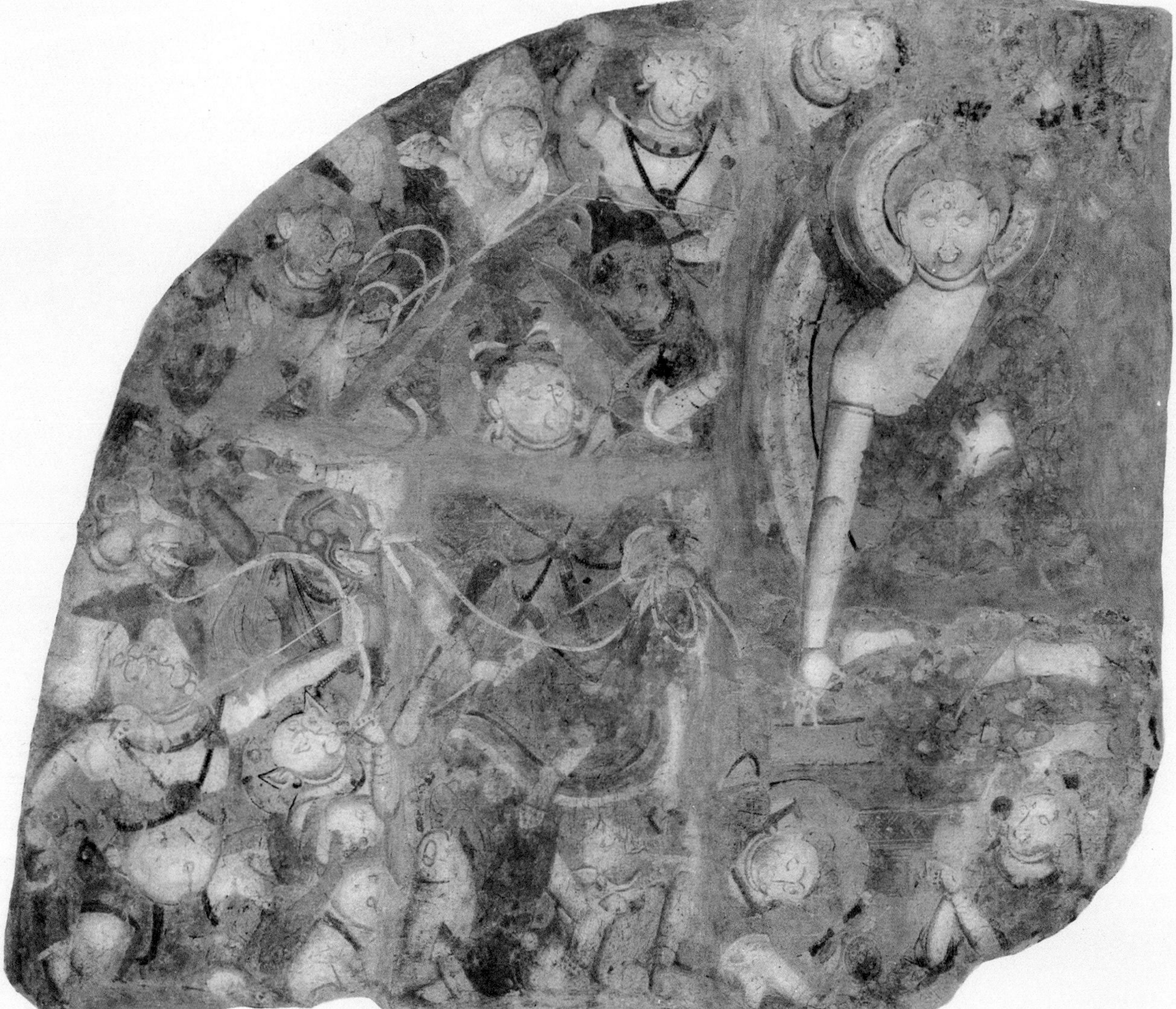

27 Reste von Predigtszenen
Tumschuq, Ostanlage, 7. Jh. n. Chr.
Wandmalerei, 75,0 × 51,0 cm
MIK III 8716

Die Hauptanlagen dieser westlichsten Oase der nördlichen Seidenstraße waren auf einem an dem Fleckchen Tumschuq vorbeiführenden Höhenzug gelegen, dessen nördlichstes Ende in drei Klippen ausläuft, von denen die mittlere die kleinste und niedrigste ist. Die östliche und die westliche Klippe dagegen bieten viel mehr Raum für Tempel. Obwohl das Gestein hier brüchiger, stark mit Ton versetzter Schiefer ist, sind uns überraschenderweise keine Kunstwerke aus diesem Material überliefert. Die flachen Gipfel dieser drei Klippen sowie Teile der sie verbindenden Randflächen des Massivs, dem sie entspringen, sind mit Ruinen von Kultbauten bedeckt.

Während die französischen Expeditionen unter der Leitung von Paul Pelliot die nördlich von der Straße Aksu-Maralbaschi gelegenen Ruinen von Klöstern und Tempeln untersuchten, bearbeitete die 4. deutsche Expedition unter A. v. LeCoq die südlichen, auf drei Klippen gelegenen Siedlungen.

Die Anlage auf der mittleren Klippe ist die kleinste und am wenigsten interessante. Auf der Ostklippe jedoch fanden sich in einem Tempel Reste von Wandmalereien, die einzigen, die von diesen beiden großen Anlagen überhaupt überliefert sind.

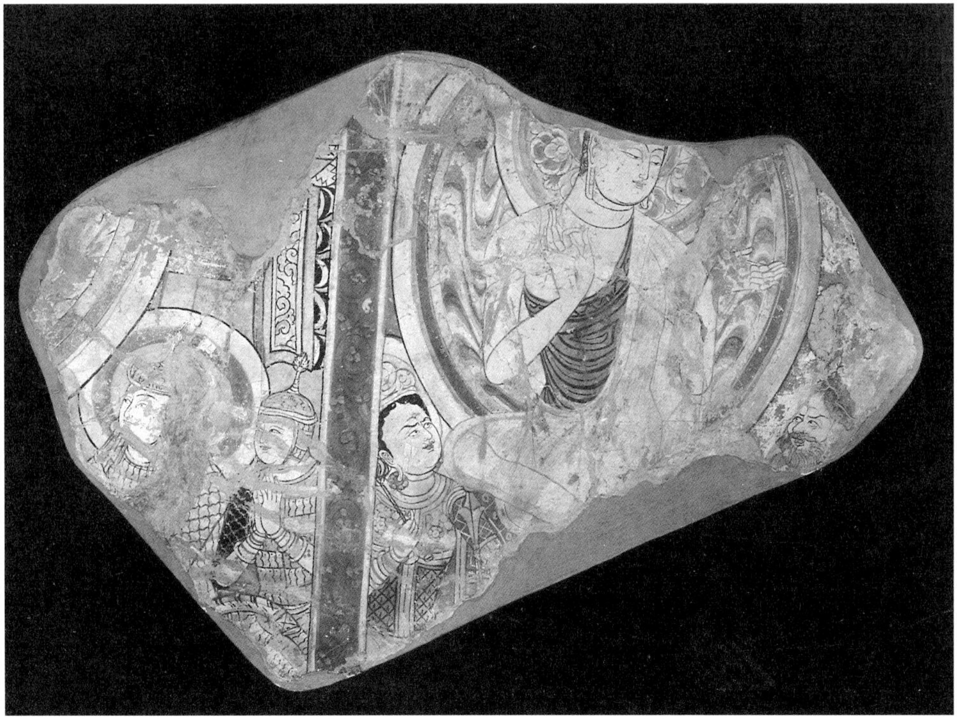

Wandmalerei sind zwei Predigtszenen sichtbar; ganz links der Rest einer Buddha-Mandorla vor der, wie es scheint, ein Ritter mit ungewöhnlichem Spangenhelm steht. Der Kopfnimbus zeichnet ihn vor dem zweiten jüngeren Mann, mit Plättchenpanzer und üblichem Helm bekleidet, aus. Eine breite Borte trennt diese Szene von einer besser erhaltenen zweiten Predigtdarstellung mit der sitzenden Gestalt eines Buddha, der beide Hände lehrend erhoben hat. Zwischen seinen Fingern sind die Verbindungshäute erkennbar. Seinen Körper umgibt eine kreisförmige, aus verschiedenfarbigen konzentrischen Streifen gebildete und mit einem Wogenmuster ausgefüllte Aureole. Die gleiche Ornamentierung ist uns aus späteren, chinesisch beeinflußten Wandmalereien bekannt. Auch die Formgebung der floralen Motive am Kopf des Buddha deutet auf ein späteres Entstehungsdatum der Malerei ebenso hin, wie der als ornamentale Borte gestaltete Szenentrenner. Er ist in ähnlicher Form bekannt aus der 3. Höhle von vorn in Kyzil, die E. Waldschmidt in eine Zeit nach 650 n. Chr. datiert.

Der Buddha neigt sich nach links zu einem Brahmanen herab, von dem der flottgezeichnete blauhaarige Kopf erhalten ist. Zur Rechten des Buddha sieht man Vajrapāni in Harnisch, in den Händen hält er wie üblich Fliegenwedel und vajra. Seine Zugehörigkeit zur Welt der Dämonen wird durch die Hauer in seinen Mundwinkeln deutlich.

Publ. A. v. LeCoq, Zwei Bruchstücke altbuddhistischer Wandgemälde aus Chinesisch-Turkistan, S. 67–72; ders., Die Buddhistische Spätantike in Mittelasien, V, Taf. F1, S. 31 ff. M. Bussagli, Die Malerei in Zentralasien, S. 70. Ausstellungskataloge des Museums für Indische Kunst, 1971, 1976, 1986, Nr. 379.

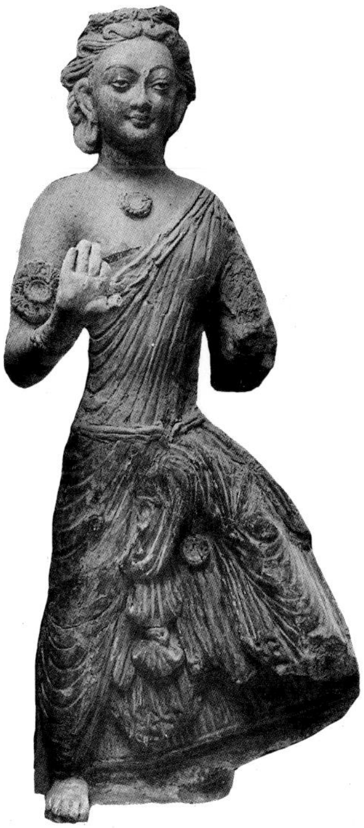

28 Statuette einer Devatā
Tumschuq, Ostanlage, 7. Jh. n. Chr.
Lehm, bemalt, H: 72,7 cm
MIK III 8948

Die meisten in Tumschuq gefundenen Lehmfiguren sind – ganz anders als die aus dem Kutscha-Gebiet – von sanfter, sinnlicher Eleganz und erinnern eher an die Malereien und Skulpturen aus Fondukistan in Afghanistan.

Diese schlanke, anmutige Devatā ist bekleidet mit einem schalartigen, grünen Tuch, das die rechte Schulter und den rechten Arm freiläßt. Das von einem (Stoff-?) Gürtel unterhalb der Taille gehaltene Gewand besteht anscheinend aus mehreren Stoffbahnen, die in der Mitte teils geknotet, teils herunterhängend, wallend herabfallen. Die Figur steht auf dem rechten Bein, das linke tänzerisch anmutig erhoben. Ob der erhobenen rechten Hand eine inhaltliche Bedeutung zuzumessen ist, ist schwer zu sagen. Anders als die sehr oft mit Schmuck überladenen Bodhisattvafiguren ist diese Devatā nur mit wenigen Rosetten und Armreifen geziert. Ihr sanfter Gesichtsausdruck unterstreicht die Anmut ihrer Erscheinung.

Publ. A. v. LeCoq – E. Waldschmidt, Die Buddhistische Spätantike in Mittelasien, VI, Taf. 1, S. 65. A. v. LeCoq, Von Land und Leuten, Taf. 32, S. 147.

29 Kopf mit Turban
Tumschuq, Dämonentempel, 7. Jh. n. Chr.
Lehm, H: 17,9 cm
MIK III 7629

Dieser sehr beschädigte Kopf mit einem anscheinend aus dicken Tüchern geschlungenen Turban gehörte ursprünglich zu einer fast lebensgroßen Figur weltlichen Charakters. Durch die verlorene Bemalung wird der Blick auf das Material frei: Die Vermischung des Lehms mit feinen Tierhaaren ist deutlich erkennbar.

Publ. A. v. LeCoq, Die Buddhistische Spätantike in Mittelasien, I, Taf. 18 b, S. 21.

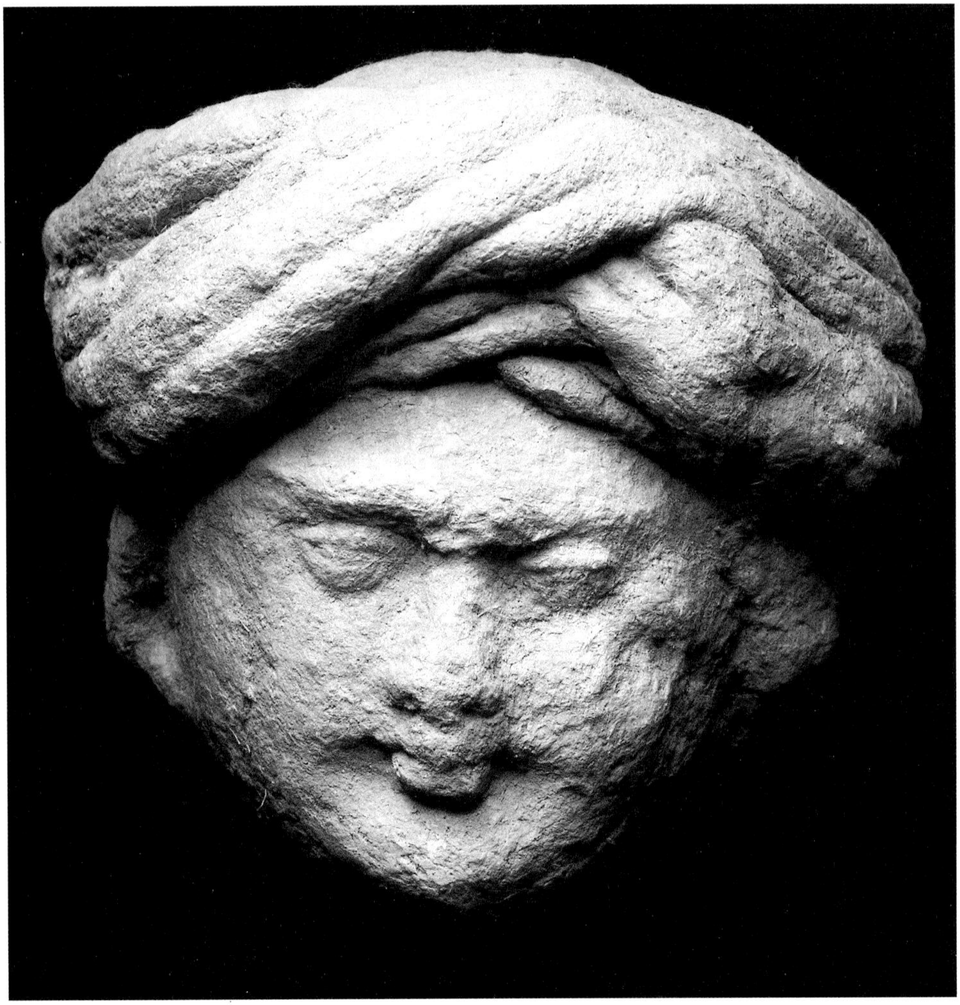

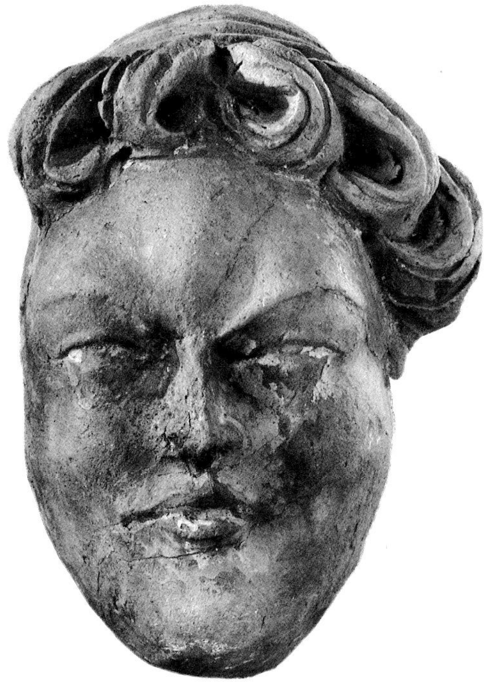

30 Porträtdarstellung
Kyzil, Rotkuppelhöhle, um 600 n. Chr.
Stuck, bemalt, H: 16,0 cm
MIK III 7930

Einer der bedeutendsten Tempel in Kyzil ist die Rotkuppelhöhle, die aus einer fast quadratischen, von einer hochroten Kuppel überragten Cella bestand (s. Fig. 2 a). Die Bemalung der Höhle war ungemein interessant, doch waren viele der Bilder schon z. Zt. ihrer Auffindung in einem desolaten Zustand. Nicht weit entfernt entdeckte man, hoch in die Bergwand eingeschlagen, einen kleinen Raum mit flacher Decke, der einst als Bibliothek gedient haben muß. Hier wurden Mengen bedeutender Handschriften gefunden, auf Palmblatt, Birkenrinde oder Papier gschrieben und in den unterschiedlichsten Schriften und Sprachen abgefaßt – eine der wenigen Bibliotheken Zentralasiens, in denen Texte in so großer Quantität und so hervorragender Qualität zutage traten.

Neben diesen äußerst wertvollen Funden läßt unser ausgestellter Kopf auf den ersten Blick seine Bedeutung nicht gleich erkennen. Doch ist er nicht wie üblich aus Lehm, sondern aus Stuck gefertigt, ein Material, das wir von der nördlichen Seidenstraße kaum kennen; darüberhinaus handelt es sich nicht um einen der zahllosen Devatā- oder Bodhisattva-Köpfe; hier stehen wir einem Zeitgenossen gegenüber, dessen Porträt der Nachwelt erhalten ist.

Das Gesicht hat einen äußerst naturalistischen Ausdruck und wirkt, vergleicht man es mit den gemuldeten Köpfen der Lehmfiguren, in keiner Weise künstlich oder manieriert.

31 Devatā
Kyzil, Letzte Anlage, Letzte Höhle, 7. Jh. n. Chr.
Lehm, bemalt, H: 35,0 cm
MIK III 8200

Diese Figur ist mit einem durchscheinenden Gewand bekleidet, das nur am Hals breite Falten wirft. Die kranzartige, rotbraun-grün gestreifte Krone liegt auf dem schön geordneten, in Locken auf beide Schultern fallenden, blaugefärbten Haar auf. Derartige Lockenmodellierungen finden sich an zahlreichen Lehmfiguren aus Schortschuq/Karaschar, der östlich von Kutscha auf halbem Weg nach Turfan gelegenen Ruinenstätte. Augenbrauen, Schnurrbart und Lidspalten der mattglänzenden, weiß grundierten Plastik sind durch schwarze Striche gekennzeichnet, Nasenflügel, Augendeckel, Ohrmuscheln und Stirnfalte mit feinen rötlichen Linien eingefaßt.

Publ. A. v. LeCoq, Die Buddhistische Spätantike in Mittelasien, I, Taf. 33 a, S. 27.

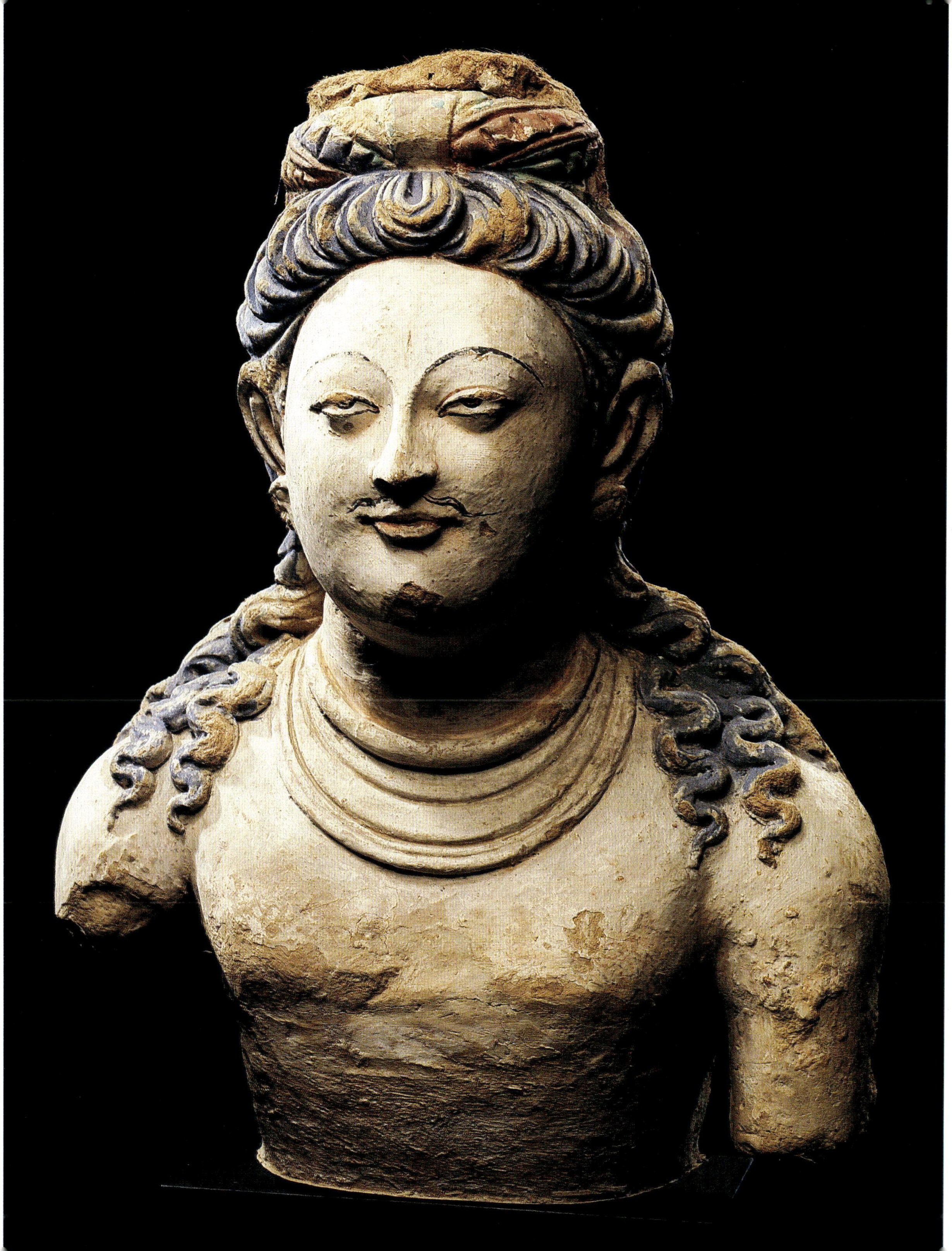

32 Elefantenkopf
Kyzil, Höhle 10, 6./7. Jh. n. Chr.
Holz, 10,0 × 10,0 cm
MIK III 8139

Kopf eines indischen Elefanten mit einem von Perlbändern und sechsblättrigen Blüten besetzten Geschirr. Rüssel und rechter Stoßzahn sind weggebrochen. Reste von blauschwarzer Bemalung des Kopfes und weißer Farbe an den Ohren und Zähnen zeugen von einstmals bunter Fassung. Die scharfe flache Kante auf dem Kopf macht deutlich, daß dieses Stück in die Architektur eingefügt war.

Publ. Chh. Bhattacharya, Art of Central Asia, No. 179, p. 97.

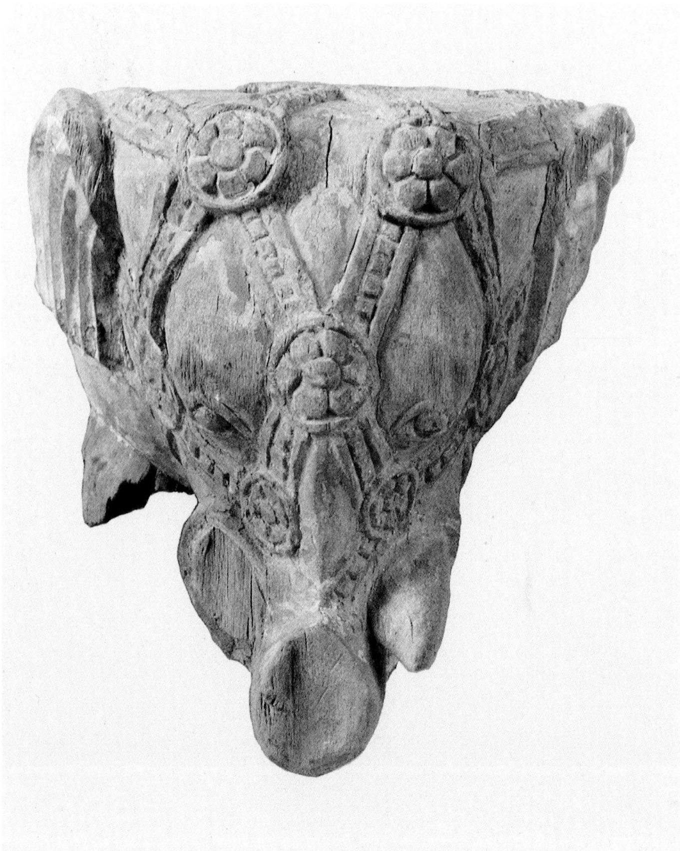

33 Zwei Löwenköpfe
Atschiq Iläk bei Kirisch, 7. Jh. n. Chr.
Holz, 18,2 × 23,9 cm, 17,7 × 23,9 cm
MIK III 7667 a, b

Die Ortschaft Kirisch liegt in einer Entfernung von ca. 40 km ostnordöstlich von Kutscha. In ihrer weiteren Umgebung wurden Tempelanlagen freigelegt mit vielen bemerkenswerten Wandgemälden und Skulpturen.

Von hier stammen auch diese beiden auf den ersten Blick fast identischen, gegenständig geschnitzten Löwen, die mit großer Wahrscheinlichkeit zu einem Thron gehörten. Mit weitaufgerissenem Maul, das ihren naturalistisch gefärbten Rachen und die furchterregenden Raubtierzähne sichtbar werden läßt, möchten sie unliebsame Besucher abwehren.

Publ. Chh. Bhattacharaya, Art of Central Asia, Nos. 182, 183, p. 98.

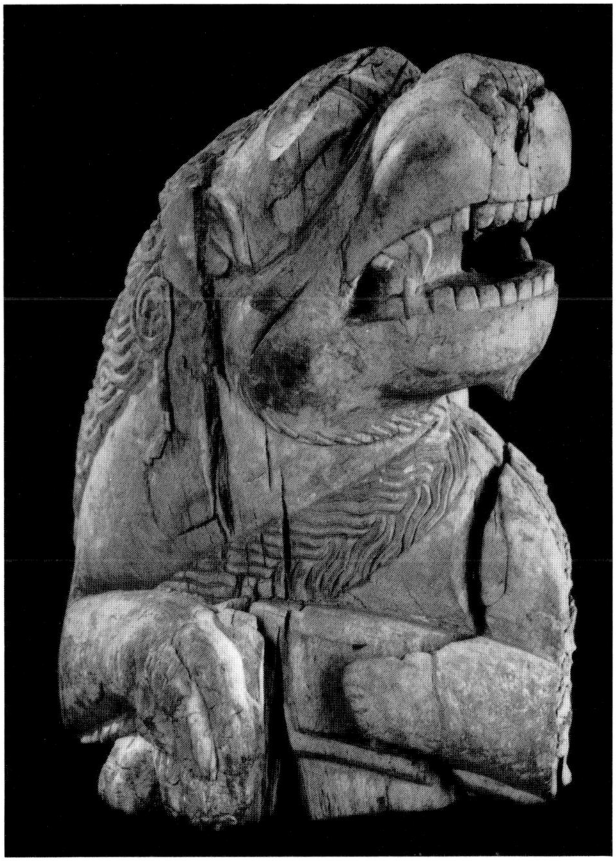

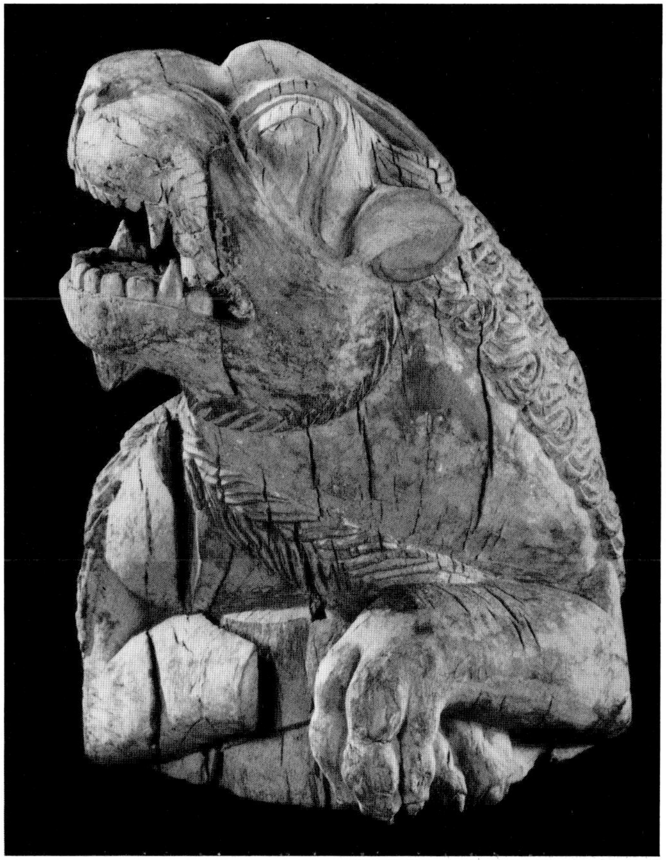

34 Sitzender Buddha
Kyzil, Pfauenhöhle, 6. Jh. n. Chr.
Holz, H: 16,3 cm
MIK III 8151

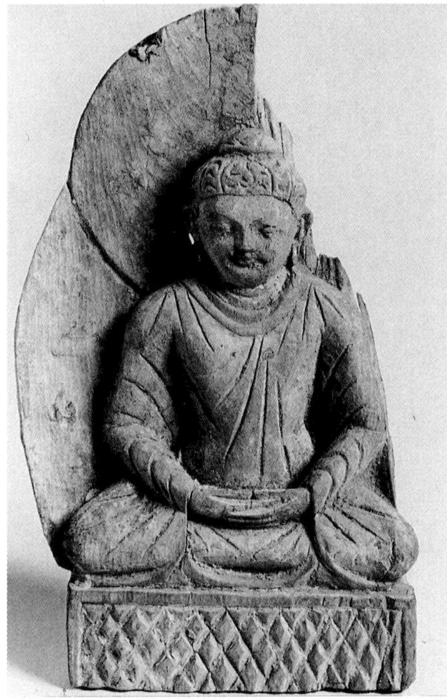

Die folgenden Holzskulpturen stammen aus der Pfauenhöhle in Kyzil. Diese prachtvolle Höhle, eine der ältesten in diesem Gebiet, war z. Zt. ihrer Auffindung vollständig von Sand und Geröll verschüttet. Sie bestand aus einer mehr breiten als tiefen quadratischen Vorhalle, durch die man über drei ungleich hohe Stufen in die überkuppelte Cella gelangte (s. Fig. 2b). Über die Ausstattung der Höhle schreibt A. Grünwedel[30]: *„Rechts und links neben der Tür, welche in die Cella führt, fanden sich merkwürdige Altertümer... ein hohes Tischchen auf vier Füßen mit zierlicher Ornamentik, daran anschließend ein schmales Bänkchen. Hier wurden eine Anzahl hölzerner Kultfiguren gefunden. Auch (auf der anderen Seite) fanden sich schöne hölzerne Buddhafiguren, ein kleiner Stūpa aus Holz usw....“*

Obwohl wir vermuten dürfen, daß die Wandmalereien der Zeit kurz vor oder um 500 n. Chr. zuzuordnen sind, ist es doch so gut wie sicher, daß die Holzskulpturen in der Mehrzahl erst später entstanden sein können, da sie stilistisch und qualitativ uneinheitlich sind.

Unser in Meditation verharrender Buddha sitzt auf einem mit Rhombenmuster verzierten Thron. Kopf und Körper sind von Nimbus und Mandorla umgeben, die – wie auch Gewand und Hände – sehr grob gearbeitet sind. Auf der Mandorla sind Spuren kleiner meditierender Buddhas sichtbar.

Publ. Chh. Bhattacharaya, Art of Central Asia, No. 29, p. 59.

35 Sitzender Buddha
Kyzil, Pfauenhöhle, 6./7. Jh. n. Chr.
Holz, H: 18,3 cm
MIK III 7414

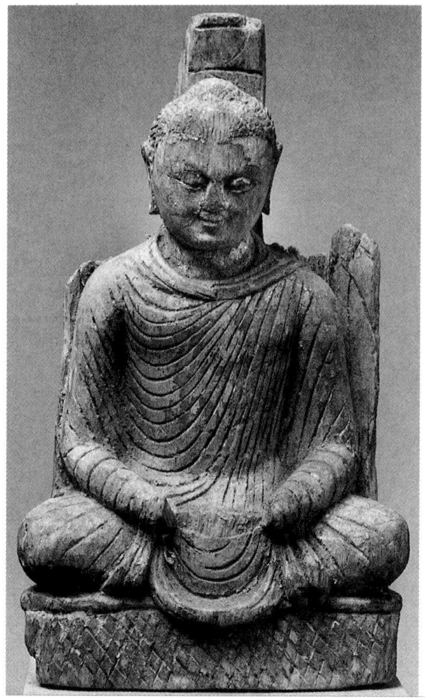

Der Buddha sitzt auf einem mit rhombischem Muster verzierten Sockel und ist in ein faltenreiches, beide Schultern verhüllendes Gewand gekleidet. Die weggebrochenen Hände waren in Meditationsgeste mit den Handflächen nach oben ineinandergelegt. Die Züge des vergleichsweise breiten Gesichts und die leicht eingekerbten Haarsträhnen mit dem nur wenig angedeuteten Haaraufwurf könnten ihren Ursprung haben in ähnlich gestalteten Buddhatypen aus dem Gandharagebiet.

Publ. H. Härtel – J. Auboyer, Indien und Südostasien, Taf. 249a, S. 99, S. 269. Chh. Bhattacharya, Art of Central Asia, No. 23, p. 56.

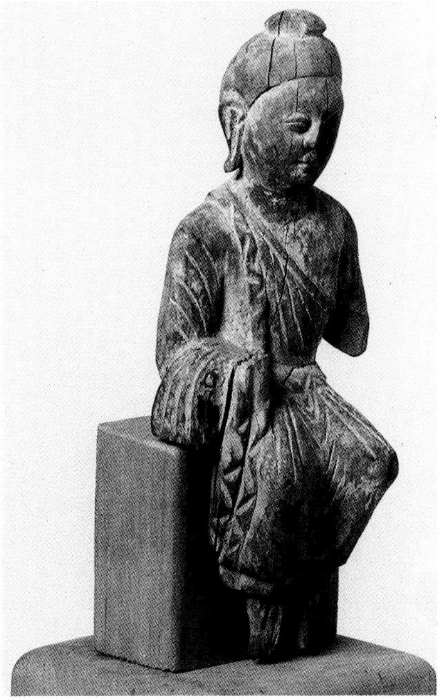

36 Sitzender Buddha
Kyzil, Pfauenhöhle, 6. Jh. n. Chr.
Holz, H: 12,1 cm
MIK III 8135

Diese kleine Buddhagestalt ist mit herabhängenden Beinen sitzend (pralambapādāsana) dargestellt, die rechte Hand vormals in der Geste der Schutzverheißung oder der Belehrung (abhaya- oder vitarka-mudrā) erhoben. Ihr Gewand besteht aus uttarāsanga, das die rechte Schulter freiläßt und dem darunter in Höhe der Hüften gebundenen und am Saum sichtbaren Untergewand antarvāsa. Die ursprünglich bemalte und vergoldete Figur scheint stilistisch indischen Vorbildern entlehnt.

Publ. A. v. LeCoq, Die Buddhistische Spätantike in Mittelasien, I, Taf. 43e, S. 28f. Chh. Bhattacharya, Art of Central Asia, No. 26, p. 57f.

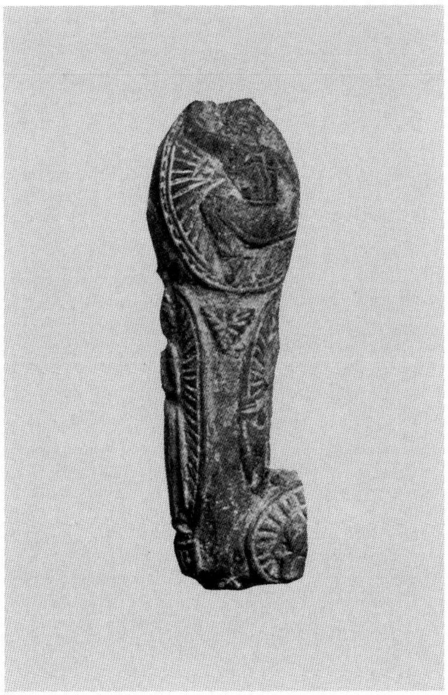

37 Arm eines Buddha Vairocana
Kyzil, Größte Höhle, 6./7. Jh. n. Chr.
Holz, vergoldet, 2,1 × 6,5 cm
MIK III 8133

Darstelllungen des kosmischen Buddha Vairocana waren in der Kunst Zentralasiens, besonders an der Südstraße im Gebiet des Königreiches von Khotan, sehr beliebt. Literarische Grundlage für diesen ikonographischen Buddha-Typ ist ein Mahāyānatext, das Avatamsaka-sūtra. Er wurde erstmals um 420 von dem indischen Mönch Buddhabhadra aus dem Sanskrit ins Chinesische übersetzt und ist u. a. dem Kult des Vairocana gewidmet. *„Vajras, triangles, and circular forms on either side of the chest... represent the two kinds of jewels... And the curious segments of chain which end abruptly on the collarbone... are apparently the half-necklaces (ardhahāra), which in Sanskrit refer to short necklaces with half the full number of jewels. Perhaps this is a misunderstanding of the text, perhaps a deliberate way of underlining the abstract supernatural nature of the whole image.*

Mt. Sumeru ist mentioned frequently in the text as an epitome of the universe, at the centre of which it stands. The hour-glas form wound with snakes... seems to represent the world mountain in highly abbreviated form, in the same way that the seat of the Buddha with such an outline is described in the Far East as a Meruthrone. The sun and moon on either shoulder are thus explained in origin as the two luminous bodies which circle the world mountain, although these are present on all examples of the cosmic Buddha even when there is no Meru symbol in the centre."[31]

Unser kleines Fragment stellt den rechten Oberarm des Buddha Vairocana, von der Schulter zum Ellenbogen, dar. Er ist in Perlkreis-Medaillons unterteilt, in denen sich verschiedene Figuren befinden. Ganz oben sehen wir den Gott Sūrya mit erhobenem rechten Arm, während der linke auf dem Oberschenkel ruht. Er ist aufgrund seiner in Zentralasien typischen Sitzhaltung, dem wie eine Peitsche schwingenden erhobenen Arm, der Kleidung und eben seiner Position auf der rechten Schulter des Vairocana, deutlich zu identifizieren.

Die Medaillons des Außen- und Innenarms tragen zwei in anjali-mudrā stehende Adoranten, die – genau wie Sūrya – vollständig von einem Strahlenkranz umgeben sind. Zur Rechten des auf dem Inneren befindlichen Adoranten wird ein ihn anblickendes Tier sichtbar.

Publ. A. v. LeCoq – E. Waldschmidt, Die Buddhistische Spätantike in Mittelasien, VI, S. 71. A. v. LeCoq, Bilderatlas, Fig. 73, S. 60. Chh. Bhattacharya, Art of Central Asia, No. 45, p. 68 f.

38 Predigtszene
Kumtura, Höhle im Knie, 8. Jh. n. Chr.
Wandmalerei, 42,0 × 47,0 cm
MIK III 9024

Das Bild zeigt den mit untergeschlagenen Beinen auf einem Lotus sitzenden Buddha in Nimbus und Flammenaureole. Er diskutiert mit einem zu seiner Rechten hockenden Mönch, der einen undeutlichen Gegenstand, wahrscheinlich eine Blume, darzubringen scheint. Lebendig und originell wirken die mit einem Pinsel aufgetupften Bartstoppeln. Die eigenwillige Stilistik der Malerei erklärt sich aus den folgenden Hinweisen.

In Kumtura gibt es neben Höhlen mit Malereien indo-iranischen Stils auch solche, die mit Bildern deutlich ostasiatischen Charakters ausgemalt waren. An dieser Tatsache erkennt man zunächst die geschichtlichen Einflüsse an Orten der nördlichen Seidenstraße. Auffällig ist, daß sich Höhlen der beiden verschiedenen Malstile nebeneinander erhalten haben, ohne sich zu mischen. Dennoch sind einige Fragmente von Malereien aus Kumtura überliefert, die nicht eindeutig dem einen oder anderen Stil zuzuordnen sind. Das vorliegende Bild gehört zu dieser Gruppe. Indo-iranische Elemente mischen sich mit buddhistisch-chinesischen, ohne daß sich Zeichnung und Kolorit mit den Werken der Hauptschulen vergleichen lassen. Der Gesichtsschnitt des Buddha, die Flammenaureole und wohl auch das getupfte Gewand weisen stark östliche Züge auf, Borte, Lotus und Darstellung des Mönches sind von anderer Pinselführung.

Publ. M. Bussagli, Die Malerei in Zentralasien, S. 88, 90. Das Bild des Buddha, Nr. 65, S. 131.

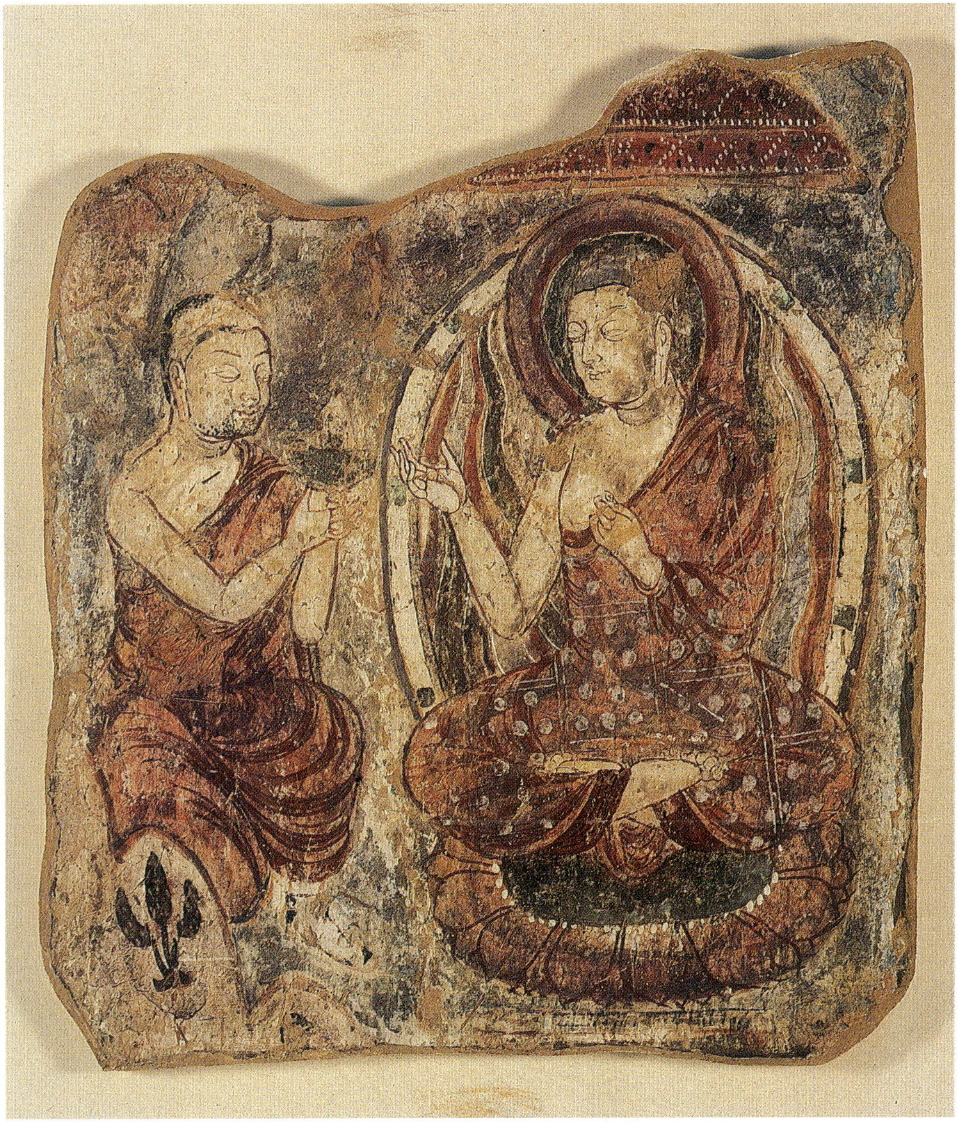

39 Gandharva
Kumtura, Kinnarīhöhle, 8./9. Jh. n. Chr.
Wandmalerei, 68,0 × 41,0 cm
MIK III 8913 a

Niedere Gottheiten, die auf Bildwerken sehr häufig dargestellt werden, sind die Gandharvas, Kinnaras und Vidyādharas. Man sieht sie zumeist einzeln oder in Paaren zu den Seiten des Nimbus der großen Göttergestalten fliegen. Zu Ehren des Gottes tragen sie Girlanden oder streuen Blumen. Weibliche Wesen dieser Art, die freilich zumeist tanzend oder musizierend auftreten, sind die Apsaras, die göttlichen Tanzmädchen, deren Hauptaufgabe in der Unterhaltung der Götter besteht.

Die kleine auf Wolken schwebende Gestalt ist ein Gandharva. Er hält eine Blumenschale in den Händen, mit Blüten auf den Buddha zufliegend, der unter einem großen Schirm saß. Seine Bewegung drückt sich in den flatternden Schal-Enden und dem langen, nachschwebenden Gewand aus.

Man vergleiche die im Motiv ähnliche Seidenmalerei Nr. 62.

Die in Berlin vorhandenen Gemälde buddhistisch-chinesischen Stils stammen hauptsächlich aus dem Gebiet der Turfan-Oase, doch wurden auch in anderen, weiter westlich gelegenen Anlagen, in erster Linie hier in Kumtura, einige Höhlen mit Malereien dieser Art gefunden. Interessanterweise haben sie in Kyzil keinen Vertreter.

Dieses ist die erste Malerei einer Gruppe von Wandbildern aus den vier Kumtura-Höhlen, die ganz im buddhistisch-chinesischen Stil ausgemalt wurden (vgl. auch Nr. 41). Die stilistische Verschiedenheit zeigt sich überall. Neigte der indo-iranische Stil besonders in der Spätzeit zu stereotypen Schablonenmalereien, so steht man hier einer freieren, leicht hingeworfenen Pinselarbeit gegenüber, die sich stärker individueller Ausdrucksformen bedient. Auch die Farbskala, die von zarten Pastelltönen über ein sattes Rot, leuchtendes Gelb bis zu einem Dunkelgrün reicht, ist den indo-iranischen Stilarten unbekannt.

40 Verhaftungsszene
Kumtura, 8./9. Jh. n. Chr.
qandmalerei, 29,0 × 23,0 cm
MIK III 8915

Da dieses Malereifragment nicht in situ, sondern im Schutt eines Tempels gefunden wurde, lassen sich größere Bildzusammenhänge, die zur Deutung der Szene beitragen könnten, nur erahnen.

Aus der frühen Geschichte Indiens wissen wir, daß der Buddha in Magadha predigend umherzog, von seinen Gönnern, dem mächtigen König Bimbisāra (ca. 550–390 v. Chr.) und dessen gewalttätigem Sohn Ajātaśatru nicht nur wohlgelitten, nein, sogar protegiert. Ajātaśatru soll in seiner Jugend ein Anhänger des intriganten Vetters des Buddha, Devadatta, gewesen sein.

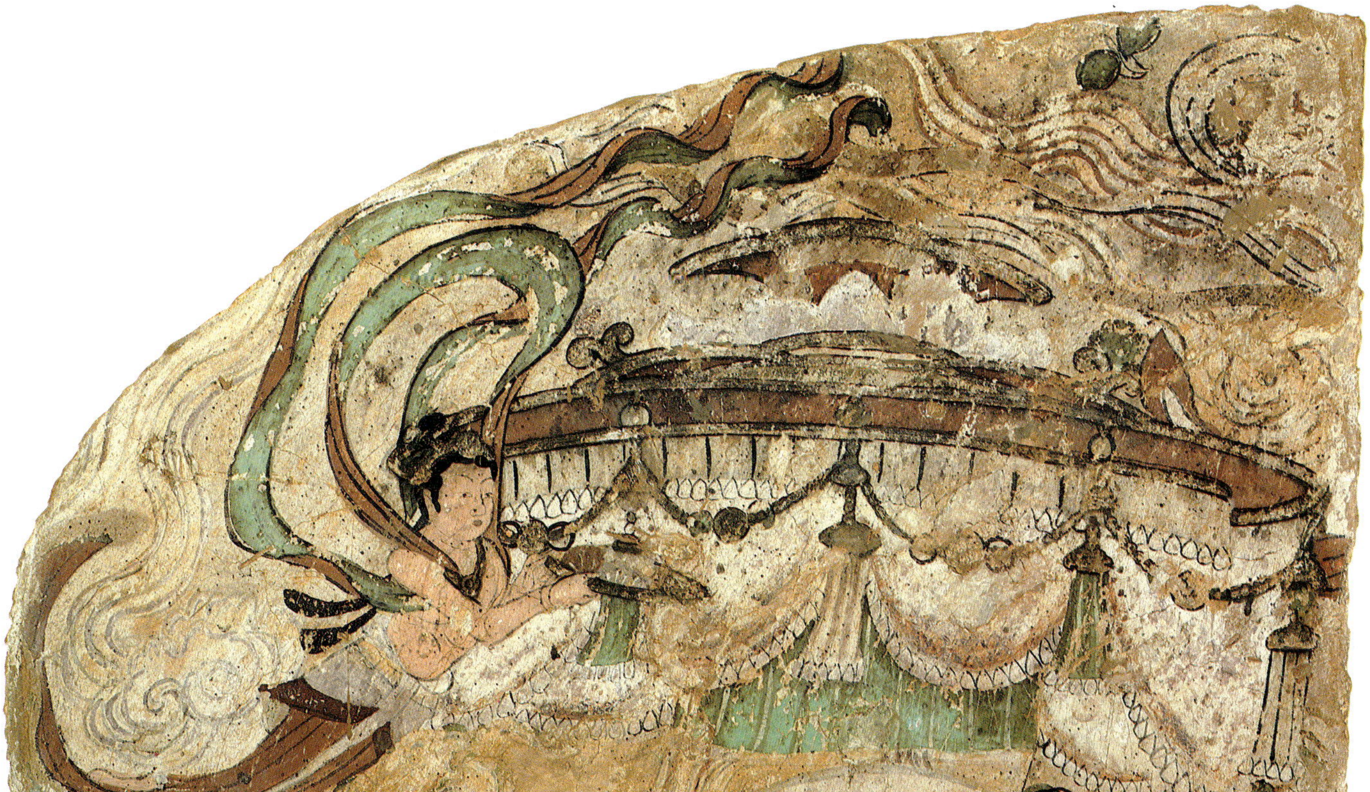

Devadatta, der der Legende nach eine Spaltung im buddhistischen Orden hervorrief und dem Buddha mehrfach nach dem Leben trachtete, soll den Prinzen Ajātaśatru zur Beseitigung seines Vaters angestiftet haben, in der Hoffnung, seinen Vetter und Konkurrenten damit auszuschalten.

Schlägt man die erste Seite des Amitāyur-dhyāna-sūtra auf, eines Mahāyāna-Textes, der zwischen 265 und 316 n. Chr. ins Chinesische übersetzt wurde, und Bestandteile enthält, die verschiedenen Zeiten angehören, so stößt man auf die legendenhafte Auslegung der historischen Tatsache von der Gefangennahme des Königs Bimbisāra durch seinen Sohn Ajātaśatru.[31a] Möglicherweise ist unser Bild eine Illustration dieser Legende, die mit der Ermordung des Königs endet; Ajātaśatru soll sich nach dem gewaltsamen Tod seines Vaters von dem machthungrigen Devadatta abgewandt und dem Buddha gegenüber eine freundlichere Haltung angenommen haben.

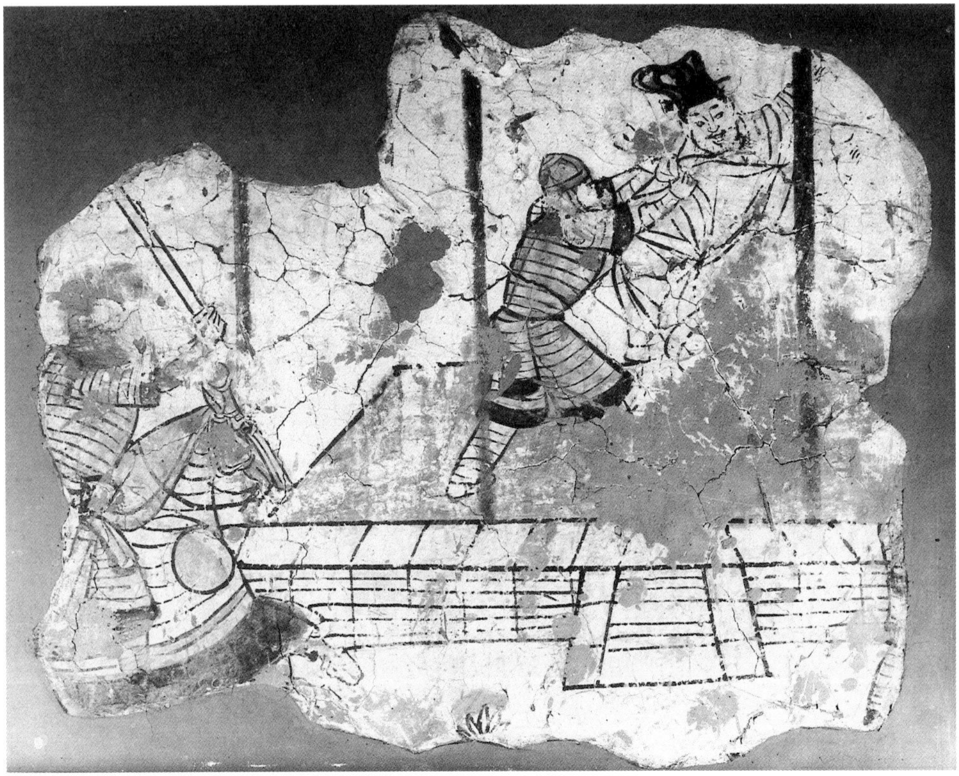

41 Buddhas und verehrende Gottheiten
Kumtura, Nirvānahöhle, 8./9. Jh. n. Chr.
Wandmalerei, 108,0 × 71,0 cm
MIK III 8826

Das Gewölbe dieser mit ungewöhnlichen Malereien ausgestatteten Höhle buddhistisch-chinesischen Stils war mit Buddhareihen, von Devatās begleitet, geschmückt. Glückswolken und reiche Blumenornamentik füllen die Zwischenräume. Die Buddhafiguren, die nahezu identisch gestaltet sind, sollen die tausend Buddhas unserer Weltperiode vorstellen. Diese Reihen setzen sich in den Gewölben der Gänge fort.

Publ. A. v. LeCoq – E. Waldschmidt, Die Buddhistische Spätantike in Mittelasien, VI, Taf. 28c, S. 89.

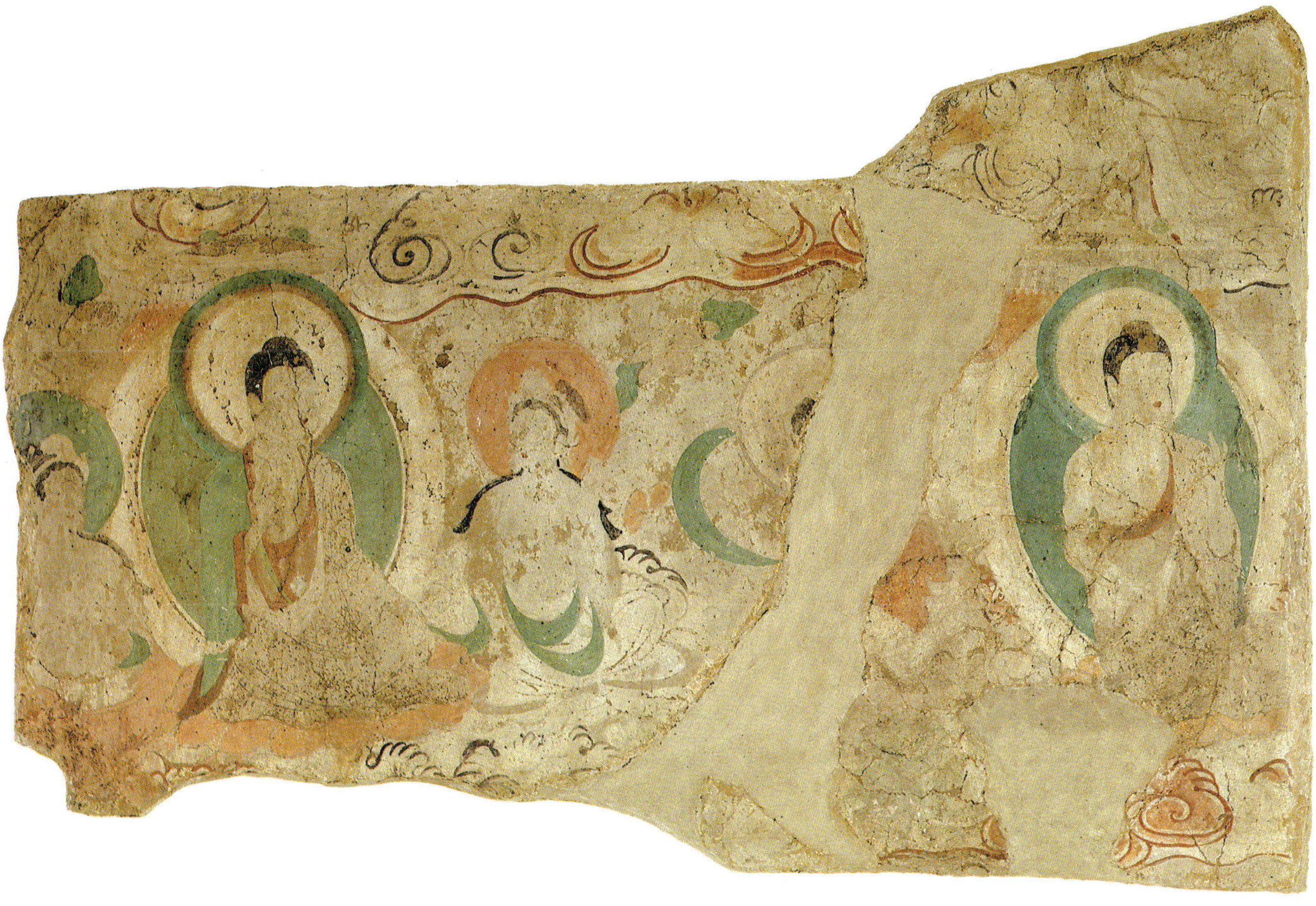

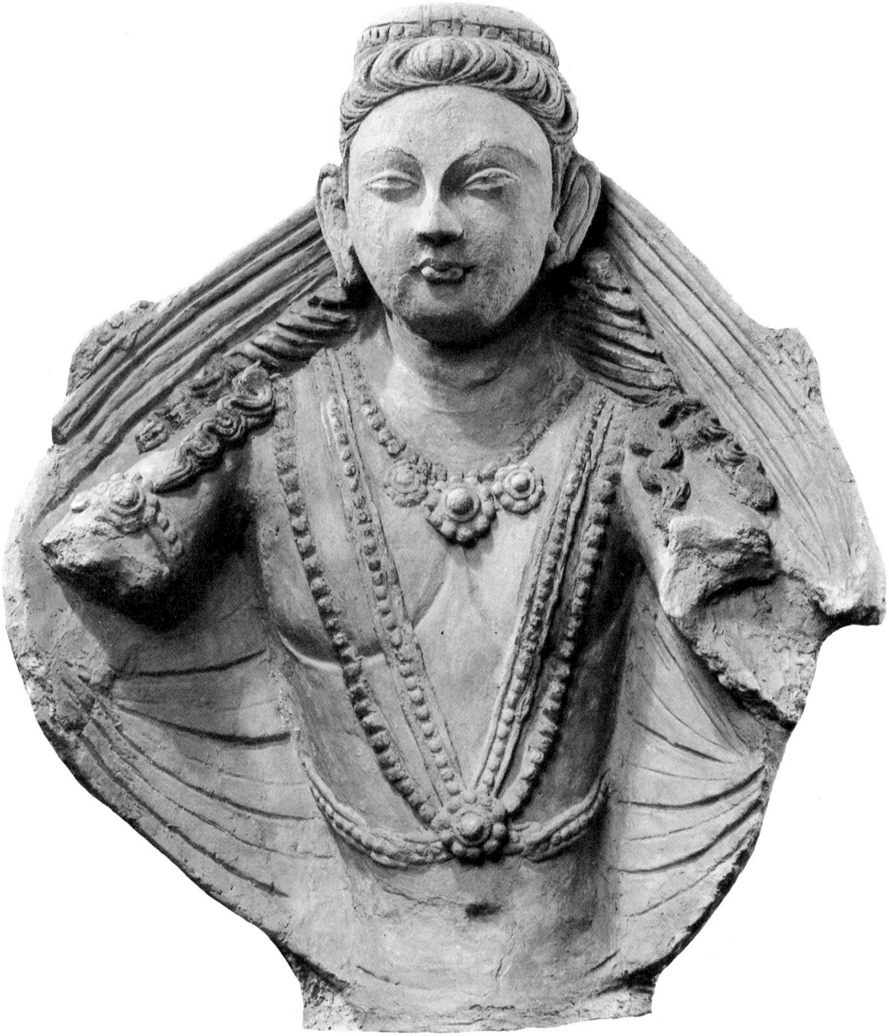

42 Devatā
Schortschuq, Nakshatrahöhle, 7./8. Jh. n. Chr.
Lehm, bemalt, H: 52,0 cm
MIK III 8201

Der grüne Überwurf hängt vom Hinterkopf der Devatā herab und umgibt ihren nackten, fleischfarbig grundierten, bemalten und von Hand modellierten Körper in ungeschickten Falten. Das Gesicht ist wieder in der Form hergestellt. Haar- und Augenlidansatz, wie auch die Falte des Unterkinns, sind durch rote Linien hervorgehoben, der Mund ist ebenfalls rotbemalt. Diese Figur hat offenbar in einer Nische gestanden.

Publ. A. v. LeCoq, Die Buddhistische Spätantike in Mittelasien, I, Taf. 33 b, S. 27.

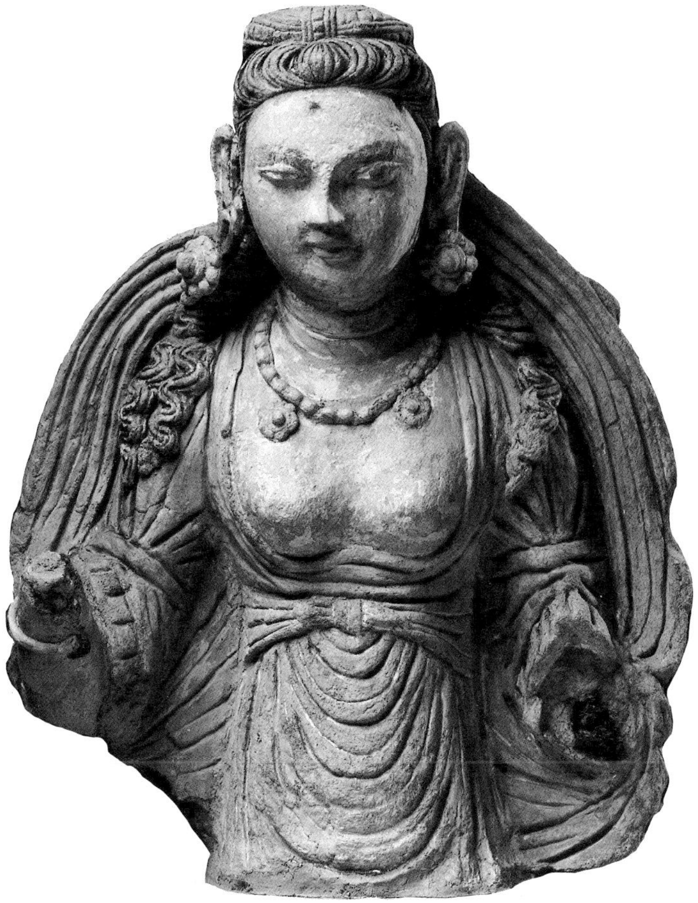

43 Frauenbüste
Schortschuq, Nakshatrahöhle, 7./8. Jh. n. Chr.
Lehm, bemalt, H: 50,8 cm
MIK III 8198

Im Gegensatz zu der vorigen, eher geschlechtslosen Devatāfigur, handelt es sich hier um eine Frauenbüste. Gesicht, Frisur und Krone bieten nichts neues, doch fallen die großen, als Blüte gestalteten Ohrscheiben, die einfache Halskette und das die Brust freilassende, bläulichgraue Mieder ins Auge. Der Rock ist grün und wird vorn und an den Seiten eingefaßt von einem weißgrauen Kleidungsstück, das unter der Brust zu einer Schleife gebunden ist. Eine rote, kurzärmlige Jacke und ein gelblichgrauer Mantel runden die Erscheinung ab.

Stärker als bei den Devatā-Figuren wird hier die für Schortschuq typische Gesichtsform erkennbar, die sich durch eine gewisse ballonförmige Aufblasung des Kopfes mit vollen Wangen und gelegentlichem Doppelkinn zu erkennen gibt. Die Augenpartien sind tief rundgeschnitten, so daß auf jeder Augenseite dem Wangenrund ein entsprechendes konkaves Augental folgt.

Publ. A. v. LeCoq, Die Buddhistische Spätantike in Mittelasien, Taf. 32 a, S. 26.

44 Brahmane
Schortschuq, Kirinhöhle, 7./8. Jh. n. Chr.
Lehm, bemalt, H: 42,4 cm
MIK III 8199 a

Neben den sehr zahlreichen stereotypen Figuren buddhistischer Gottheiten sind uns aus Zentralasien viele Darstellungen von Brahmanen überliefert, die in der Mehrzahl recht individuelle Züge tragen, sehr lebendig wirken und bisweilen auch große Originalität ausstrahlen.

Unser von einem mandorlenähnlichen Schal umgebener, sitzender Brahmane ist mit einem Lendenschurz und Wadenstrümpfen bekleidet. Der Ohrschmuck ist abgebrochen; ein Reif mit scheibenartiger Blüte legt sich um seinen Hals, zwei sich in Nabelhöhe unter einer Rosette kreuzende Schmuckketten zieren den Oberkörper. Mit seiner ehemals erhobenen Rechten scheint er gerade eine Argumentation zu führen. Die Wirkung der Figur geht von dem tiefgeschnittenen, durchfurchten Gesicht aus, das durch die stark betonte Augenpartie und wahrlich gewaltige Bärtigkeit die buddhistische Vorstellung eines bärbeißigen Brahmanen zu treffen scheint.

Publ. A. v. LeCoq, Die Buddhistische Spätantike in Mittelasien, V, Taf. 4 a, S. 8

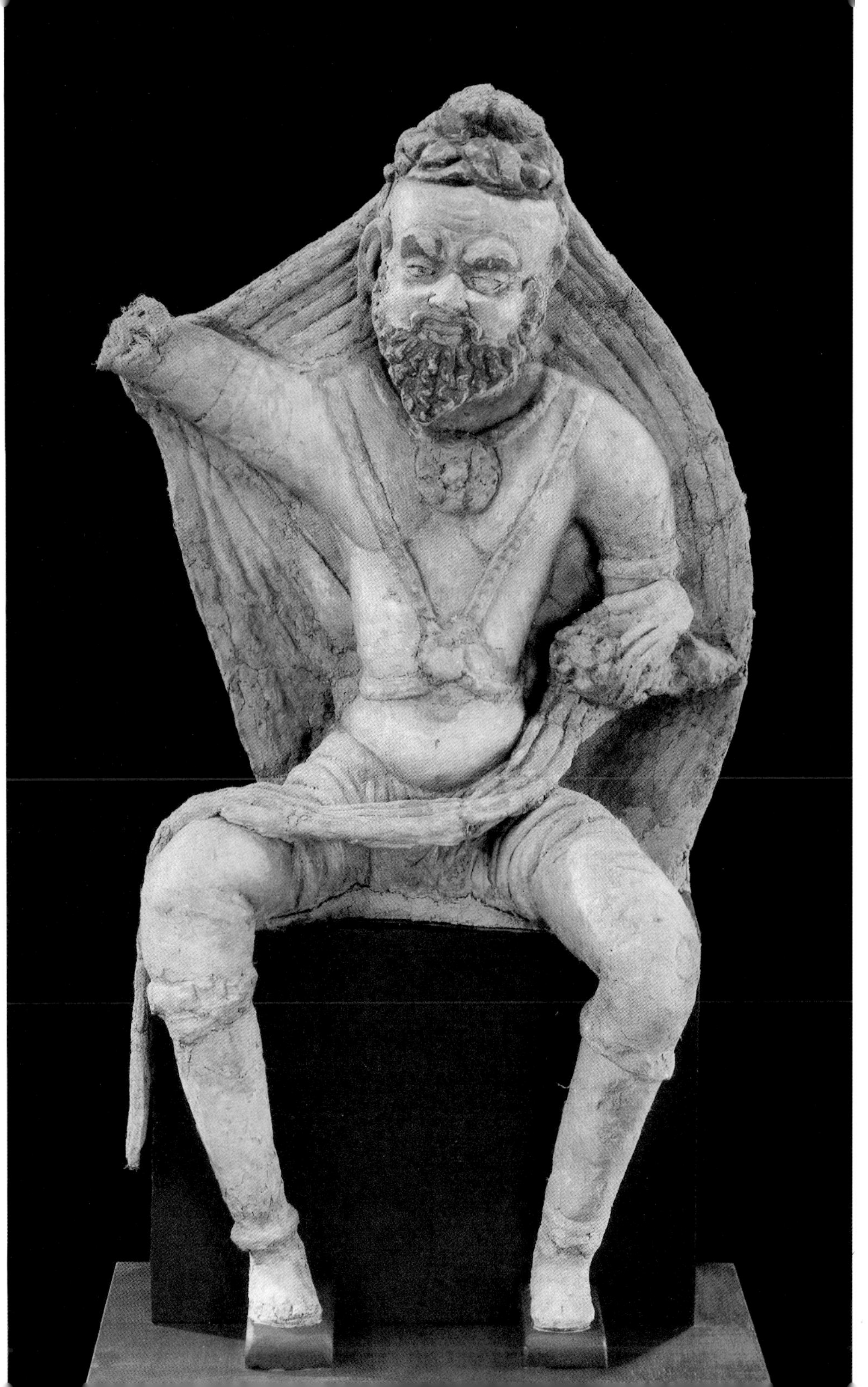

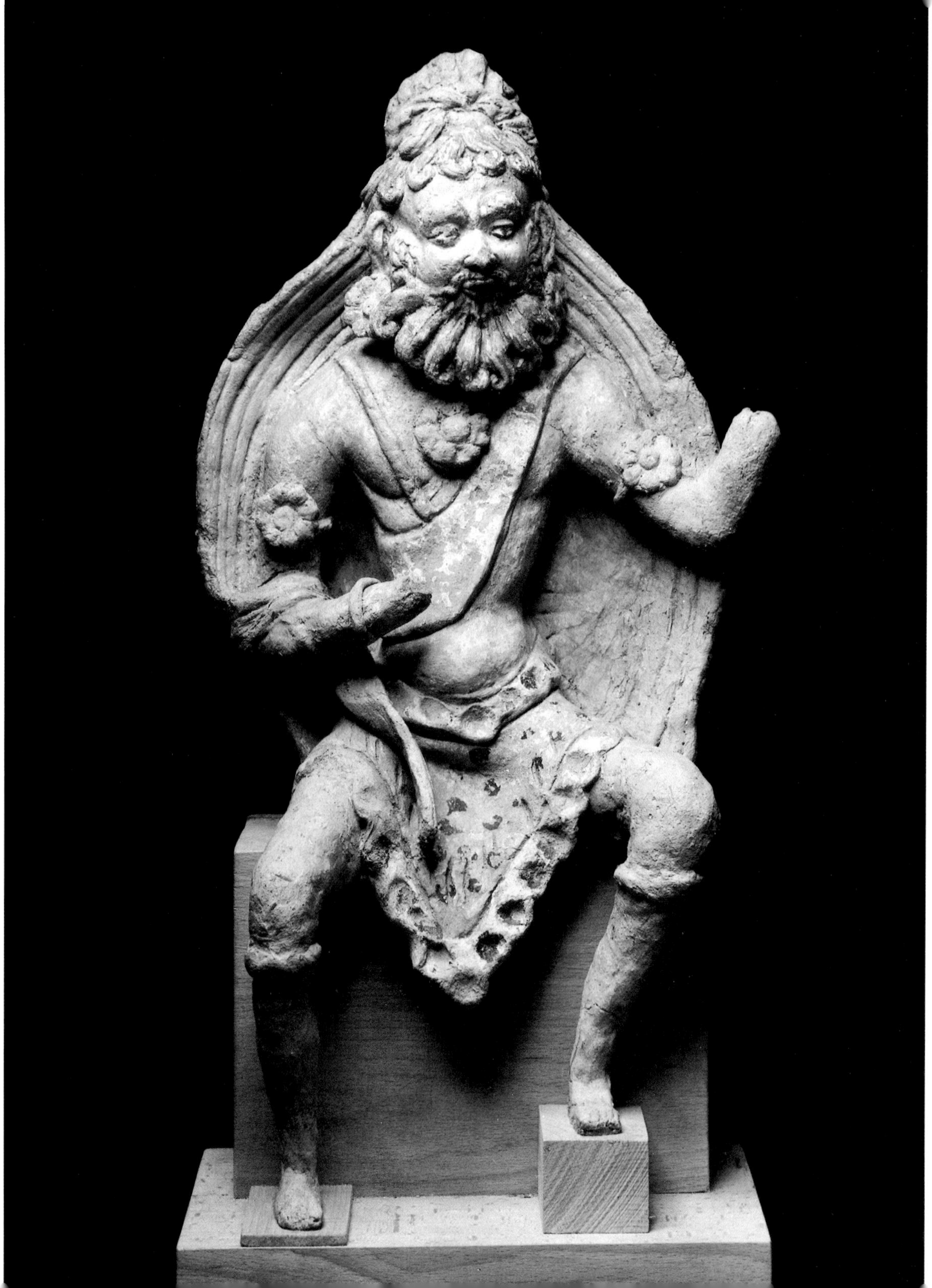

45 Brahmane
Schortschuq, Kirinhöhle, 7./8. Jh. n. Chr.
Lehm, bemalt; H: 45,8 cm
MIK III 8199 b

Noch skurriler als vorher wirkt dieser mit einem Pantherfell und Wadenstrümpfen bekleidete Brahmane. Von seinem zur Asketenfrisur hochgebundenen Haar sind Strähnen in die Stirn gekämmt, die sich – wie die seines vollen Bartes – schlangenartig herabringeln.

Auch er scheint an einer lebhaften Diskussion beteiligt.

Publ. A. v. LeCoq, Die Buddhistische Spätantike in Mittelasien, V, Taf. 4 b, S. 8 f.

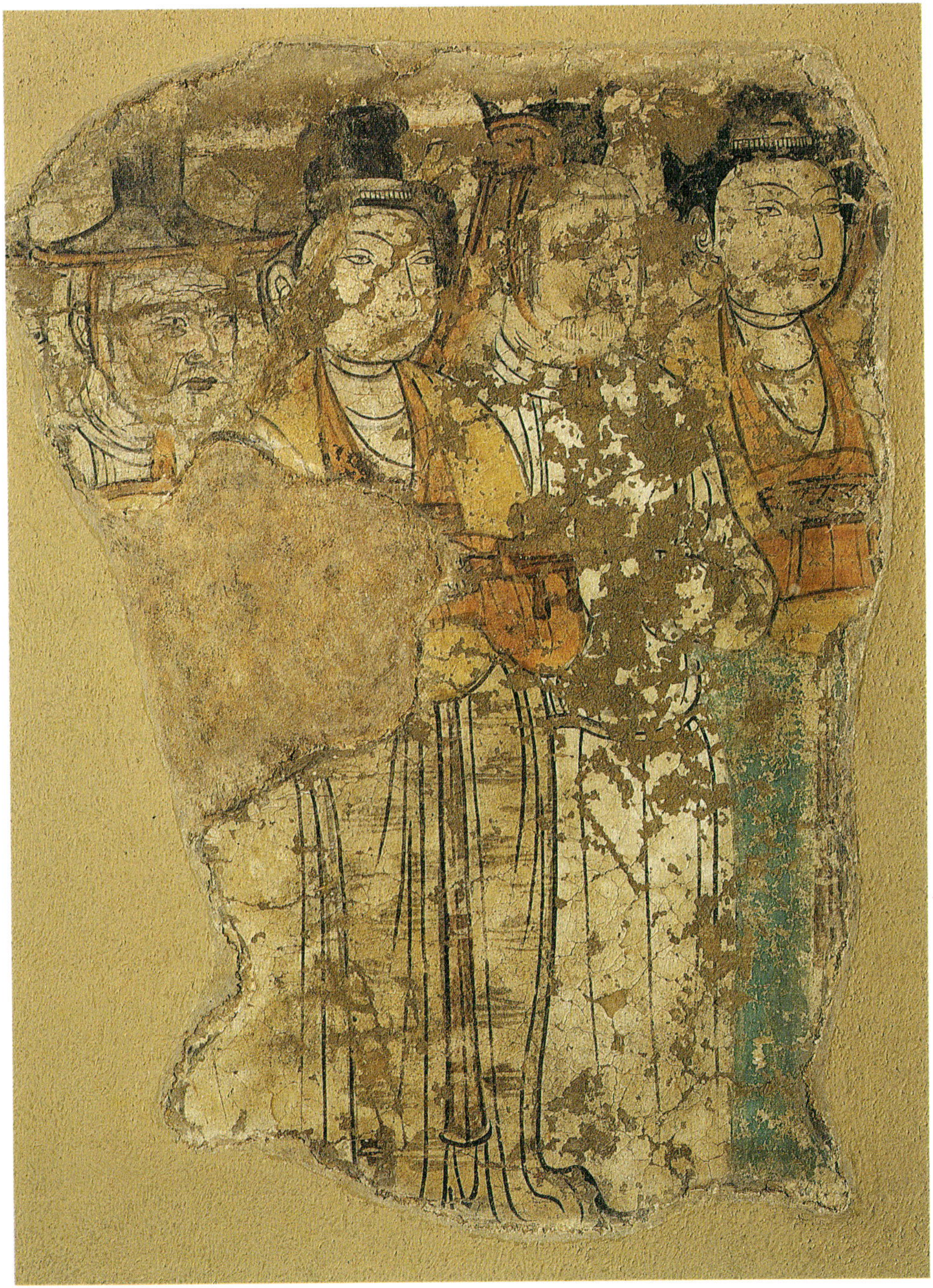

46 Stiftergruppe (?)
Schortschuq, Kirinhöhle, 8./9. Jh. n. Chr.
Wandmalerei, 37,8 × 48,5 cm
MIK III 8378

Die beiden Wände rechts und links der Höhle 7 in Schortschuq, auch Kirinhöhle genannt, waren mit Reihen von – wie es scheint – Stifterbildern verziert, zu denen vermutlich auch diese Gruppe gehörte. Sie setzt sich zusammen aus zwei Paaren: das zerfurchte Gesicht und die gebeugte Gestalt des ersten Mannes links sollen wohl sein hohes Alter andeuten. Er trägt einen ungewöhnlichen, großen schwarzen Hut mit breiter an den Seiten etwas aufgebogener Krempe, in dessen Mitte sich ein runder, hoher Aufsatz erhebt. Mit einem orangenen Band ist er unter dem Kinn befestigt. Sein langes, bis auf den Boden fallendes Gewand ist weißlichgelb mit rotgelbem Besatz über der Brust. Das Gesicht ist deutlich übermalt; die Stirnfalten, Konturen des Nasenbogens und die Augen erscheinen doppelt.

Die zu seiner Linken neben ihm stehende, größere Frau trägt ein kurzärmliges gelbes Jäckchen; am Halsausschnitt deutet sich ein orangenes Unterkleid an, dessen Ärmel die Unterarme bedecken. Ihr bodenlanges, faltenreiches, rötlichweißes Kleid scheint in der Mitte geschlossen. Über dem kreideweißen, unbeweglichen Gesicht türmt sich eine hohe Frisur auf, die von einem Band und Schmuckkämmen gehalten wird.

Die folgende Gestalt ist wieder die eines älteren Mannes, der das gleiche Gewand trägt wie der erste. Doch besteht seine Kopfbedeckung aus einem kroneähnlichen Hut, von dem hinten ein rotes Tuch herabfällt.

Die zweite Frauengestalt ist in jeder Einzelheit identisch mit der ersten, nur trägt sie ein grünes Kleid.

Die Gruppe vermittelt, durch die ungewöhnliche Kopfbedeckung der Männer, einen etwas fremdartigen Eindruck.

Publ. A. Grünwedel, Altbuddhistische Kultstätten in Chinesisch-Turkistan, S. 204 oben.
A. v. LeCoq, Die Buddhistische Spätantike in Mittelasien, III, Taf. 13 a, S. 40 f.

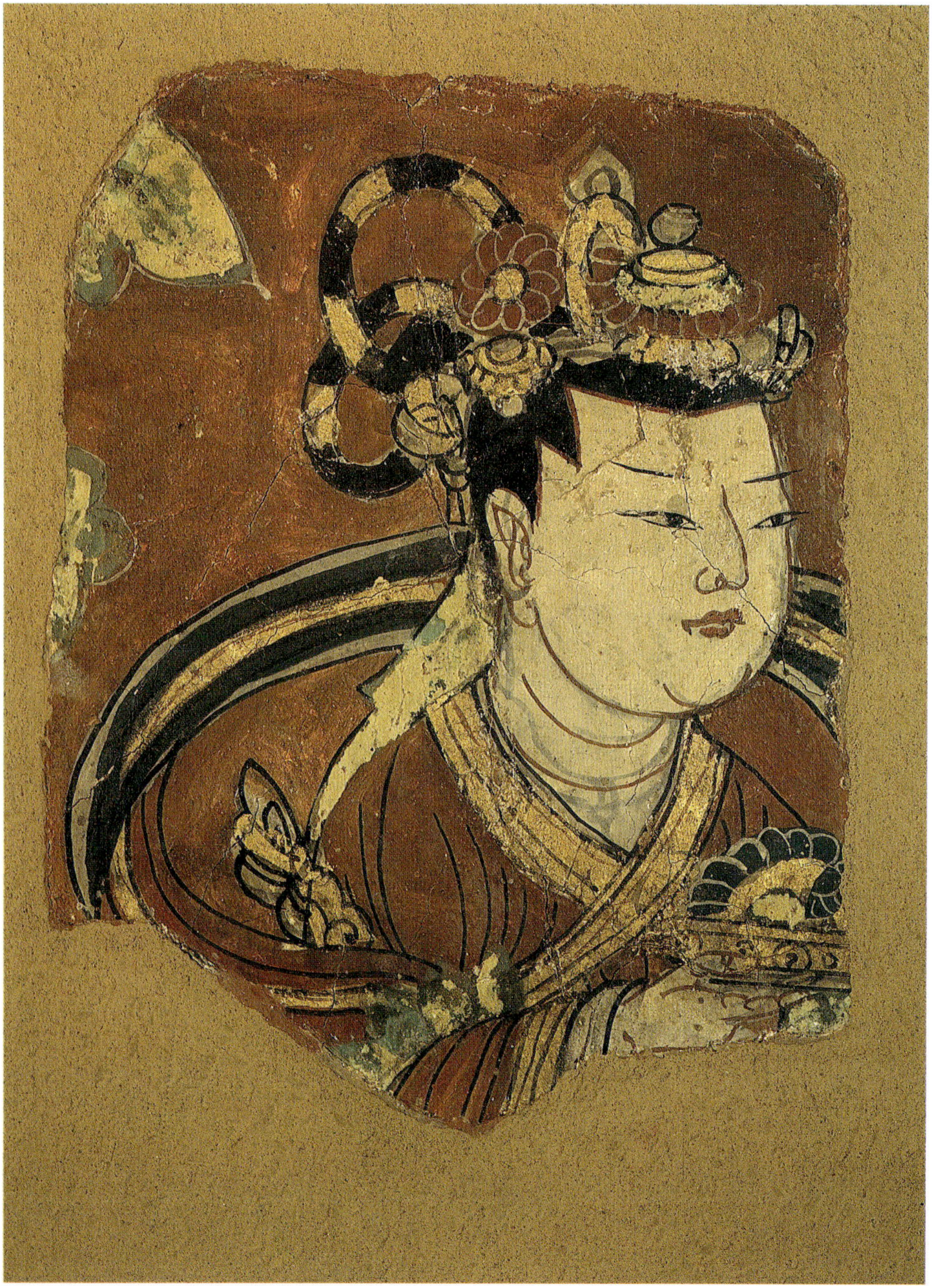

Fig. 18
Skizze der Tempel
bei Sängim
(nach Grünwedel).

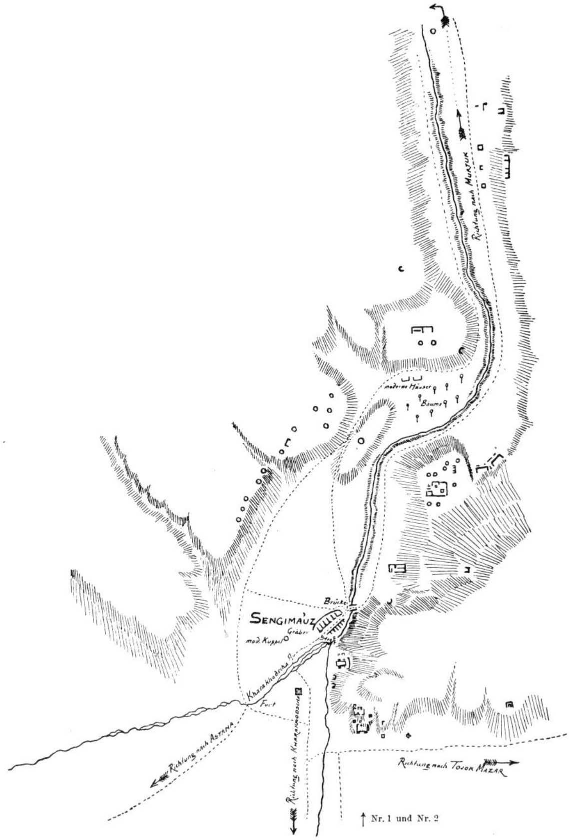

47 Gottheit mit Blütenschale
Sängim, 9. Jh. n. Chr.
Wandmalerei, 15,0 × 19,0 cm
MIK III 6761

Etwa vier Kilometer nördlich von Chotscho liegen die Tempelsiedlungen von Sängim[32] (s. Fig. 18). *„Es ist eine düstere, unheimliche Schlucht;"* so schreibt A. v. LeCoq, *„dräuend erheben sich steile Hügel besonders am linken Ufer, und Steinschlag und Lehmlawinen stürzen zur Zeit der Schneeschmelze oftmals prasselnd auf die schmalen Pfade. Trotz des abschreckenden Eindrucks dieser Landschaft ist die Schlucht auf ihrem linken oder westlichen Ufer mit einer Reihe von Tempeln besetzt, während die Höhlen des rechten Ufers mit zahlreichen indischen Grabmonumenten (stūpa) besetzt sind, deren einige auch unmittelbar am rechten Ufer des Stromes sich erheben."*[33]

Diese kleine Gottheit wurde im Schutt der Terrasse des Südtempels Nr. 10 gefunden. Ihr flächiges Gesicht scheint ausdruckslos; das Haar ist auf dem Hinterkopf zu einer kunstvollen, schleifenartigen Frisur gebunden; ein keckes kleines, blütenbesetztes Hütchen thront davor auf ihrem Kopf. Ein Tuch weht um ihr mantelähnliches, nach rechts geschlossenes Gewand. Die Gottheit hält eine Schale mit Blüten in den Händen.

Publ. A. v. LeCoq, Chotscho, Taf. 39 h.

48 Dämonenkopf
Sängim, Kleiner Stūpa, 8./9. Jh. n. Chr.
Lehm, bemalt; H: 30,3 cm
MIK III 8560

Dämonendarstellungen sind aus Zentralasien hinreichend bekannt, besonders im Zusammenhang mit dem Angriff des buddhistischen Versuchers Māra und seines Heeres auf den Bodhisattva. Doch bei diesem hier dargebotenen Stück scheint weniger ein furchterregender Geist gemeint zu sein, als eine skurrile Maske, wie wir sie noch heute in den Himalaya-Ländern finden.

Eine helmförmige, breite Kappe schmückt den Kopf. Die hervorquellenden Augäpfel unter den gar nicht drohend geschwungenen Brauen, die breite Nase und der große, ausdrucksvolle Mund geben dem Gesicht eine amüsante Note. Die starke Bemalung unterstreicht seinen maskenartigen Ausdruck.

Publ. A. v. LeCoq, Chotscho, Taf. 55 c.

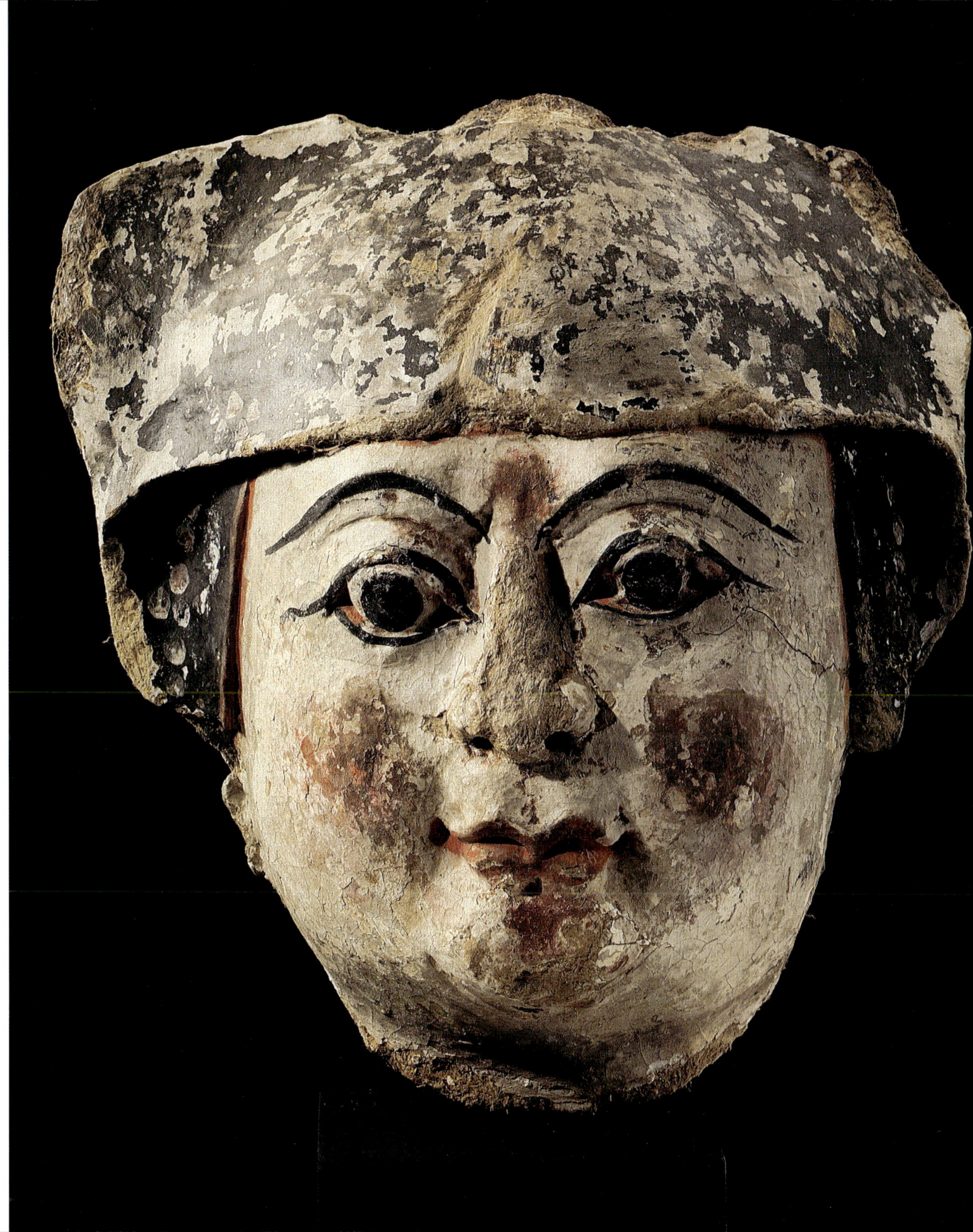

49 Blaufarbiger Dämon
Sängim, 8./9. Jh. n. Chr.
Lehm, bemalt; H: 21,7 cm
MIK III 8541

Dieses sehr ausdrucksvolle Gesicht eines Dämon wirkt furchterregend durch die unter dichten, gedrehten Augenbrauen hervorquellenden und seitwärts gerichteten Augäpfel, das große dritte Auge auf der Stirn und die Hauer in dem geöffneten Mund.

Publ. A. v. LeCoq, Chotscho, Taf. 55 o.

50 Kopf eines Brahmanen
Bäzäklik, Tempel 9, 8. Jh. n. Chr.
Wandmalerei, 15,5 × 20,0 cm
MIK III 6756

Zu den wichtigsten Ausgrabungsstätten im Turfan-Gebiet gehören die südlich des Dorfes Murtuq gelegenen Tempel von Bäzäklik (ostt. = Platz, an dem es Malereien und Ornamente gibt). Um dorthin zu gelangen, folgt man der Schlucht von Sängim in nördlicher Richtung bis zur Mündung des Murtuq-Baches in den Sängim-Fluß. Nach Ersteigung der hohen Klippen des rechten Ufers, stößt man auf einen schmalen, sich auf diesen Klippen entlangschlängelnden Weg, der zu den großen Klosteranlagen von Bäzäklik führt. Man nähert sich ihnen bis in allernächste Distanz, ohne daß sie vom Weg aus sichtbar werden; denn wie überall, waren auch hier die Mönche bestrebt, ihre Tempel und Wohnsiedlungen so weit entfernt wie möglich vom weltlichen Leben zu erbauen. Folgt man dem sich erweiternden Weg, der in einer breiten Ebene mündet, so gelangt man an eine Terrasse, die etwa zehn Meter über dem Bett des Baches in eine hufeisenförmige Krümmung der Ufer eingeschnitten ist (s. Fig. 19).

Im ganzen sind dort einige hundert Tempel erhalten, zum großen Teil Freibauten, die einst durch hölzerne Vorhallen miteinander verbunden waren, oder in den Stein geschnittene Höhlentempel. Eine ganze Reihe von Tempeln war ganz und gar vom Sand verschüttet oder vom Lößstaub zugedeckt, so daß die Erwartung hier viele gut erhaltene Zeugnisse früherer Kultur zu finden, nicht trog; andere dienten als zeitweilige Behausung der im Sommer ihre Ziegen hütenden Hirten und waren durch deren Lagerfeuer verräuchert und beschädigt.

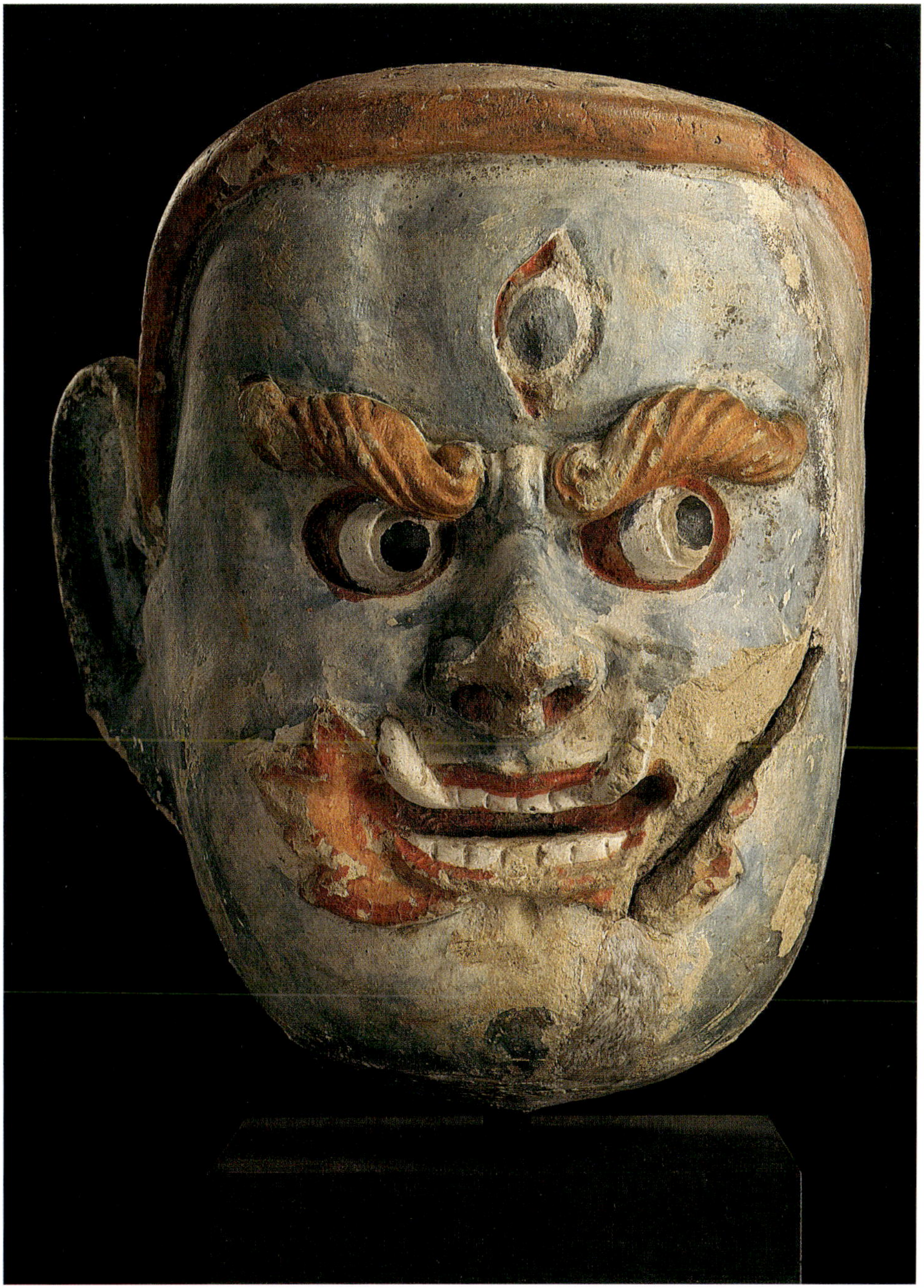

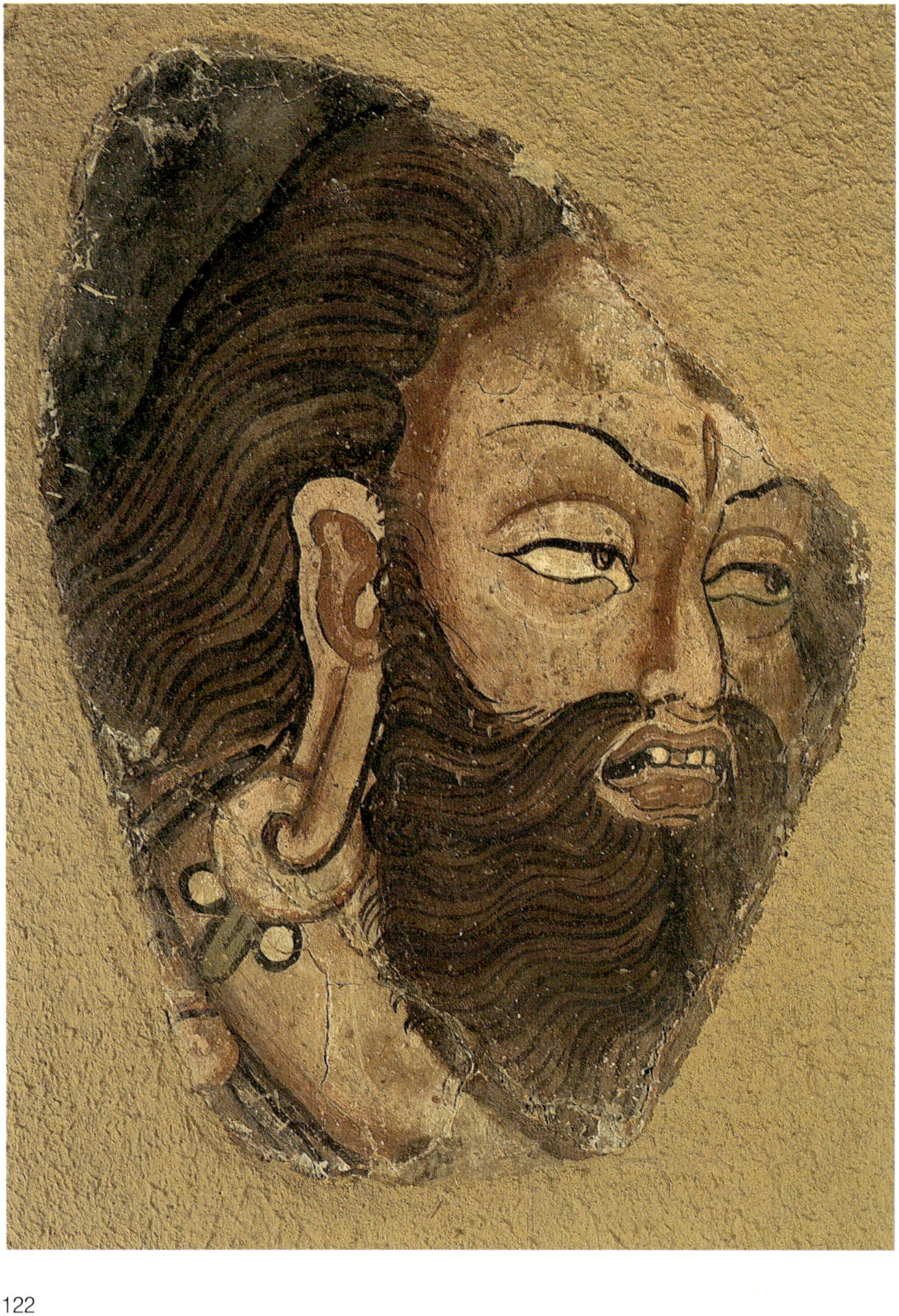

Im Schutt des Tempels 9, aus dem viele der wichtigsten und interessantesten Wandmalereien – die sehr großen Pranidhiszenen – stammen, fand man unseren Brahmanenkopf. Erregt scheint er einer Diskussion beizuwohnen. Seine langen, bewegt flatternden Haarsträhnen, der dichte Bart und der leicht geöffnete Mund, in dem einige Zähne sichtbar werden, unterstreichen den aufgebrachten Eindruck.

Stilistisch geht diese Malerei, entgegen den meisten anderen hier gefundenen, auf indisch beeinflußte Vorbilder zurück.

Publ. A. v. LeCoq, Chotscho, Taf. 39 d.

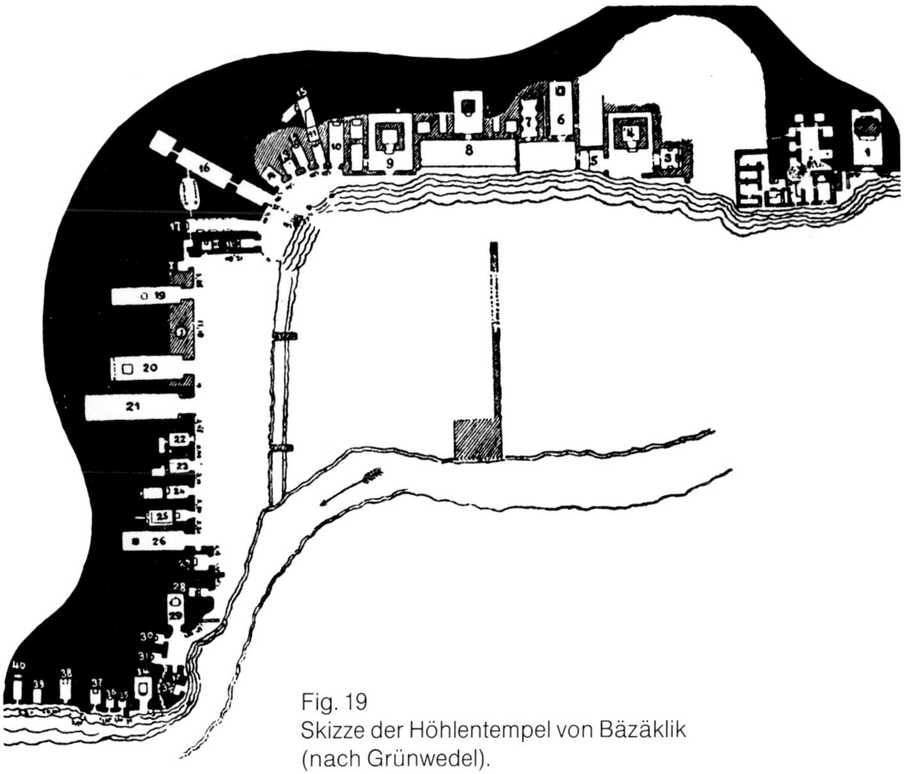

Fig. 19
Skizze der Höhlentempel von Bäzäklik (nach Grünwedel).

51 Dämon mit Lampe

Bäzäklik, Tempel 9, 9. Jh. n. Chr.
Wandmalerei, 25,7 × 64,2 cm
MIK III 6875

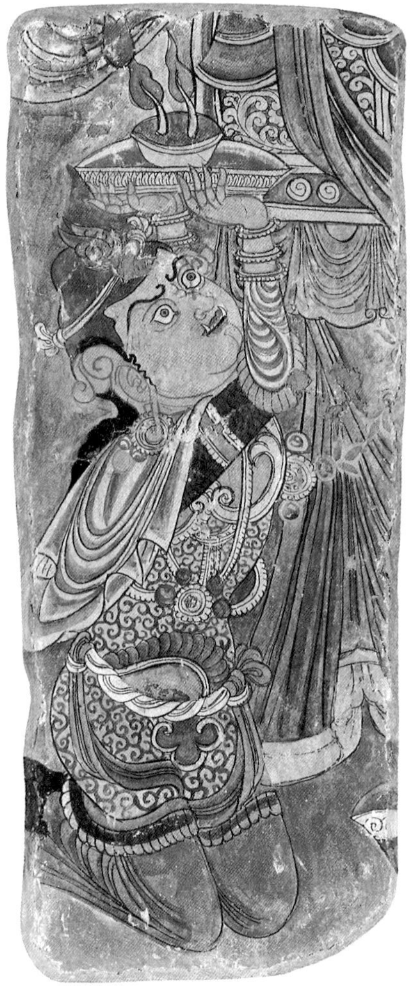

Durch die Vorhalle des Tempels 9 gelangte man über zwei stucküberzogene Stufen in die Cella. Auf den Türlaibungen hatten sich einst Malereien befunden, doch waren am linken Pfeiler so viele abgestürzt, daß nur noch die Reste einer lebensgroßen, weiblichen Gottheit, wahrscheinlich der Göttin Hāritī, erkennbar waren. Der rechte Pfeiler trug die Umrisse einer männlichen Gestalt mit Rüstung, die sicherlich den Gott Kubera darstellen sollte. Zu seiner Rechten kniete dieser Dämon als Lampenträger. Sein rundes, dickliches Gesicht hat durch die weit geöffneten, hervortretenden Augen, die künstlichen Brauenlinien und die Fangzähne im Mund einen grotesken Ausdruck erhalten. Die Haarkappe ähnelt der Frisur des Buddha, doch ist die Kopftracht hier durch ein Band mit Vogelfedern geschmückt. Das Gewand besteht aus einem schmucklosen Unterkleid und einem überaus phantasievollen Überrock. Der kniende Dämon hält mit beiden Händen eine Lampenschale empor, in der ein kleines Lichtergefäß mit zwei brennenden Dochten steht. Rechts sind farbige Dekorationen sichtbar, die als Reste des einstigen Gesamtbildes in das Bruchstück hineinragen.

Publ. A. v. LeCoq, Chotscho, S. 15. Ausstellungskataloge des Museums für Indische Kunst, 1971, 1976, 1986, Nr. 524. M. Bussagli, Die Malerei in Zentralasien, S. 102, 104. H. Härtel – J. Auboyer, Indien und Südostasien, Abb. 246, S. 268.

52 Drache im See

Bäzäklik, Tempel 19, 9. Jh. n. Chr.
Wandmalerei, 56,0 × 66,0 cm
MIK III 8383

Die als Tempel 19 bezeichnete Kulthalle in Bäzäklik ist ein in den Stein geschnittener Höhlentempel, bestehend aus einem Tonnengewölbe mit bogenförmigem Fenster über der Eingangstür. Der Kultbildsockel ist ungewöhnlich weit nach vorn gerückt, so daß der hinter ihm liegende Raum beinahe ebenso groß ist, wie die vor ihm befindliche Cella.

Das hier wiedergegebene Wandbild ist Teil einer größeren Darstellung der rechten Sockelseitenwand, die uns leider weder in Beschreibung noch im Bild vollständig überliefert ist. Dargestellt sind stilisierte Berge, in deren Tälern verschiedenartige Bäume stehen; sie umgeben einen See, aus dem ein zweihörniger, leicht geflügelter Drache auftaucht. Sichtbar ist der Vorderleib mit den Krallenfüßen, der weißmähnige Hals und der Kopf des Ungeheuers. Der Rachen ist unter den zornig blickenden Augen weit geöffnet. In einem Tal im Vordergrund sind Kopf und Rückenpartie einer Gazelle sichtbar.

Welcher Legende dieses Wandbild zuzuordnen ist, ist nicht mit Sicherheit bestimmbar.

Publ. A. v. LeCoq, Die Buddhistische Spätantike in Mittelasien, III, Taf. 22, S. 49 f. Ausstellungskataloge des Museums für Indische Kunst, 1971, 1976, 1986, Nr. 537. M. Bussagli, Die Malerei in Zentralasien, S. 104, 109.

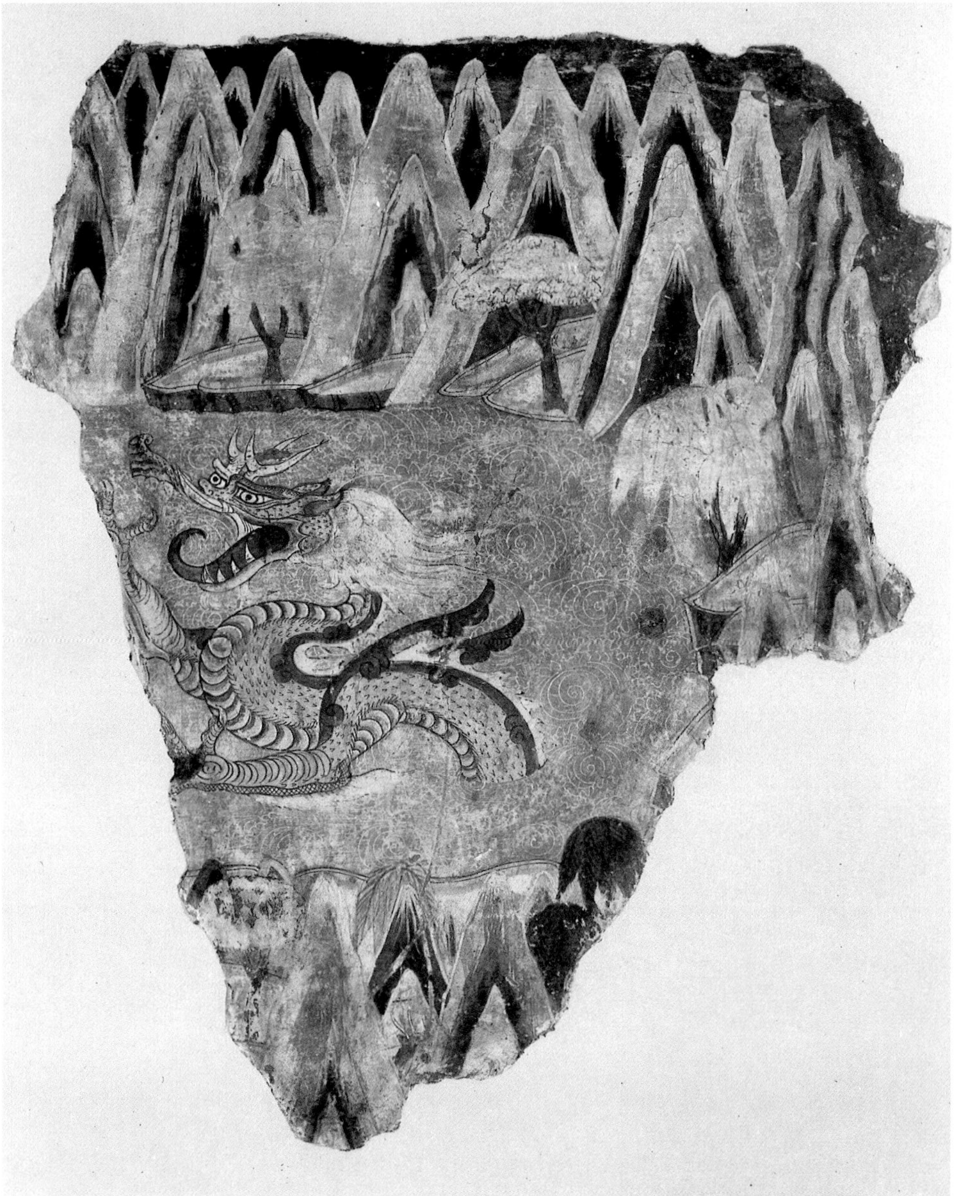

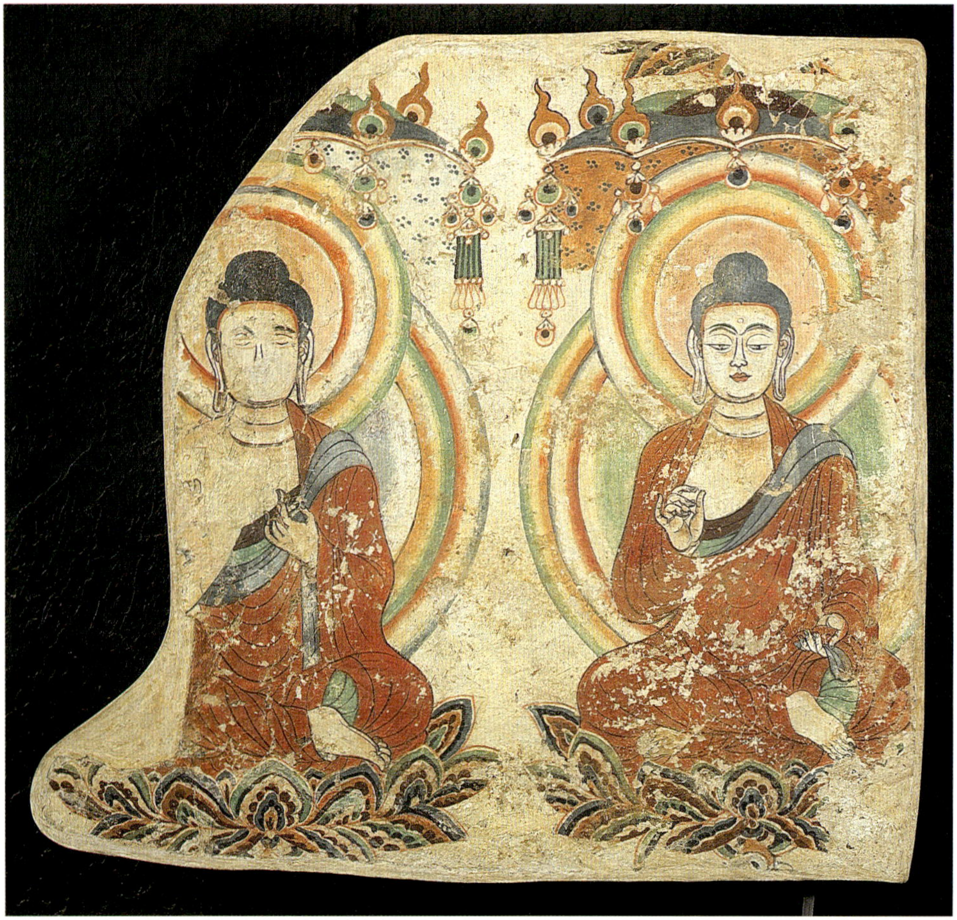

53 Sitzende Buddhas
Bäzäklik, Tempel 19, 9. Jh. n. Chr.
Wandmalerei, 72,0 × 67,0 cm
MIK III 8382

Diese Reihe fast identischer Buddhabilder stammt aus den Ecken des Sockels des Tempels 19. Zwei bis auf die Handhaltung gleiche Buddhas sitzen unter glockenbehängten, edelsteinbesetzten Schirmen mit verschränkten Beinen auf großen stilisierten Lotusblüten. Die linke Figur hat die linke und wahrscheinlich auch die rechte (stark beschädigte) Hand lehrend erhoben;

der zweite Buddha doziert mit erhobener Rechter, während die Linke ein Gewandende hält. Die Körperaureolen und Kopfnimben geben dem Bild durch harmonievolle Farbabstufungen große Wärme. Der ostasiatische Charakter dieser im buddhistisch-chinesischen Stil ausgeführten Malerei ist nicht zu übersehen.

Publ. A. v. LeCoq, Die Buddhistische Spätantike in Mittelasien, III, Taf. 21, S. 49. B. Rowland, Zentralasien, S. 192, 193. Ausstellungskataloge des Museums für Indische Kunst, 1971, 1976, 1986, Nr. 539. H. Härtel – J. Auboyer, Indien und Südostasien, Abb. 250, S. 269.

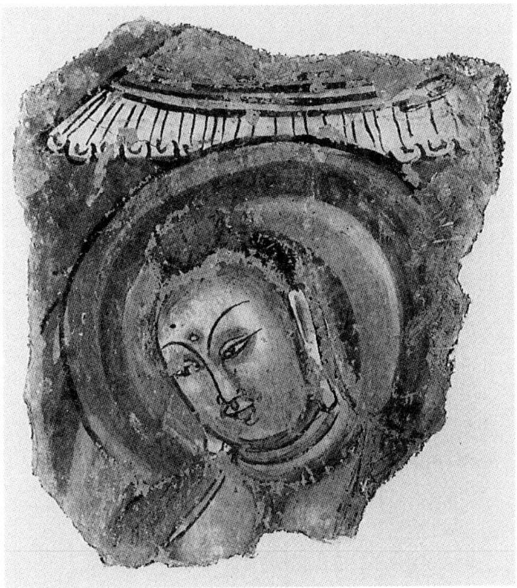

54 Buddha unter Schirm
Chotscho, 7. Jh. n. Chr.
Wandmalerei, 21,0 × 23,5 cm
MIK III 8731

Obwohl das Turfan-Gebiet aufgrund seiner geographischen Lage eher östlichen als westlichen Kulturströmungen ausgesetzt war, lassen sich doch auch hier Belege für das Schaffen indo-iranischer Künstler heranziehen. Zwar gibt es keine Beispiele der frühesten Wandmalereien in Chotscho, doch ist das hier ausgestellte Bild mit Sicherheit dem 2. indo-iranischen Stil zuzurechnen.

Dieser sehr schöne, leicht nach links geneigte Kopf eines Buddha ist von einem ovalen Nimbus umgeben und mit einem recht ungewöhnlich gestalteten Schirm bekrönt. Die Physiognomie des Gesichts erinnert, trotz seiner sehr starken Konturierung durch breite Schattenflächen, eher an die Darstellung des Buddha auf dem Drachenschiff aus der Musikerchorhöhle in Kyzil (s. Nr. 17), als an chinesische Vorbilder.

Publ. Das Bild des Buddha, Nr. 61, S. 128, 131.

55 Teil einer Pranidhiszene
Chotscho, Tempel α, 9. Jh. n. Chr.
Wandmalerei, 86,0 × 179,0 cm
MIK III 4458 b

In der hohen Mauer der gewissermaßen inneren Umrandung der Stadt liegt im Südwesten eine Ruine, die A. Grünwedel mit Tempel α bezeichnet (s. Fig. 20). Die Anlage besteht aus mehreren Räumen, von denen der Raum A mit der Cella G die schönsten Wandgemälde beherbergte. Die Innenwände der Mauern des Zimmers und die Außenwände des Ganges waren einst mit Darstellungen bedeckt, die teilweise abgestürzt, teils schrecklich zerstört waren. Doch genügen die Reste noch, um zu zeigen, daß es sich hier um Pranidhiszenen gehandelt haben muß. Unter Pranidhiszenen versteht man bestimmte Arten von Bodhisattvalegenden, in denen der Bodhisattva, der spätere Buddha, in einer früheren Geburt dem Buddha der entsprechenden Weltperiode begegnet, ihm Verehrung erweist und den Wunsch (pranidhāna) verkündet, selbst ein Buddha zu werden.

Auch bei dem hier ausgestellten Wandgemälde handelt es sich um die Illustration einer solchen Legende. Gewöhnlich ist die Komposition jener Bilder folgende: Ein großer Buddha steht im Zentrum, umgeben von kleineren stehenden oder knienden Bodhisattvas. Die linke der beiden hier dargestellten Gottheiten scheint der rechten, interessiert lauschenden eine Erklärung abzugeben. Ihre sichtbare linke Hand ist in der Geste der Argumentation lebhaft erhoben. Die Köpfe beider Gestalten sind von dekorierten Nimben umgeben, deren Ränder minutiös mit Rankenmotiven ornamentiert sind. Ihre teils auf dem Oberkopf abgebundenen, teils lockig auf die Schultern herabfallenden Haare sind von Ketten durchzogen und mit Blüten besetzt. Beide Figuren sind mit prachtvollstem Schmuck überhäuft. Um den nackten Oberkörper der linken Gestalt windet sich ein Schal, auf den Schultern der rechten erscheint außerdem noch ein mit einer Brosche verschlossenes Tuch. Beide Unterkörper sind umschlungen von Tüchern, die zu Schleifen gebunden sind.

Publ. A. Grünwedel, Bericht über archäologische Arbeiten in Idikutschari..., Taf. VII, S. 65.

Fig. 20
Plan des Tempels α, Chotscho (nach Grünwedel).

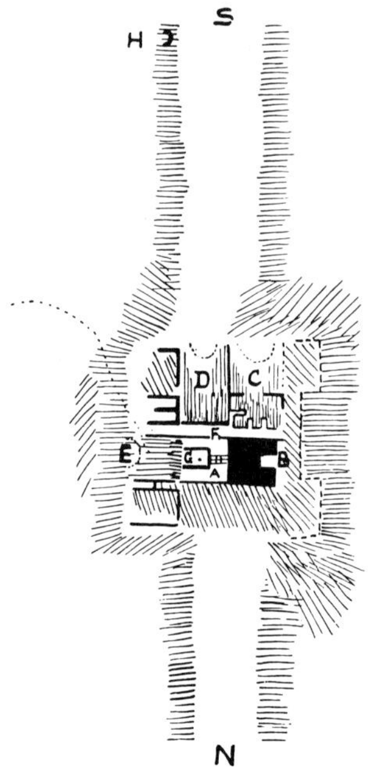

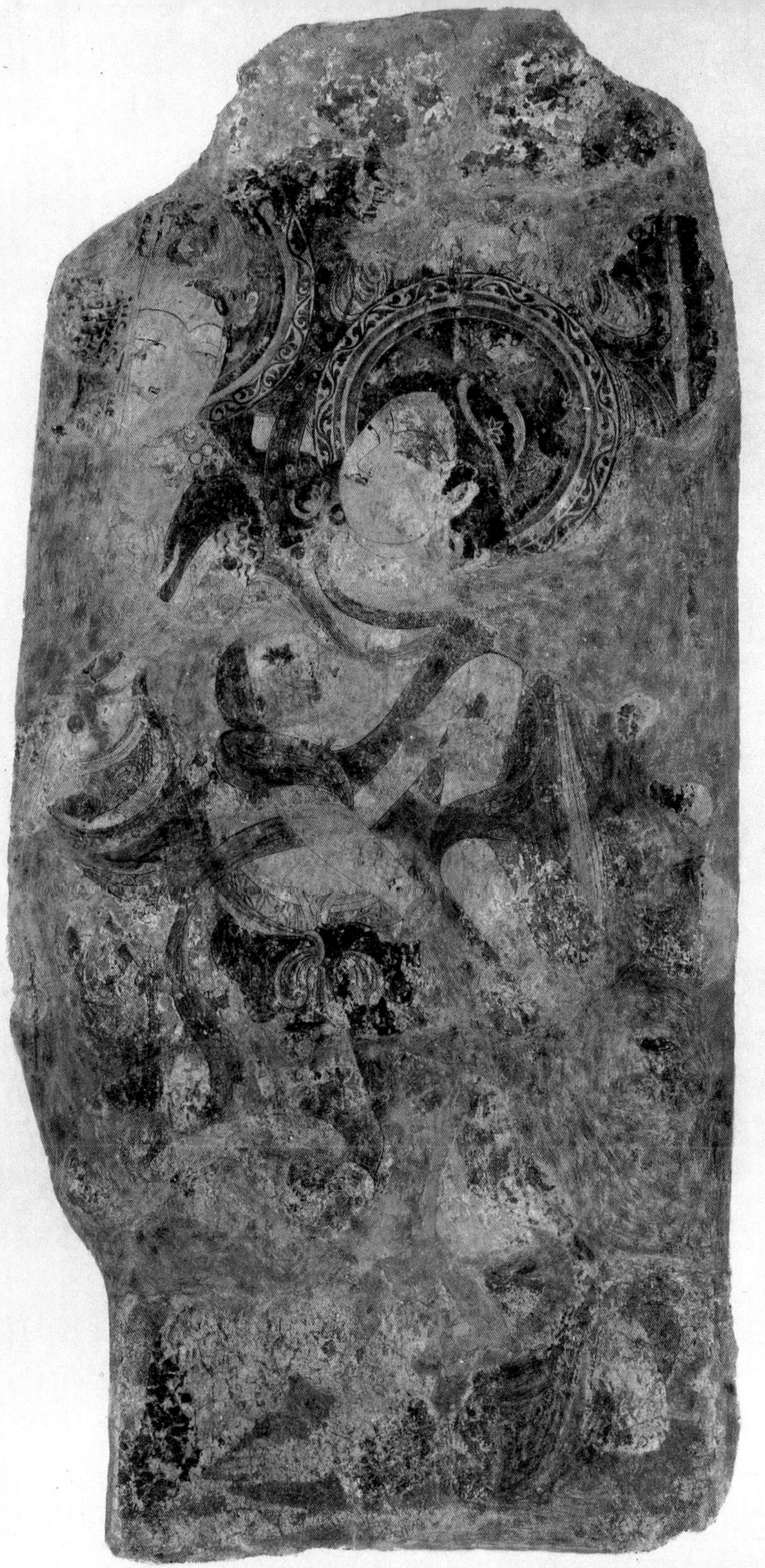

56 Bildnis der Göttin Hārītī
Yarchoto, 9. Jh. n. Chr.
Malerei auf Stoff (Ramie), 37,0 × 51,0 cm
MIK III 6302

Dieses Hängebild trägt die Darstellung der Göttin Hārītī, der Schutzgottheit der Kinder. Sie sitzt auf einem reich verzierten, bankartigen Thron nach links gewandt und reicht einem Säugling, der auf ihrem Schoß liegt, die Brust. Die Göttin trägt ein weißgefüttertes, karminrotes Kopftuch, das dem des Bodhisattva Kshitigarbha sehr ähnlich ist. Es ist mit bestickter Schmuckborte eingefaßt und wird durch zwei seitliche Bänder in Ohrhöhe auf dem Hinterkopf zu einer Schleife gebunden. Den Kopf der Hārītī umgibt ein gelb-roter Nimbus. Geschmückt ist die Göttin nur mit Ohrringen und einer aus dunklen Perlen zusammengestellten, eng dem Hals anliegenden Kette. Sie trägt ein rotes, auf die Füße herabfallendes, in der Mitte geschlossenes Gewand, dessen Kragen und Ränder mit der gleichen gestickten Borte versehen sind wie das Kopftuch. Gelbe, durch zwei im rechten Winkel aufeinanderstehende schwarze Linien in vier Felder geteilte Rauten bilden die Musterung des Kleides. Ihr rechter, erhaltener Fuß steckt in einem zierlichen, dunkelgefärbten Ballerinaschuh und ruht auf dem mit Rankenornament verzierten Untergestell des Thrones.

Um die zentrale Figur der Hārītī gruppieren sich acht recht klein dargestellte spielende Kinder, die dicken chinesischen Putten gleichen. Ihre Körper sind bis auf ein durch die Beine gezogenes und auf dem Rücken zu einer Schleife gebundenes Hüfttuch nackt. Sie gehen verschiedenen Tätigkeiten nach: Einige spielen Ball, einer macht auf einer Gitarre Musik, ein anderer trägt eine große Schüssel mit geschnittenen Melonenscheiben, und wieder ein anderer hat ein Wassergefäß auf dem Kopf.

Publ. A. Foucher, La Madone bouddhique. A. v. LeCoq, Chotscho, Taf. 40 b.

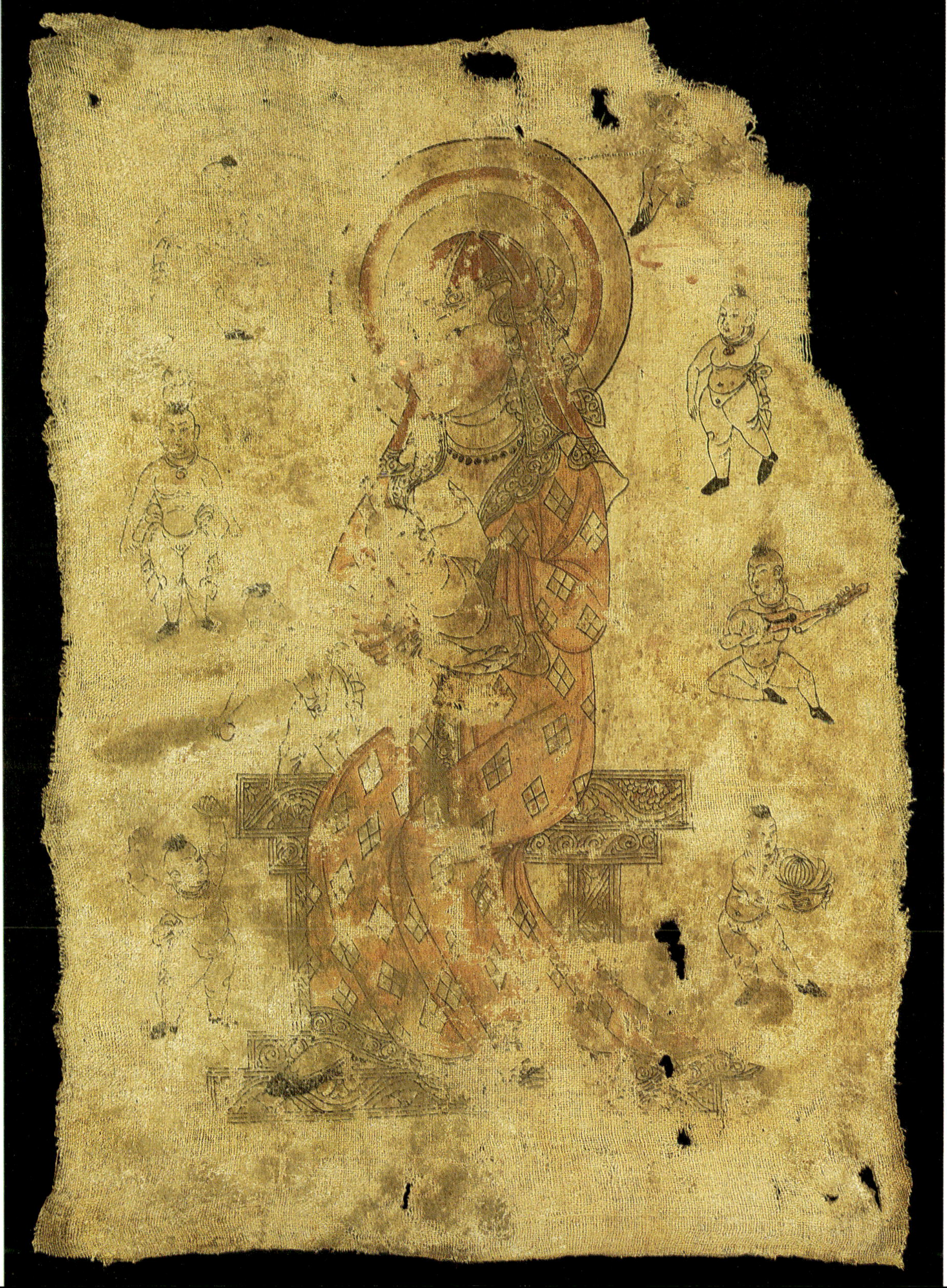

57 Der Bodhisattva Avalokiteśvara
Murtuq, 9./10. Jh. n. Chr.
Malerei auf Stoff (Ramie), 59,0 × 95,0 cm
MIK III 8559

Trotz zahlreicher fehlender Teile ist dieses Andachtsbild, eingerahmt von einem Band roter Kreise auf weißem Grund, in seiner Gesamtkomposition noch gut zu erkennen. In hieratischer Strenge thront der Bodhisattva Avalokiteśvara in Meditationshaltung auf einem Lotus, dessen Stamm aus einem Teich aufwächst. Zu beiden Seiten des Stammes stehen zwei kleine Adoranten, die vermutlich einst weiße Gewänder trugen.
Avalokiteśvara hat die Rechte im Gestus der Argumentation (vitarka-mudrā) erhoben, die Linke hält er vor seinen Leib. Auf der Handfläche steht eine Flasche, eines seiner Attribute, in der sich göttlicher Nektar befindet.
Der reich gekleidete und geschmückte Bodhisattva trägt in seiner Krone – ein Anhänger der Krone ist auf dem Bild noch zu erkennen und zeugt von der Pracht, mit der der Künstler ihn ausgestattet hat – das Bildnis des Buddha Amitābha. Kopf und Körper des Avalokiteśvara sind von Nimbus und Mandorla hinterfangen, die weiße Perlmusterornamente aufweisen.
Den Bodhisattva Avalokiteśvara umgeben auf dunkelblauem Grund, in den Wunschjuwelen eingestreut sind, je drei Bodhisattvas links und rechts, die möglicherweise seine Erscheinungsformen darstellen sollen. In der Mitte links sitzt, in ein weißes Gewand gehüllt, ein weißes Tuch über dem hohen Kopfputz, eine der chinesischen Erscheinungsformen Avalokiteśvaras, die sog. Baiyi Guanyin, die Weiße-Gewand-Guanyin (Guanyin = chinesischer Name des Avalokiteśvara), oder die sog. Songzi Guanyin, die Kinderspenderin Guanyin. Die Figur hier hat die rechte Hand erhoben und deutet mit dem Zeigefinger auf ein Kind, das sie auf ihrer linken Handfläche trägt. Die anderen fünf Bodhisattvas weisen sich nicht durch besondere Attribute aus. Ihre Größen sind unterschiedlich.
Über dem Kopfnimbus der Zentralfigur liegt ein rotes Wolkengebilde, aus dem zehn Äste aufsteigen, die vermutlich Lotussockel trugen, auf denen je ein Buddha in Meditationshaltung sitzt. Die Buddhas tragen alternierend braune und rote Gewänder. Der Buddha ganz rechts ist nicht mehr erhalten. Vermutlich handelt es sich um die Gruppe der zehn Buddhas, die im Amitābha-Kult je einer der zehn Richtungen zugeordnet werden.
In der unteren Bildzone knien links und rechts einer Kartusche mit uigurischer Stifterinschrift je drei Frauen und Männer. Von den männlichen Stifterfiguren sind nur noch Teile der Köpfe erhalten. Die Frauen tragen uigurische Gewänder mit breiten Bordüren. Frisuren und Make-up sind chinesisch, wie an der mittleren der drei Frauen deutlich wird.
Die Inschrift ist zum großen Teil unleserlich, dennoch gehen daraus hervor: der Name des Stifters, die Nennung der ‚guten Tat' der Stiftung des Bildes (die entsprechende Stelle selbst ist nicht mehr zu entziffern) und der Wunsch, daß die in dem Text genannten Personen aus der Wiedergeburt in schlechte Existenzformen befreit werden und die Buddhaschaft erlangen mögen.[34] Im Text wird u. a. auch der Begriff triratna, d. h. ‚Drei Edelsteine', erwähnt. Im volkstümlichen Buddhismus wird damit vielfach eine Dreier-Konfiguration in Tempeln bezeichnet. Hier dürfte es sich um die Darstellung des Buddha Amitābha, links neben ihm des Bodhisattva Avalokiteśvara und rechts neben ihm des Bodhisattva Mahāsthāmaprāpta oder Manjuśrī gehandelt haben. So können wir annehmen, daß dieses Andachtsbild den linken Teil eines Triptychons gebildet hat.

Publ. Das Bild des Buddha, Abb. 59.

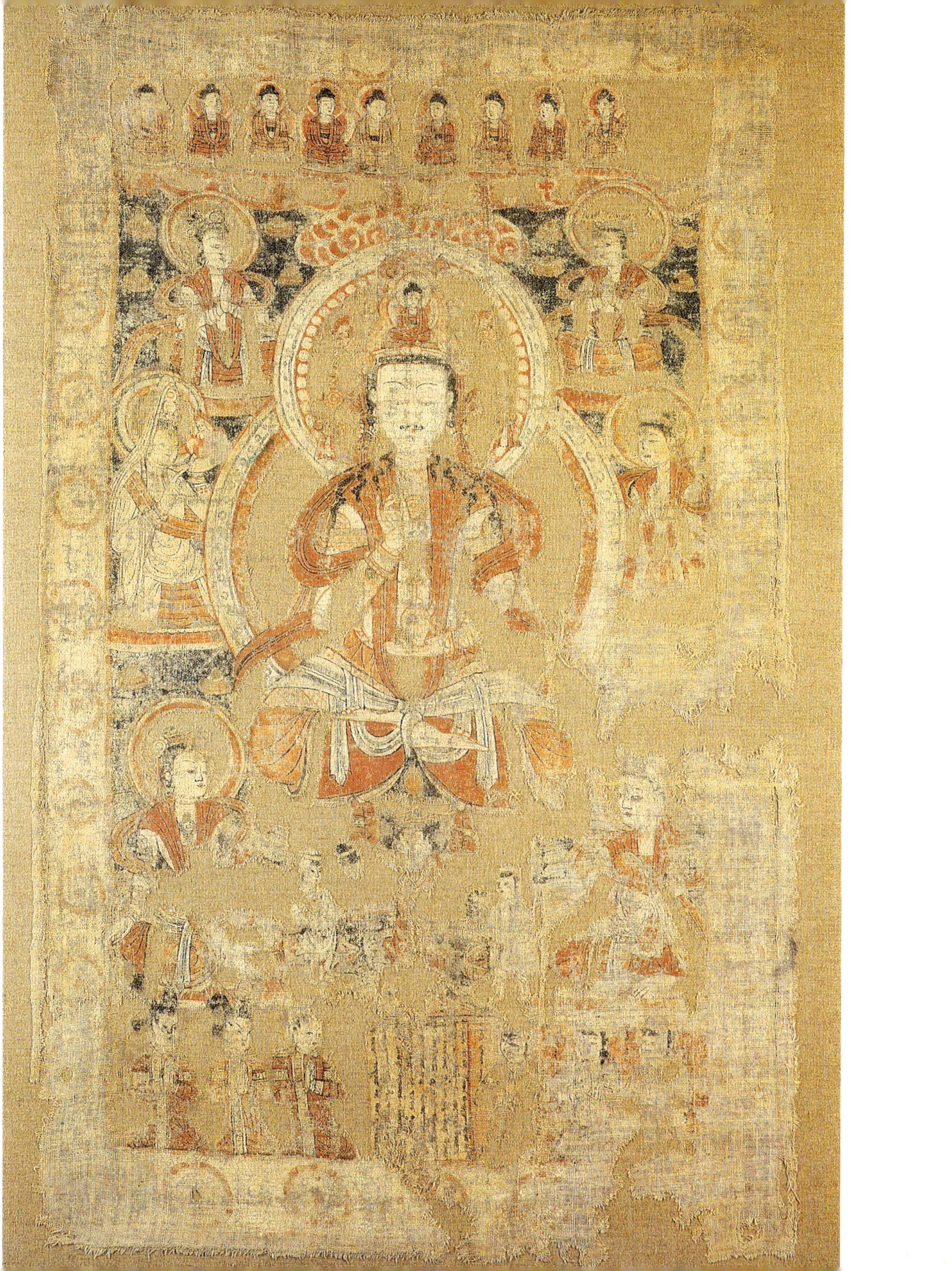

58 Votiv-Stūpa
Chotscho, 5. Jh. n. Chr. (?)
Roter Sandstein, H: 66,0 cm
MIK III 6838

Aus dem Schutt des ‚Khan's Palast' (Ruine E) wurde dieser Votiv-Stūpa geborgen. Er besteht aus einem oktagonalen Unterteil, einem zylindrischen Mittelstück und lotusüberdachtem Kopfteil mit acht Nischen. Diese Nischen enthalten größtenteils zerstörte Buddhafiguren in Meditationshaltung; soweit überhaupt noch erkennbar ist einer darunter, dessen Schultern zwar vom Gewand bedeckt sind, dessen Brust jedoch unbekleidet erscheint. Die anderen sieben sind vollständig bekleidet. Die Spitzen der Nischenbögen verlaufen in den Zwischenlinien von herabhängenden Lotusblättern. Der Stūpa läuft in ein achteckiges Kronenteil aus, dessen Felder Zinnenornamente tragen.

Auf dem Mittelstück befinden sich, rundum laufend, 35 Kolumnen mit den 12 Nidānas in chinesischer Schrift und Sprache.

In die acht Felder des Stūpaunterteils sind Bodhisattva-Figuren eingeritzt.

A. Soper vergleicht diesen Votiv-Stūpa mit anderen in den Höhlen des Nord-Wei-Stils in Kansu gefundenen, die zwischen 420 und 430 datiert sind. Er glaubt nachweisen zu können, daß auch dieser in der Mitte des 5. Jh. n. Chr. entstanden ist.[35]

Publ. A. v. LeCoq, Chotscho, Taf. 60 (chinesischer Text im Text zu Taf. 60 reproduziert). Ausstellungskataloge des Museums für Indische Kunst, 1971, 1986, Nr. 501.

59 Einer der Zehn-Könige
Yarchoto, 8./9. Jh. n. Chr.
Malerei auf Papier, 26,8 × 18,0 cm
MIK III 6327

Neben den Wandmalereien spiegeln ganz besonders die Buchillustrationen den religiösen Geist ihrer Zeit wider. Sie wurden alle in der Turfan-Oase gefunden und unterteilen sich in die mit viel Gold und Deckfarben gemalten Miniaturen, schwarze oder weniger kolorierte Zeichnungen und Blockdrucke. Die eigentlichen Miniaturen stammen größtenteils aus manichäischen Büchern in mitteliranischer Sprache, ihre Maler waren höchstwahrscheinlich Sogder. Die Holzschnitte dagegen sind buddhistisch in ihrem Inhalt, ihre Sprache ist entweder chinesisch oder uigurisch.

Die kolorierten oder unkolorierten Zeichnungen sind verschiedenen Texten zuzuordnen, von denen einer hier anhand der folgenden beiden Ausstellungstücke vorgestellt werden soll. Wie

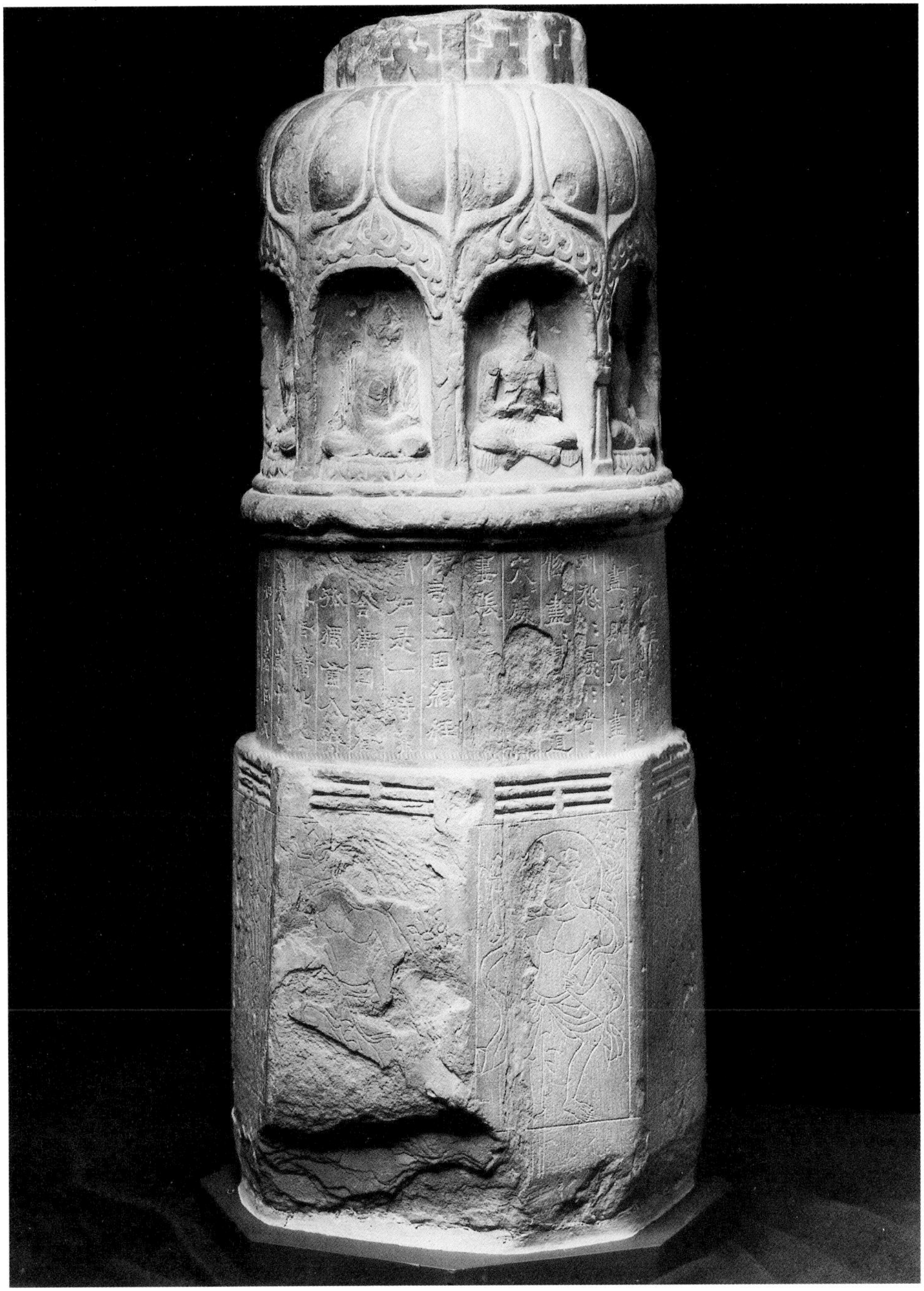

A. v. Gabain[36] nachweist, handelt es sich um einen Text, der sich mit dem in Zentralasien weit verbreiteten Kshitigarbha-Kult befaßt, frühestens aus dem 8. nachchristlichen Jahrhundert stammt und folgenden Titel trägt: „Die Zehn-Könige veranlassen die Sieben."

Zur näheren Erklärung dieses etwas merkwürdig anmutenden Titels bemerkt A. v. Gabain folgendes[37]: *„In Wort und Bild wird dargelegt, wie jeder Mensch nach seinem Tode vor dem Richtertisch von zehn Unterweltskönigen erscheinen muß, nämlich nach den 1., 2., 3... usw. bis 7. Siebentagen, die auf sein Ableben folgen, ferner nach 100 Tagen, nach einem Jahr und schließlich nach 3 Jahren... Wie bei einem irdischen Gericht wird dem Verstorbenen aus einer Anklageschrift, nämlich einer Buchrolle, vorgehalten, was er an zu geringem Guten und zahlreichem Bösen getan hat. Er wird von jedem der Zehn-Könige gescholten, von dessen Schergen bedroht, in einen Pranger gesteckt und sogar gepeinigt. Schließlich sieht er sich vor dem Tor zu einer infernalischen Burg. Angesichts dieser, seiner verzweifelten Lage ist es nötig – so*

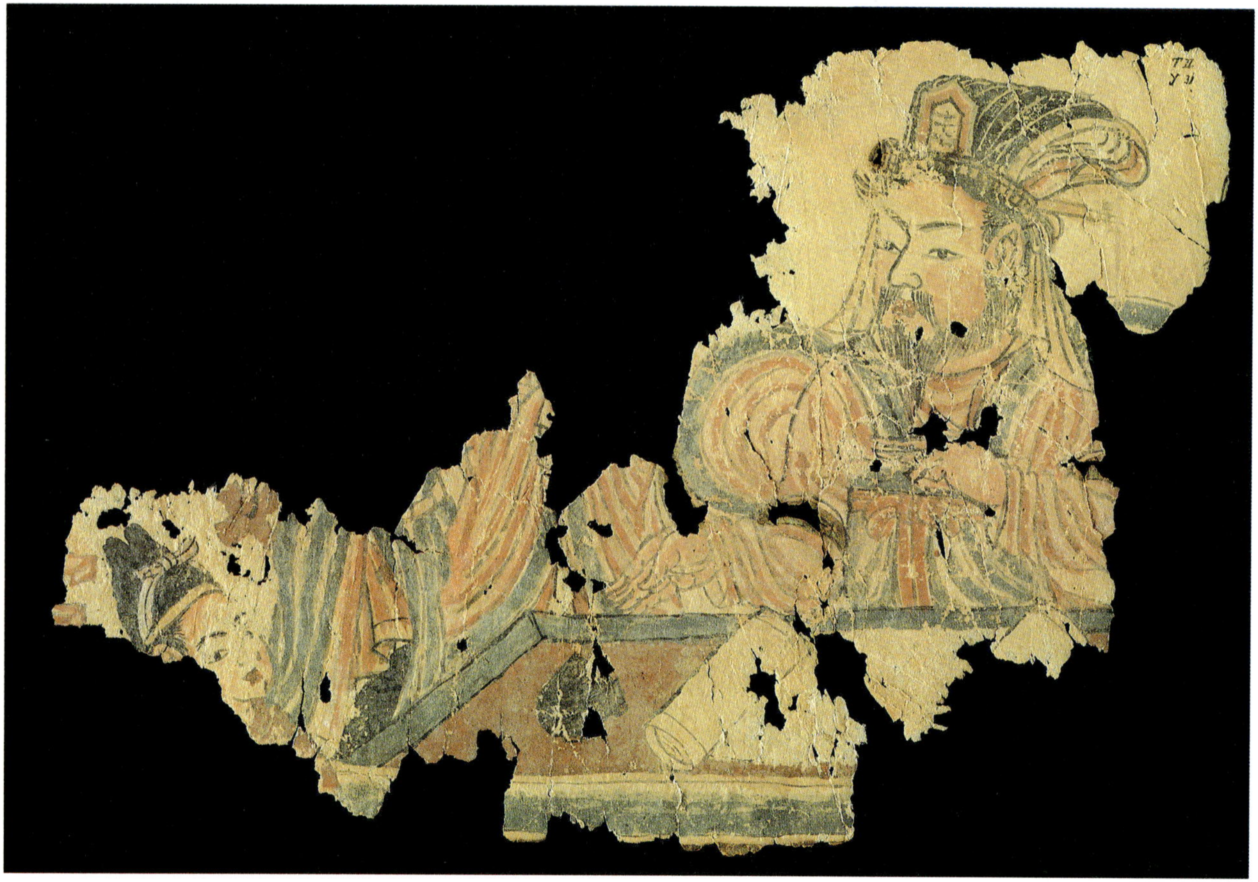

wird im Text wiederholt empfohlen –, daß fromme Hinterbliebene für ihn puṇya, *Verdienst' erzeugen, indem sie heilige Texte kopieren und... ,Bilder' bzw. ,Skulpturen' herstellen lassen. Wenn einem Verstorbenen solche Hilfe zuteil wird, wird selbst der letzte der Zehn-Könige milde, es erscheint ihm Kṣitigarbha... und errettet ihn vor diesem Gefängnis, ja er geleitet ihn sogar zu Amitābha in sein ,Westliches Paradies'."*

Kshitigarbha, einer der zahlreichen Bodhisattvas, tritt hier als großer Erlöser auf und scheint in besonderer Beziehung zum Totenkult gestanden zu haben. Aus illustrierten Abschriften des zentralasiatischen Textes, die in Tun-huang im 10. Jahrhundert entstanden sind, läßt sich nachweisen, daß eine ganze Reihe von Zeichnungen der Berliner Turfansammlung zu einem analogen Text gehört.

Auf der ausgestellten Malerei sitzt ein bärtiger Mann, einer der Zehn-Könige, an einem Tisch. Ein Schildchen in der Mitte seiner Kappe, von der ein Schleier herabhängt, trägt die chinesische Beschriftung ,König'. Sein Obergewand mit den weiten Ärmeln ist chinesisch, das Unterkleid wird mit einer Schärpe hochgegürtet. Vor ihm auf dem Tisch liegt die Anklageschrift in Form einer Buchrolle. Die kleine Gestalt unten links soll einen der Jünglinge vorstellen, die dem Text zufolge eine Waage herbeibringen, um die guten und die schlechten Taten der Verstorbenen gegeneinander abzuwägen.

Publ. Ausstellungskataloge des Museums für Indische Kunst, 1971, 1976, 1986, Nr. 520.
A. v. Gabain, Kṣitigarbha-Kult in Zentralasien, S. 53, Fig. 57, S. 54, S. 58.

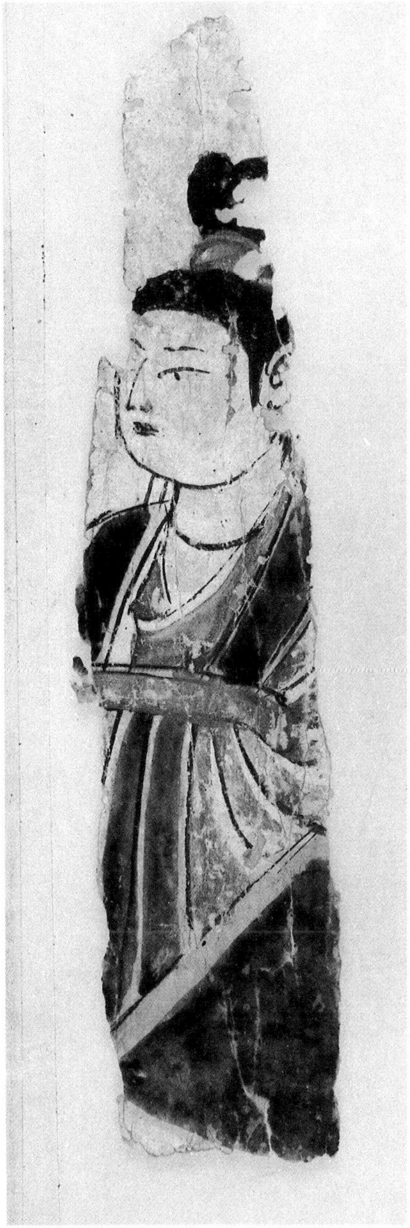

60 Dame aus dem Gefolge eines Zehn-Königs
Toyoq, 8./9. Jh. n. Chr.
Malerei auf Papier, 2,8 × 12,6 cm
MIK III 47

Zum Gefolge eines jeden Zehn-Königs gehören, so heißt es, vornehme Hofdamen. Eine dieser Damen stellt sich hier vor. Anmutig mit kunstvoll hochfrisiertem Haar, das mit einem roten Band abgebunden ist, steht sie ihrem Unterweltskönig zugewandt. Sie trägt ein rötliches Untergewand, ein gelbbraunes Oberkleid mit blauem Seidenteil und breiter, rötlicher Schärpe. Eine einfache Kette schmückt ihren Hals. Die Tracht der Hofdamen ist, entsprechend der der Zehn-Könige, keine uigurische und auch nicht rein chinesisch.

Publ. Ausstellungskataloge des Museums für Indische Kunst, 1971, 1976, 1986, Nr. 521.
A. v. Gabain, Kṣitigarbha-Kult in Zentralasien, S. 54, Fig. 61, S. 55.

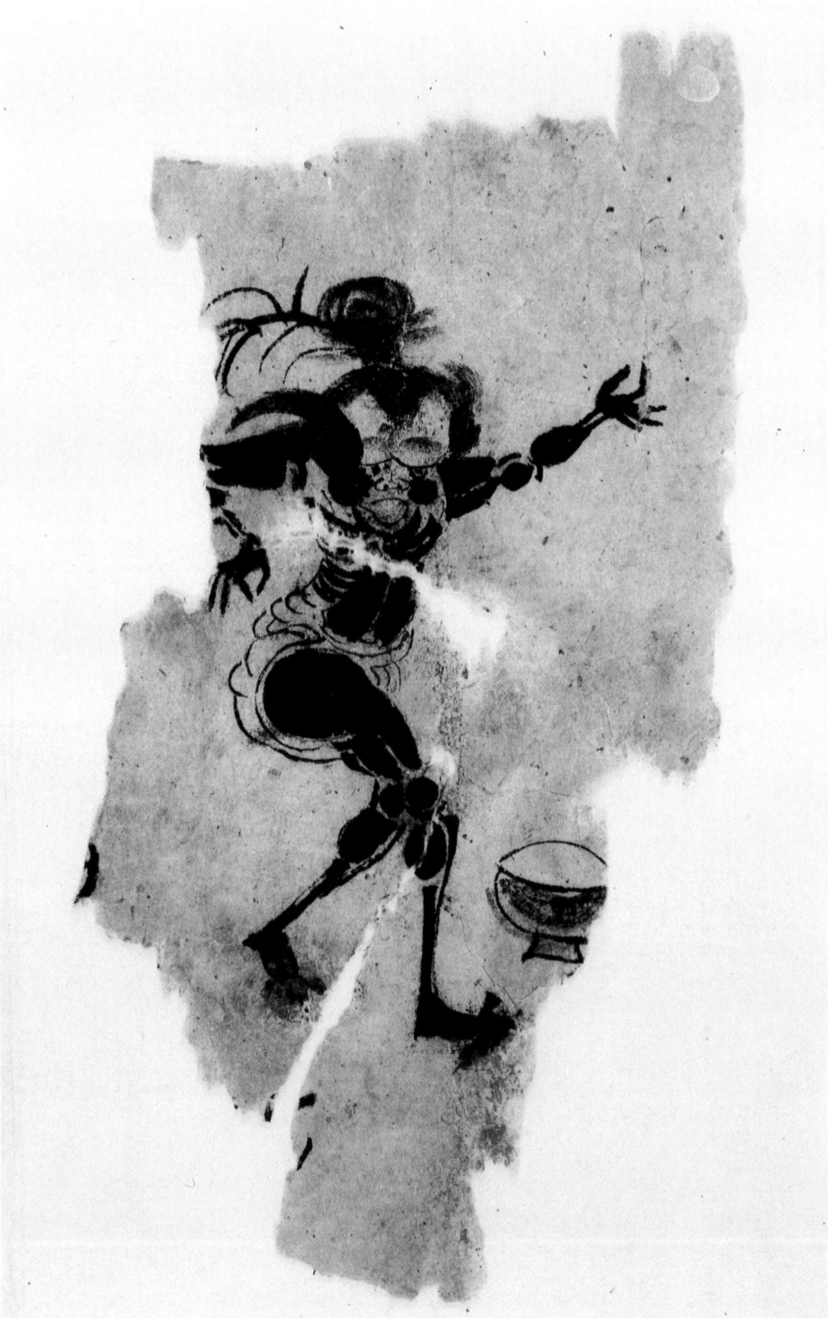

61 Tanzender Dämon
Chotscho, 8./9. Jh. n. Chr. (?)
Tusche auf Papier, 9,0 × 17,5 cm
MIK III 4951

Die in vieler Hinsicht wichtigsten Funde der vier deutschen Turfan-Expeditionen stellen ohne Zweifel die bebilderten und unbebilderten Manuskripte dar. Viele tausend Handschriften auf verschiedenen Materialien, wie Palmblatt, Birkenrinde, Leder oder Papier und in unterschiedlichsten Schriften und Sprachen, haben wichtige Aufschlüsse über die religiösen, politischen und sprachlichen Verhältnisse des östlichen Zentralasien gegeben.

Diese ungewöhnliche Tuschezeichnung ist Teil eines Manuskripts; sie gehört zu einer uigurischen Handschrift. Ein skelettartiges, aber dennoch muskulöses dämonisches Höllenwesen vollführt neben einer auf dem Boden stehenden Schale einen wilden Tanz. Der Unterkörper ist mit einem Hüfttuch bekleidet. Der am Kinn spitze Kopf weitet sich zu einem sehr breiten Schädel. An der rechten Schläfe erscheint ein sichelförmiger Haarschweif. Dem Künstler ist es gelungen, die Figur mit ziemlich groben Strichen sehr lebendig zu skizzieren; man sieht den hochstehenden Kopfschweif förmlich in wildem Tanz wippen, während Arme und Beine in heftiger Bewegung emporgeworfen sind.

Auf der Rückseite dieser einzigen so vollendet ausgeführten Tuschezeichnung, die uns aus Zentralasien aus jener frühen Zeit überliefert ist, sind einige Reihen uigurischer Schrift sichtbar, die möglicherweise erst später hinzugesetzt worden sind.[38]

Das Blatt scheint Teil einer Handschriftenrolle zu sein. Derartige Rollen entstehen durch Nebeneinanderkleben großer Buchblätter, an deren Anfangsblatt ein Stab befestigt wird, der die Breite der Manuskriptblätter überragt. Darüber wurde die ganze Handschrift aufgerollt und mit einem Band verschnürt. Als Malwerkzeug bediente sich der Künstler entweder des in China gebräuchlichen Pinsels, oder, in Ermangelung dessen, der in westlichen Randgebieten häufiger vorkommenden Rohrfeder.

Publ. Ausstellungskataloge des Museums für Indische Kunst, 1971, Nr. 515, Taf. 58, 1976, Nr. 515, Abb. S. 218, 1986, Nr. 515, Abb. S. 238. H. Härtel – J. Auboyer, Indien und Südostasien, Taf. 254, S. 270. Museum (Museum für Indische Kunst, Westermann Verlag), S. 102.
M. Bussagli, Die Malerei in Zentralasien, S. 104, 108.
Museum für Indische Kunst (Belser, Kunst der Welt in den Berliner Museen), Nr. 50.

62 Blumenstreuender Gandharva
Chotscho, 8. Jh. n. Chr.
Malerei auf Stoff (Seide), 35,3 × 17,5 cm
MIK III 4534 b

Dieses breite Fragment einer Seidenmalerei trägt die Darstellung eines auf Wolken fliegenden Gandharva. Gewand und Schal flattern im Fluge in langen Bahnen hinter dem himmlischen Blumenstreuer her. Er trägt eine Schale in der rechten Hand, die linke hat gerade Blumen aus

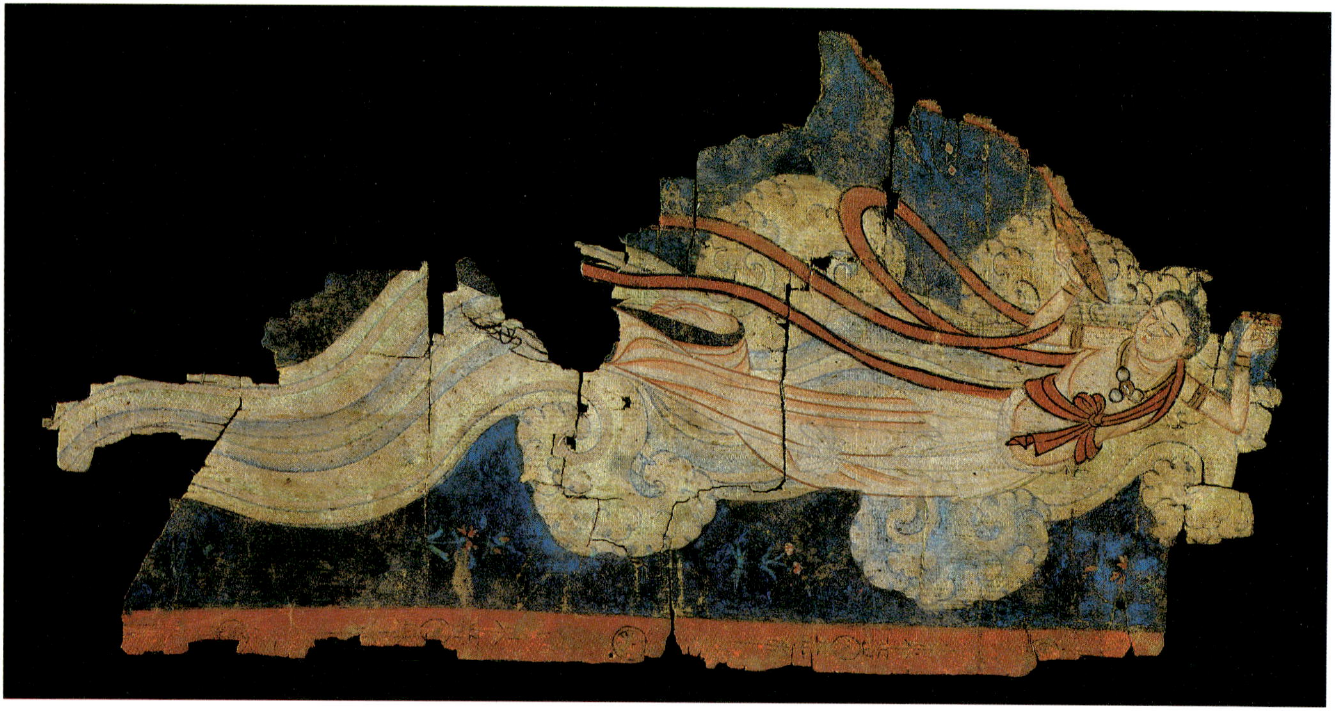

ihr entnommen. Vier Wolkenfelder vor blauem Hintergrund machen deutlich, daß die Szene im Luftraum spielt. Die lange, schwebende blau-rosa-grüne Bahn, die beinahe die ganze Seite des Fragments ausfüllt, scheint ein dünnes Seidentuch wiederzugeben, das am Haar der schwebenden Gestalt befestigt ist.

Publ. Ausstellungskataloge des Museums für Indische Kunst, 1971, 1976, 1986, Nr. 519.

63 Hand mit Blume
Toyoq, 8./9. Jh. n. Chr.
Malerei auf Stoff (Seide), 4,3 × 9,2 cm
MIK III 6348

Das kleine Fragment einer Seidenmalerei zeigt eine Hand, die zwischen Daumen und Zeigefinger graziös eine weiß-rosa Blüte hält. Der Hintergrund ist grün gehalten.

Publ. Ausstellungskataloge des Museums für Indische Kunst, 1971, 1976, 1986, Nr. 522.

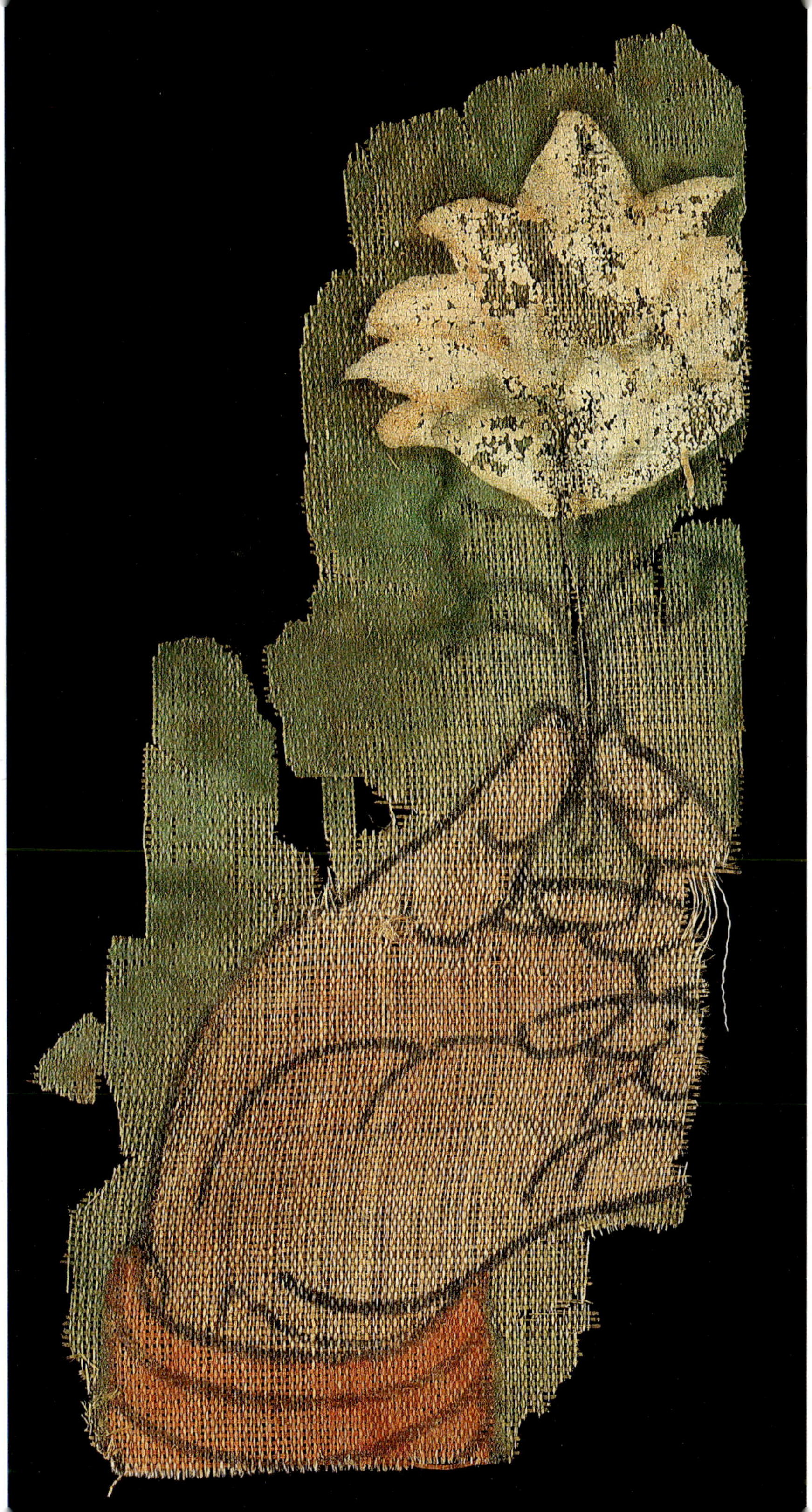

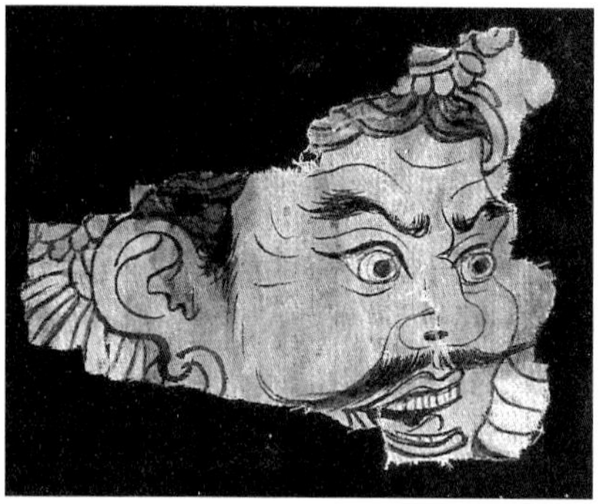

64 Kopf eines Lokapāla
Toyoq, Handschriftenraum, 8. Jh. n. Chr.
Malerei auf Stoff (Seide), 8,4 × 6,3 cm
MIK III 6350

Südöstlich von Chotscho, in die Bergketten eines kahlen Höhenzuges eingeschnitten, liegen die ausgedehnten Anlagen von Toyoq. Eine der zahlreichen Höhlen war angefüllt mit Hunderten von Handschriftenfragmenten, so daß man sie ‚Handschriftenraum' taufte. Offensichtlich wurde einst der Versuch unternommen, diese Manuskripte durch Feuer zu vernichten, was aber erfreulicherweise nicht gelang. In diesem Raum wurde auch das kleine Fragment einer Seidenmalerei gefunden, das den Kopf eines zornig dreinblickenden Weltenwächters, eines Lokapāla, darstellt. Seine Augenpartie ist in Wülsten zusammengezogen, der Mund aufgerissen, so daß die Zähne sichtbar werden. Ein kräftiger Schnurrbart reicht mit seinen Spitzen bis nahe an die Ohren. Das Gesicht zeigt rötliche Konturierung, die geschmückten Haare sind von brauner Farbe. Hinter dem Ohr sieht man Teile des Kopfputzes.

Publ. A. v. LeCoq, Chotscho, Taf. 46 b. Ausstellungskataloge des Museums für Indische Kunst, 1971, 1976, 1986, Nr. 517.

65 Bodhisattvakopf (?)
Turfan-Gebiet, 9. Jh. n. Chr.
Malerei auf Stoff, 10,3 × 13,0 cm
MIK III 609

Diese einseitige Malerei auf bastähnlichem Gewebe zeigt einen Mann mit reichem Kopfputz. Er trägt einen in Wellenlinien gezeichneten Schnurrbart und eine ebensolche schwarze Kinnflocke. Seine Ohren zieren sehr große, lotusblütenähnliche Scheiben. Eine Besonderheit ist das dritte Auge auf der Stirn. Das Gesicht ist lilarot getönt.

Publ. Ausstellungskataloge des Museums für Indische Kunst, 1971, 1976, 1986, Nr. 518.

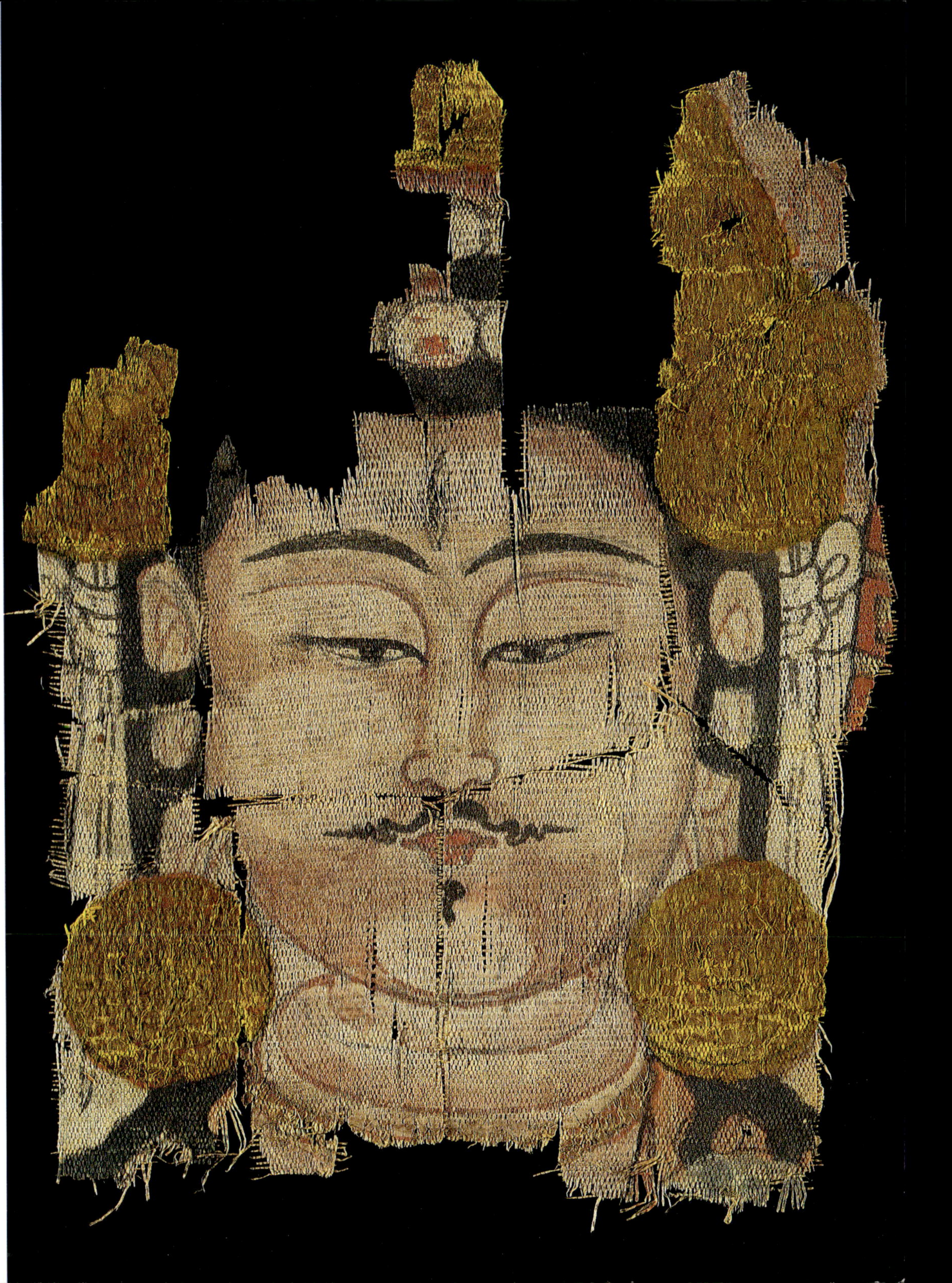

66 Elfköpfiger Avalokiteśvara
Yarchoto, 9. Jh. n. Chr.
Malerei auf Stoff (Seide), 15,7 × 17,0 cm
MIK III 8001

Im Mahāyāna-Buddhismus entwickelte sich eine neue Idee, die des Anspruchs auf Universalität der Erlösung. Um nun jedem die Erlösung zu ermöglichen, kam – neben vielem anderen – der Bodhisattva-Gedanke auf. So erscheint Avalokiteśvara als der typische Bodhisattva, der sich weigert, die Buddhaschaft anzutreten, bevor nicht alle Wesen erlöst sind. Allen Wesen die Heilslehre zu bringen, das ist seine wichtigste Aufgabe.

Neben vielen anderen Texten[39] wird er auch im XXIV. Kapitel des Saddharmapundarīkasūtra erwähnt. Ein anderes großes Mahāyānasūtra, das Avalokiteśvaragunakārandavyūha, ist ihm ganz gewidmet. Eine chinesische Übersetzung dieses Textes wurde schon um das Jahr 270 n. Chr. angefertigt.

Der Kult um den Bodhisattva Avalokiteśvara (= der Herr, der herabschaut, d. h. der voll Mitleid auf alle Wesen blickt)[40] war auch dem chinesischen Pilger Fa-hsien (um 400 n. Chr.) bekannt. Er selbst flehte den Bodhisattva um Rettung an, als er auf der Fahrt von Ceylon nach China vom Sturm überrascht wurde.

Avalokiteśvara tritt in vielen Erscheinungsformen auf. Die ausgestellte Seidenmalerei zeigt ihn elfköpfig. Je ein Kopf erscheint zu den Seiten der Ohren, sechs weitere sind oberhalb des Haarreifs klar erkennbar. Zwei sind nur noch in Resten vorhanden, einer davon bildete die Spitze der Köpfepyramide, vermutlich der Buddha Amitābha.

Publ. A. v. LeCoq, Chotscho, Taf. 45 c. B. Rowland, Zentralasien, S. 205, 207. Ausstellungskataloge des Museums für Indische Kunst, 1971, 1976, 1986, Nr. 523.

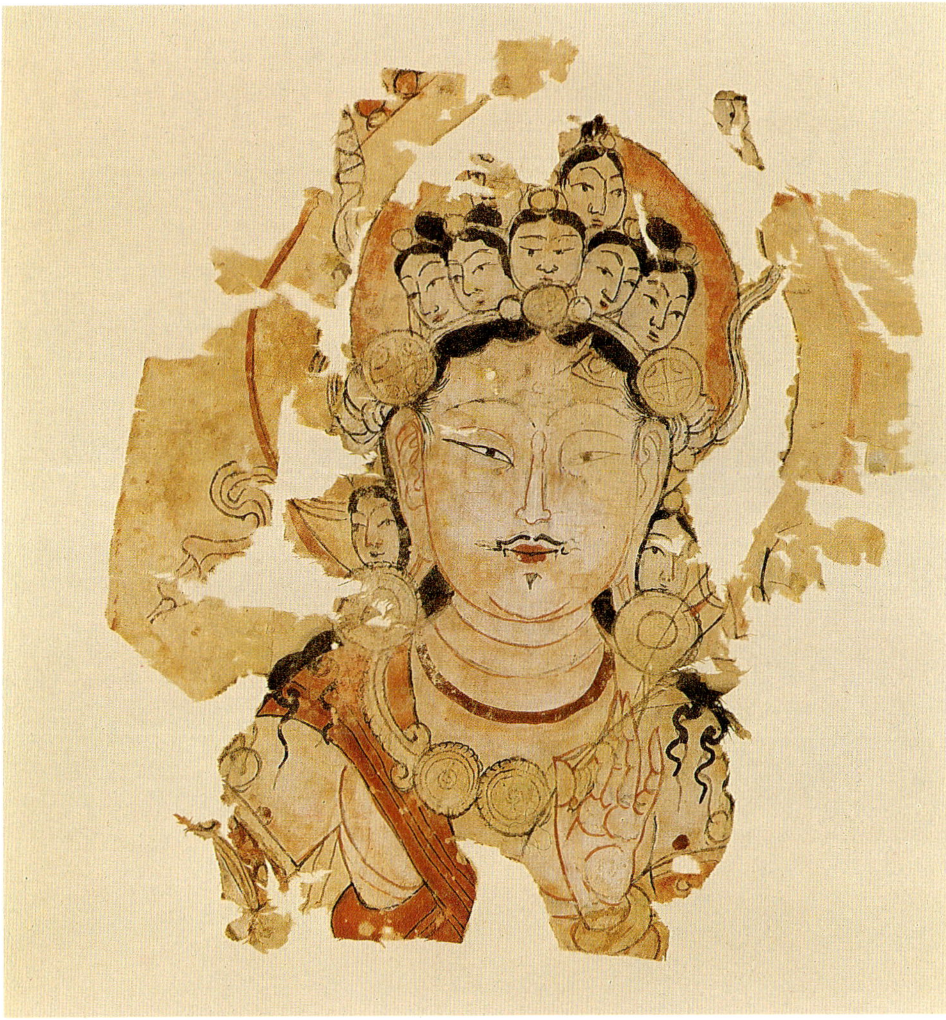

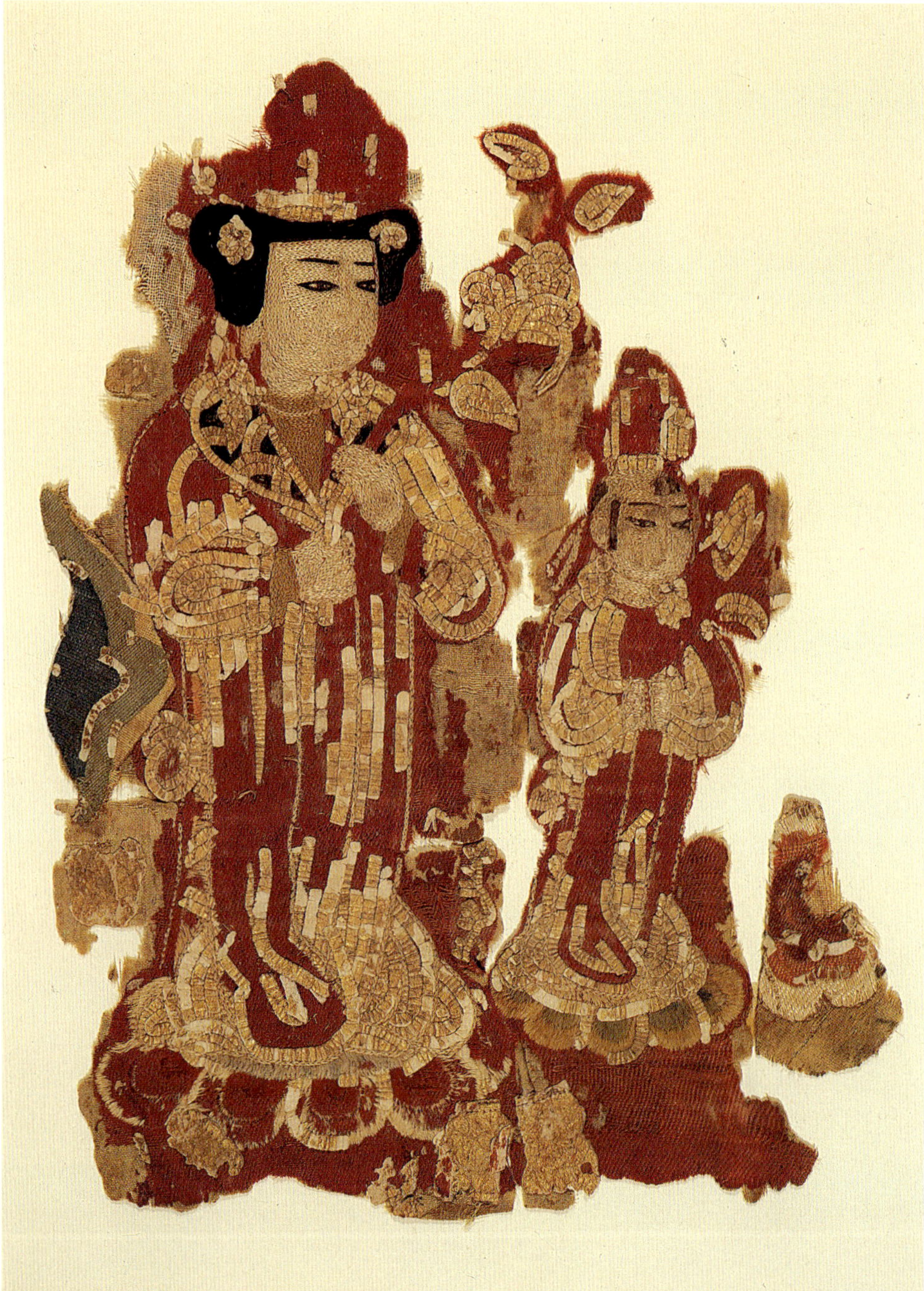

67 Fürstin mit Kind
Chotscho, 9./10. Jh. n. Chr.
Stickerei, 14,0 × 17,5 cm
MIK III 4920 b

Die überaus kunstfertige und sehr schöne Stickerei ist in ihrer Technik identisch mit der unter Nr. 71 beschriebenen. Dargestellt ist eine uigurische Fürstin mit ihrer Tochter. Die vornehme Frau umfaßt mit beiden Händen einen Blütenzweig. Ihre kunstvoll hochgesteckte mit Schmuck verzierte Haartracht und das mit Mittelverschluß und aufgesetztem Kragen versehene Gewand erinnert an die auf den Wandgemälden dargestellten Fürstinnen. Durchaus erstaunlich ist, daß Mutter und Tochter auf einem lotusblattähnlichen Kissen zu knien scheinen, das sonst dem Buddha vorbehalten ist.

Publ. Ausstellungskataloge des Museums für Indische Kunst, 1971, 1976, 1986, Nr. 516. H. Härtel – J. Auboyer, Indien und Südostasien, Abb. XLVII, S. 270.

68 Bodhisattva
Chotscho, 9./10. Jh. n. Chr.
Malerei auf Stoff (Seide), 27,5 × 34,5 cm
MIK III 6166

Dargestellt sind Kopf und Oberkörper eines Bodhisattva. Sein gelblich gemaltes, mit rötlichen Linien konturiertes Gesicht weist ostasiatische Züge auf. Die Weisheitsflocke (ūrnā) auf der Stirn ist als großer Kreis gezeichnet. Auf dem Kopf sitzt eine prachtvolle goldene Krone, die durch farbige Plättchen und Blumen überaus bunt wirkt. Sie ist zweiteilig und besteht aus einem Stirn- und einem Haarteil. Auch das Gewand ist phantasievoll und farbig. Auf den Schultern liegen, fein geordnet, Flechten langen Haares. Der Bodhisattva war von einer Körpermandorla umgeben, die von einem Kopfnimbus ergänzt wird.

Publ. A. v. LeCoq, Chotscho, Taf. 43 b. Ausstellungskataloge des Museums für Indische Kunst, 1971, 1976, 1986, Nr. 497. H. Härtel – J. Auboyer, Indien und Südostasien, Abb. 253, S. 269 f.

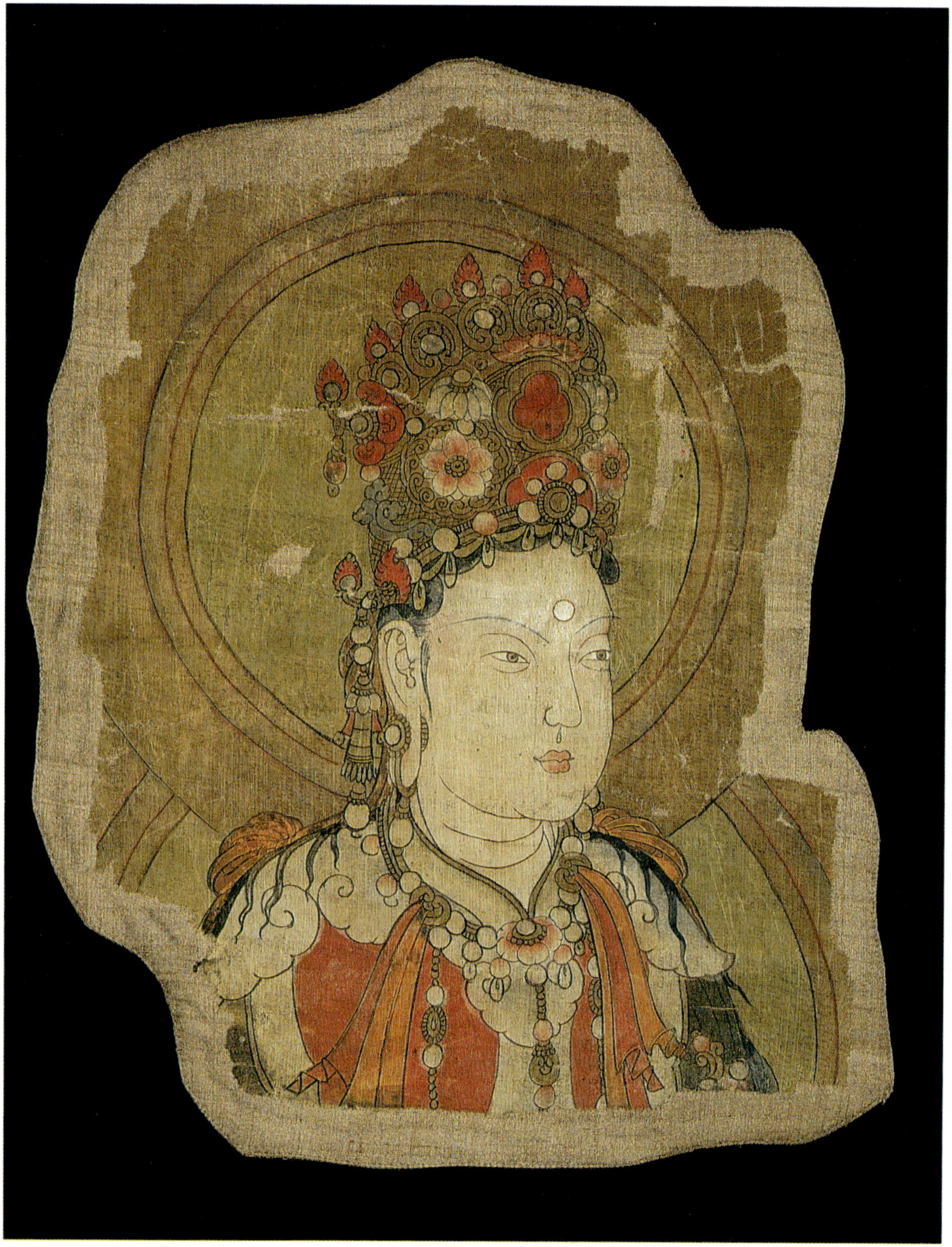

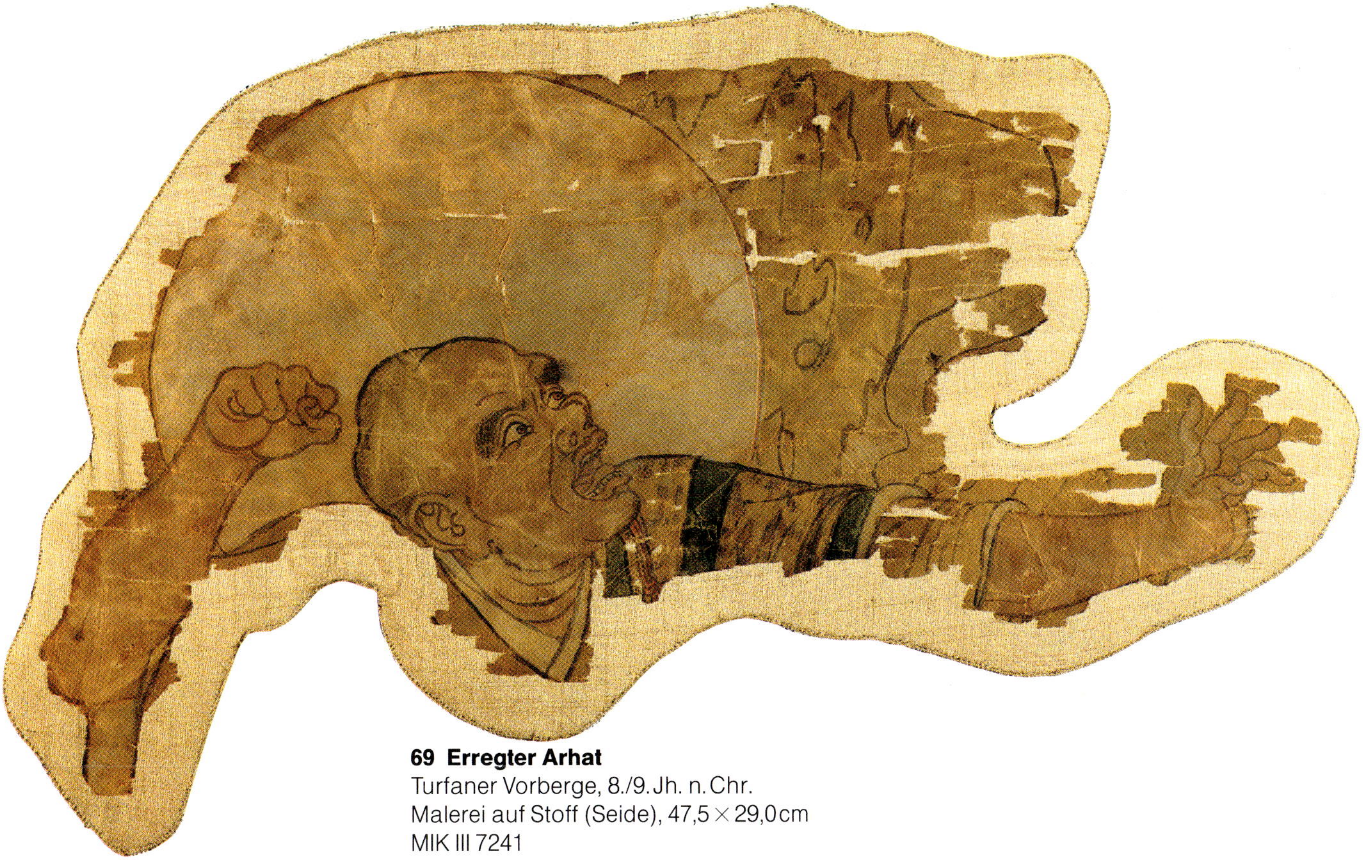

69 Erregter Arhat
Turfaner Vorberge, 8./9. Jh. n. Chr.
Malerei auf Stoff (Seide), 47,5 × 29,0 cm
MIK III 7241

Um den Geist des Buddhismus zu verstehen, ist es notwendig, sich klarzumachen, welches Ziel er setzt und welches Vollkommenheitsideal er seinen Schülern zur Nachahmung empfehlen wollte. Der ideale Mensch heißt Arhat (Sanskrit: arh, verdienen, wert sein), einer der einer Sache würdig ist. Er ist frei von sinnlichem Verlangen, oder Verlangen nach Existenz, er hat alle Bindungen gelöst. Zur Entstehungszeit des Buddhismus wurde diese Bezeichnung auf wenige buddhistische Mönche angewandt, später dann zeichnete man nur die Weisen damit aus.

Unter den buddhistischen Kunstwerken sind viele idealisierte Porträts von Arhats erhalten. Im allgemeinen wird ein Arhat als würdiger alter Mann mit kahlem Schädel und strengem Gesichtsausdruck dargestellt. Das ausgestellte Fragment einer Seidenmalerei zeigt einen eher erregten oder zornigen Weisen. Er hat sich nach links gewandt, den rechten Arm erhoben und die Hand zur Faust geballt, während er den linken Arm nach vorn streckt und die Hand in Abwehrgeste hält. Der Kopf ist in den Nacken geworfen, die Augen blicken zornerfüllt, sein Mund ist zum Schrei geöffnet. Er scheint mit aller Kraft böse, feindliche Geister abweisen zu wollen. Die muskulöse Gestalt trägt eine bräunliche Färbung, sein Schädel ist kahl, doch scheinen Stoppeln nachzuwachsen. Das Weiß der Augen unter den struppigen Brauen ist leicht gerötet. Ein einfacher Nimbus weist den Mönch als Heiligen aus. Das Bild ist vor einen graugrünen, mit Pinseltupfen aufgelockerten Hintergrund in meisterhaften Linien mit lockerer Hand gesetzt.

Publ. A. v. LeCoq – E. Waldschmidt, Die Buddhistische Spätantike in Mittelasien, VII, Taf. 33, S. 67 f. Ausstellungskataloge des Museums für Indische Kunst, 1971, Nr. 498, Taf. 57, 1976, Nr. 498, Abb. S. 217, 1986, Nr. 498.

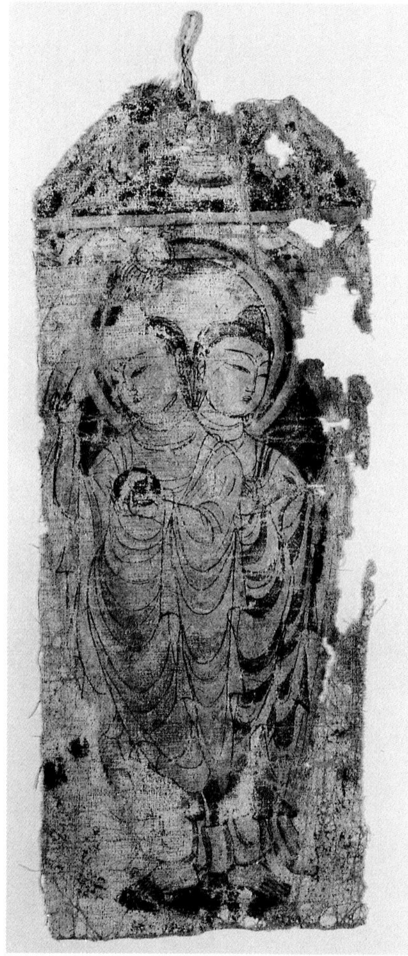

70 Buddha-Doppelgestalt
Chotscho, 8. Jh. n. Chr.
Malerei auf Stoff, 19,0 × 52,0 cm
MIK III 6301

Dieses Hängebild trägt eine eigenartige Darstellung. Es setzt sich aus zwei Gestalten des Buddha zusammen. Während sie in den Beinen ineinanderübergehen, sind ihre Körper klar voneinander getrennt. Mandorla und Nimbus sind beiden gemeinsam. Der (vom Betrachter) linke Buddha hat den rechten Arm erhoben und trägt in der linken Hand eine Almosenschale vor der Brust. Sein Kopf scheint etwas geneigter als der des anderen. Er blickt zu der kaum noch erkennbaren, knienden uigurischen Adorantin herab. Die Gewänder sind hellfarbig mit braunrot getönten (Falten-)Streifen. Das möglicherweise gemeinsame Untergewand schaut blau über den Füßen hervor. Das ungewöhnliche, doch in den verschiedensten Regionen Zentralasiens immer wiederkehrende Motiv dieser Malerei – die Darstellung einer Doppelgestalt des Buddha – hat seinen Ursprung in einer Legende, die der berühmte chinesische Pilger Hsüantsang, der im 7. Jahrhundert Zentralasien und Indien bereiste, uns berichtet. Demnach brachten zwei arme Pilger einem Maler je ein Geldstück mit der Bitte, für jeden ein Buddhabild zu malen. Doch als sie diese am verabredeten Tag abholen wollten, wurden sie sehr enttäuscht. Ihr Geld hatte nur für ein Bild gereicht. Da vollbrachte der Buddha in seinem unendlichen Mitleid ein Wunder: Er verdoppelte seine Gestalt zu Ehren der Frömmigkeit der beiden.

Publ. A. v. LeCoq, Chotscho, Taf. 40 a. Ausstellungskataloge des Museums für Indische Kunst, 1971, 1976, 1986, Nr. 499.

71 Bodhisattva
Chotscho, 9./10. Jh. n. Chr.
Stickerei, 23,0 × 40,0 cm
MIK III 4796

Ein Bodhisattva mit Schnurrbart und Bartflocke am Kinn sitzt mit gespreizten Knien und übereinandergeschlagenen Beinen auf einem Lotusthron. Die Hände sind vor der Brust ineinandergeschoben. Das Gesicht hat ostasiatische Züge. Auf den Schultern liegen wohlgeordnete Flechten langen Haares. Der unbekleidete Oberkörper ist mit kostbaren Ketten behängt.

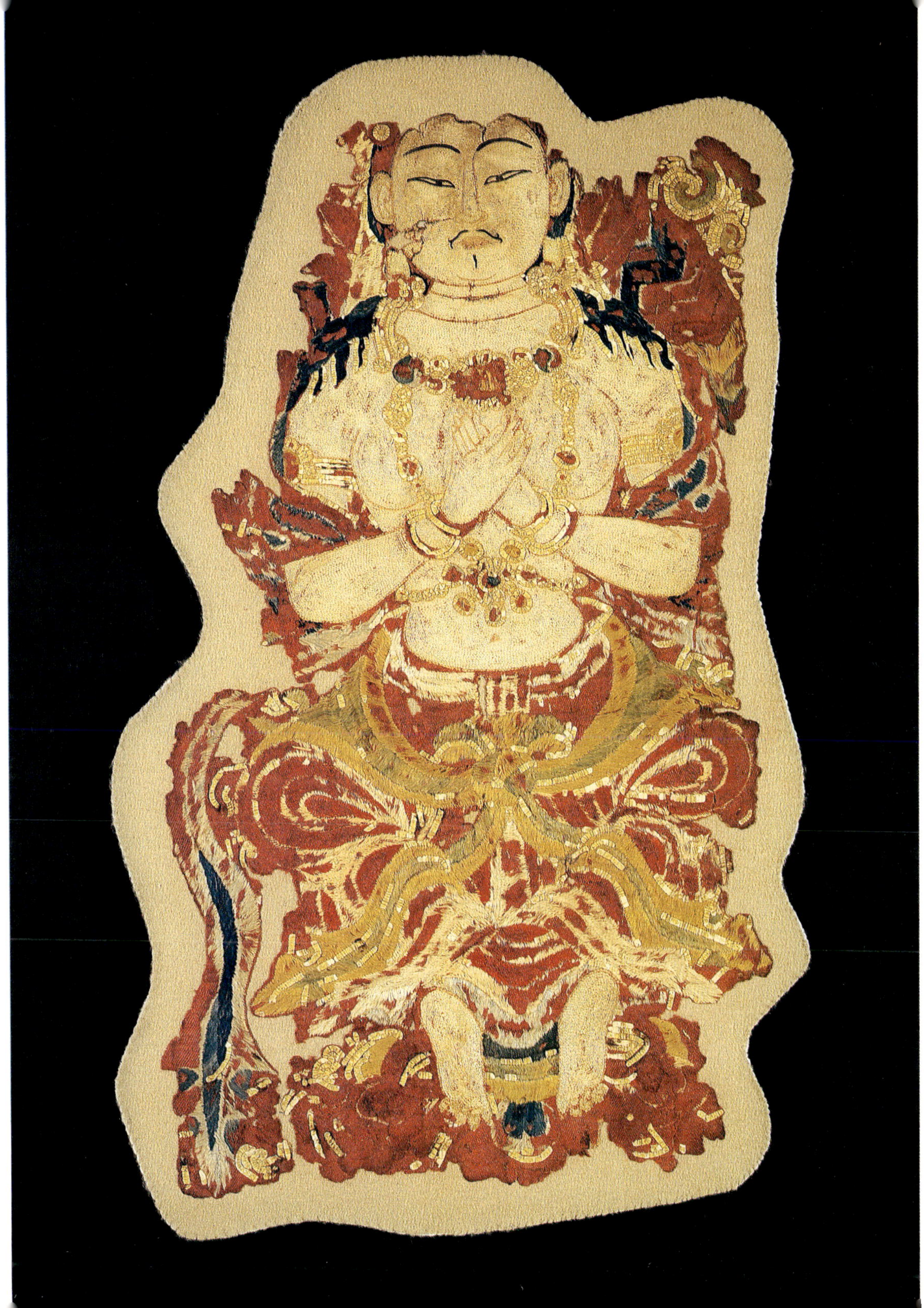

Besonders interessant ist die geschilderte Darstellung wegen ihrer Übertragung in die verschiedenen Techniken der Stickerei. *„Mehrfach wechselnde Sticharten sind angewandt, um die gewünschte Bildwirkung zu erreichen. Der Körper des Bodhisattva ist vollkommen in Kettenstich gearbeitet. Das Garn ist von Fleischfarbe für die eigentliche Haut; Augen, Brauen und Bart sind schwarz, der Mund und die Körperkonturen mattrot gegeben.*

Der Thron, das Haar und die verschiedenen Gewandstücke sind durch dichtgestellten Plattstich, der vielfach ineinandergreift, vollkommen ausgestickt. Auch beim Hintergrund scheint das der Fall gewesen zu sein.

Als Arbeitsmaterial für beide Sticharten dient Seide. Für den Kettenstich ist ein feiner, leicht gedrehter Faden, für den Plattstich offenes, vielfädiges Garn benutzt. Als dritte bei unserem Fragment angewandte Technik kommt das Aufnähen vergoldeter Papierstreifen hinzu. Die Umrisse der Haare, der Gewänder, des Thrones und der gesamte Schmuck werden durch etwa 2 mm dicke Papierstreifen gebildet, die durch Überfangstiche befestigt sind.

Unser Fragment ist nicht das einzige seiner Art in der Berliner Sammlung, wohl aber das bildmäßig vollständigste, welches das Museum besitzt."[41]

Publ. A. v. LeCoq – E. Waldschmidt, Die Buddhistische Spätantike in Mittelasien, VII, Taf. 34, S. 68. Ausstellungskataloge des Museums für Indische Kunst, 1971, 1976, 1986, Nr. 500, Abb. S. 168.

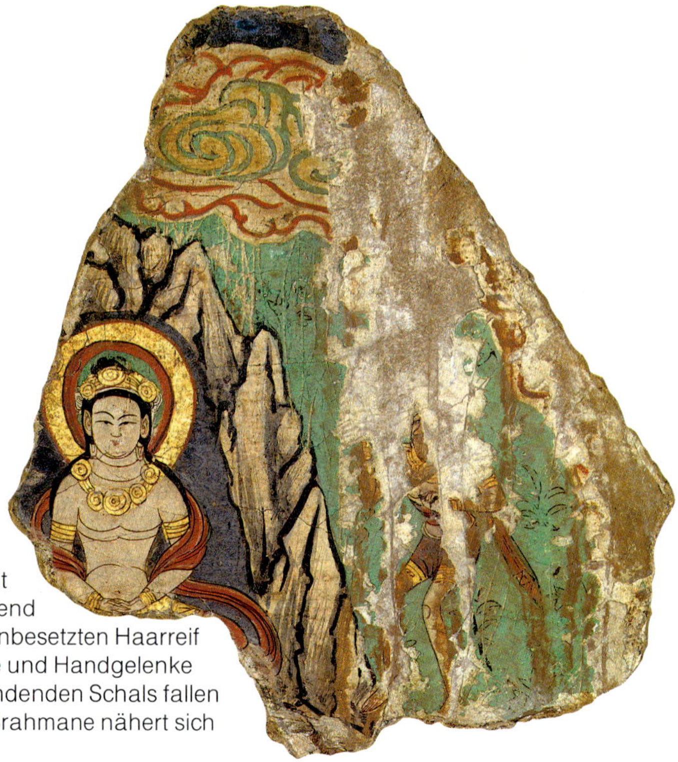

72 Bodhisattva in Berghöhle
Chotscho, 8. Jh. n. Chr.
Wandmalerei, 22,0 × 25,0 cm
MIK III 4466

Diese miniaturhafte Malerei, deren genauer Fundort unbekannt ist, spielt in einer Gebirgsszene. Die kleine Gestalt eines Bodhisattva sitzt meditierend in einer Berghöhle. Ein großer Nimbus umgibt seinen mit einem plättchenbesetzten Haarreif geschmückten Kopf. Eine ähnliche Kette liegt um seinen Hals. Oberarme und Handgelenke zieren Schmuckreifen. Die Enden eines sich bewegt um die Schultern windenden Schals fallen über die Oberarme der kleinen Gestalt fließend auf die Erde herab. Ein Brahmane nähert sich von rechts der Höhle, über der dichte Wolken hängen.

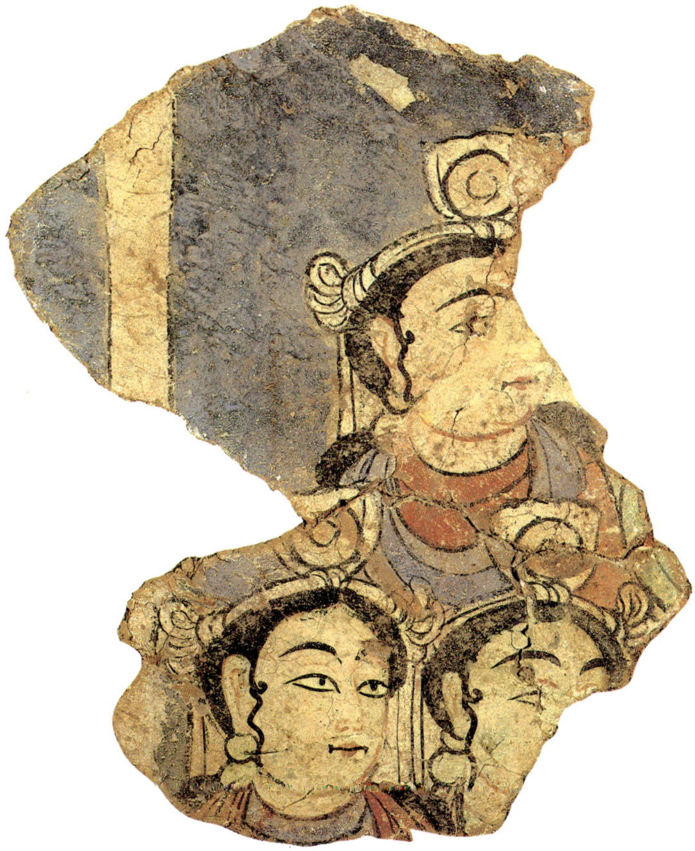

73 Drei manichäische Frauengestalten
Chotscho, 8./9. Jh. n. Chr.
Wandmalerei, 22,0 × 27,0 cm
MIK III 6916

Auf blauem Grund, ganz im Stil der Manuskriptmalerei, ist dieses Wandbild mit der Darstellung dreier manichäischer Frauen gemalt; von ihnen sind nur noch die nach rechts gewandten Köpfe und Oberkörper fragmentarisch erhalten. Sie sind sich sehr ähnlich. Ihr schwarzes, in der Mitte gescheiteltes Haar fällt auf Rücken und Schultern herab; die uns von den Miniaturen bekannte Schläfenlocke fehlt nicht. Ihre Kopfbedeckung besteht aus einem gerollten, weißen Tuch, das anscheinend in Ohrhöhe zu einer Schleife gebunden oder geknotet ist und entweder selbst als Tuch auf den Rücken fällt, oder an dem ein anderes Tuch befestigt ist. Über dem Scheitel erhebt sich eine diademartige, umrandete Scheibe, die man vielleicht wieder als Sonne-Mond-Symbol deuten darf. Ohrringe bilden den einzigen Schmuck. Der Schnitt der Gewänder ist kaum sichtbar; nur so viel ist erkennbar, daß sie am Hals abschließen und rot-blau, blau-rot und grün gemalt waren.

Ob hier weibliche Laienanhänger dargestellt sind oder manichäische Gottheiten – wenn auch ohne Nimben – ist aufgrund des fragmentarischen Charakters des Bildes nicht feststellbar.

Publ. A. v. LeCoq, Chotscho, Tafel 2 a. H.-J. Klimkeit, Manichaean Art and Calligraphy, No. 14 a, p. 30, Pl. X.

74 Manichäisches Bet- und Beichtbuch
Chotscho, Tempel α, 8./9. Jh. n. Chr.
Handschrift auf Papier, 48 Seiten à 7,5 × 9,0 cm
MIK III 53

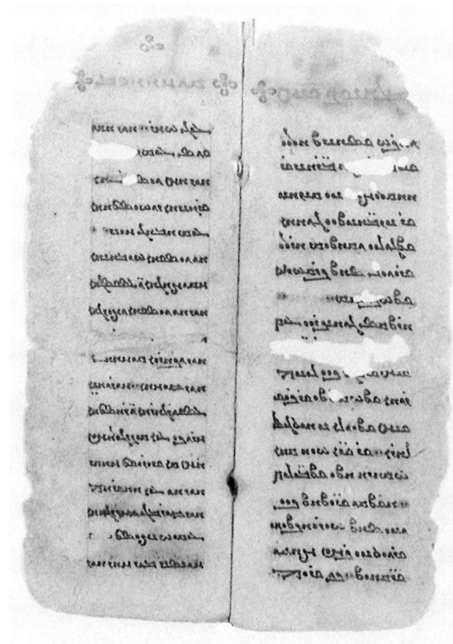

Mani, der Stifter der gleichnamigen Religion – des Manichäismus, wurde im Jahre 527 der babylonischen Seleukiden-Ära = A. D. 216/217 im südlichen Babylonien geboren. Von mütterlicher und anscheinend auch von väterlicher Seite war er mit dem parthischen Königshaus der Arsakiden verwandt, das im Jahre 226 von dem Sasaniden Ardashir I. gestürzt wurde. Manis Vater Patek war aus dem medischen Ekbatana nach Babylon ausgewandert und hatte sich in Ktesiphon niedergelassen. Nachdem er einmal eine Stimme gehört hatte, die ihm befahl, Fleisch, Wein und Geschlechtsverkehr zu meiden, schloß er sich der Täufersekte an, deren Ritus diesen Vorschriften entsprach. In dieser Umgebung wuchs Mani auf. Mit zwölf Jahren soll auch er seine erste Offenbarung gehabt haben. Ein Engel befahl ihm, sich von der Religionsgemeinschaft seines Vaters abzuwenden. Doch öffentlich aufzutreten begann Mani erst später. Er reiste nach Indien und gründete dort seine erste Gemeinde. Die Gründe, die ihn veranlaßten, sein Land zu verlassen, sind ebensowenig bekannt, wie die Umstände, die ihm rieten, wieder nach Ktesiphon zurückzukehren. Seine Rückkehr erfolgte nach dem Tode Ardashirs, sein erstes öffentliches Auftreten am Krönungstage Shapur I. Die Überlieferung lehrt uns, daß Mani vom König empfangen wurde und sogar die Erlaubnis zur Missionierung des Landes erhielt. Auch unter Shapurs Nachfolger, Hormizd I., konnte Mani seine Lehre weiter verbreiten. Doch als schon nach einem Jahr Bahram I. den Thron bestieg, nahmen die Dinge eine unglückliche Wendung. Die persische Priesterschaft fürchtete um ihre Macht bei Hofe und veranlaßte den König, eine Anklage gegen Mani zu vertreten. Er wurde zum Tode verurteilt. Im Jahre 276 soll das Urteil durch Kreuzigung in Belapat in Susiana vollstreckt und sein Kopf am Stadttor aufgespießt worden sein. Seine Anhänger wurden, wo immer man sie finden konnte, hingerichtet. Sie flohen daher nach Osten, überschritten den Oxus und gelangten sogar in chinesisches Territorium. Hier gründeten sie im 7./8. Jh. n. Chr. kleine manichäische Gemeinden. Von China aus vollzog sich dann um die Mitte des 8. Jahrhunderts die Bekehrung der Uiguren, anscheinend nicht ohne absichtliche Förderung durch die chinesische Regierung, die in Manis Lehre ein Mittel zur geistigen Bändigung des wilden Turkvolkes sah.

Aber auch nach Westen verbreitete sich der Manichäismus mit großer Schnelligkeit. In Syrien bewahrte er seinen ursprünglichen Charakter am besten, während er sich in anderen Regionen mehr und mehr dem Christentum anglich.

Die Lehre des Mani war ein vielumfassender Synkretismus in Form einer Naturphilosophie auf der Grundlage des iranischen Dualismus, vermischt mit buddhistischen und christlichen Glaubenselementen. Denn Mani sah sich zur abschließenden Vollendung der Lehren seiner ‚Vorgänger' Buddha, Zarathustra und Jesus als jüngsten der Propheten, als Paraklet, berufen.

Der Hauptinhalt der manichäischen Lehre ist der Dualismus Gut-Böse, der sich in der Natur als Licht und Finsternis ausdrückt. Sie lehrt die Erlösung vom Bösen durch die Erkenntnis dieses Dualismus und durch die Befolgung der sich aus dieser Erkenntnis ergebenden Lebensvorschriften. Die Welt als Makrokosmos und der Mensch als Mikrokosmos stellen eine Vermischung der beiden Prinzipien dar. Der Mensch hat nun die besondere Aufgabe, diese beiden voneinander zu trennen und das böse Prinzip unschädlich zu machen. Die Schädigung des Lichts soll also vermieden werden und seine Loslösung aus der Vermischung mit der Finsternis gefördert. Tut der Mensch das in vollkommener Weise, das heißt lebt er nach den asketischen Grundsätzen dieser Religion, so vollzieht sich gleich nach seinem Tode die Trennung der beiden Prinzipien.

Da der Manichäismus den Charakter einer streng asketischen Religion hatte, und seinen Anhängern u. a. jeden Genuß von Fleisch, Wein und Geschlechtsverkehr untersagte, versteht sich von selbst, daß nicht alle Manichäer die vollen Weihen ihrer Religion empfangen konnten. Mani hatte seinen Jüngern vielmehr eine zweifache Moral vorgeschrieben, die eine von strengster Askese für die, die der Welt völlig entsagen wollten, die andere, abgeschwächtere für die Laienanhänger. Die ersten, die electi und electae, wie sie genannt werden, leben in völliger Zurückgezogenheit von der Welt. Äußerlich sind sie an ihren weißen Ritualgewändern erkennbar.

Die Originalschriften der Manichäer sind an zwei geographisch weit entfernten Regionen des Überlieferungsgebietes zutage getreten: In der Turfan-Oase und in Ägypten. In den Turfan-Texten sind sie in drei iranischen Dialekten überliefert: Mittelpersisch, Parthisch und Sogdisch, außerdem in Uigurisch und Chinesisch.

Dieses kleine ausgestellte Hymnenbüchlein ist mit sogdischem und mittelpersischem Text versehen. Obwohl der Schriftspiegel nur 6,6 cm hoch ist, sind doch 18 Zeilen in schön geschriebenen manichäischen Buchstaben untergebracht. Das in europäischer Weise geheftete Buch besteht aus 48 Seiten, zwischen denen sich Lücken befinden. Jedes Blatt trägt oben, oberhalb des durch zwei scharlachrote senkrechte Linien eingefaßten Schriftspiegels, ein oder mehrere Worte des Titels; dieser besteht – wie üblich – aus einem ganzen Satz und ist über eine Anzahl aufeinanderfolgender Blätter verteilt. Diese Titelaufschriften sind hier stets in etwas größeren Lettern und in farbigen Tinten ausgeführt, meist in Rot und Blau, seltener in Braun und Gelb. Vermutlich wurde jeder einen solchen Titel bildende Satz mit derselben Tinte geschrieben; folgt daher auf ein Blatt mit Titelaufschrift in roter Farbe ein solches mit einem andersfarbigen Titel, so ist anzunehmen, daß hier entweder ein neuer Abschnitt beginnt oder aber ein oder mehrere Blätter fehlen.

Der Inhalt des Büchleins besteht aus verschiedenen Hymnen.[42] Daß solche Hymnenbücher in großer Menge vorhanden gewesen sein müssen, beweisen einzelne Blätter, die immer wieder gefunden wurden; doch ein vollständiges Buch, wie dieses hier, ist eine Seltenheit.

Publ. A. v. LeCoq, Die Buddhistische Spätantike in Mittelasien, II, Taf. 4 d, S. 39 f. W. Henning, Ein manichäisches Bet- und Beichtbuch, in: ABAW, 1936, Nr. 10.

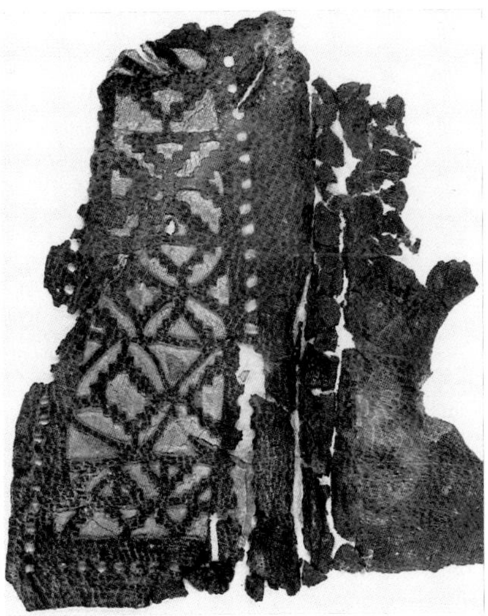

75 Bucheinband
Chotscho, Tempel K, 8./9. Jh. n. Chr.
Leder, 10,0 × 8,5 cm
MIK III 6268

Dieser sicherlich zu einem manichäischen Buch gehörende Einband ist der älteste gefundene Ledereinband überhaupt. Die Vorderseite besteht aus einer mit ausgestanzten Blütenmotiven verzierten, rechteckigen Fläche, die mit Blattgold unterlegt ist. Eine Reihe ausgestanzter Punkte umrandet die Ornamente.

Ein Kreismotiv, in ähnlicher Weise ausgestanzt, scheint die Mitte der Rückendecke des Einbandes verziert zu haben, ist aber jetzt zerstört; die übrigen Flächen sind mit Rechtecken und Diagonalen ornamentiert.

Publ. A. v. LeCoq, Die Buddhistische Spätantike in Mittelasien, II, Taf. 4e, S. 40. H.-J. Klimkeit, Manichaean Art and Calligraphy, No. 56, p. 50, Pl. XXX.

76 Fragment eines Manuskripts
Chotscho, 8./9. Jh. n. Chr.
Malerei auf Papier, 8,9 × 6,2 cm
MIK III 4937

Dargestellt sind vier vornehme Frauen, von denen nur noch die Gesichter und Teile der Oberkörper mit Gewandresten vorhanden sind.

Ihr schwarzes Haar ist in der Mitte gescheitelt, zu beiden Seiten des Scheitels fallen zwei Ringellöckchen in die Stirn hinein. Die Physiognomie mutet eher westlich an. Ihre hohen, mit geometrischen Mustern verzierten Kronen sind – mittig über der Stirn – mit einer Blumenrosette dekoriert.

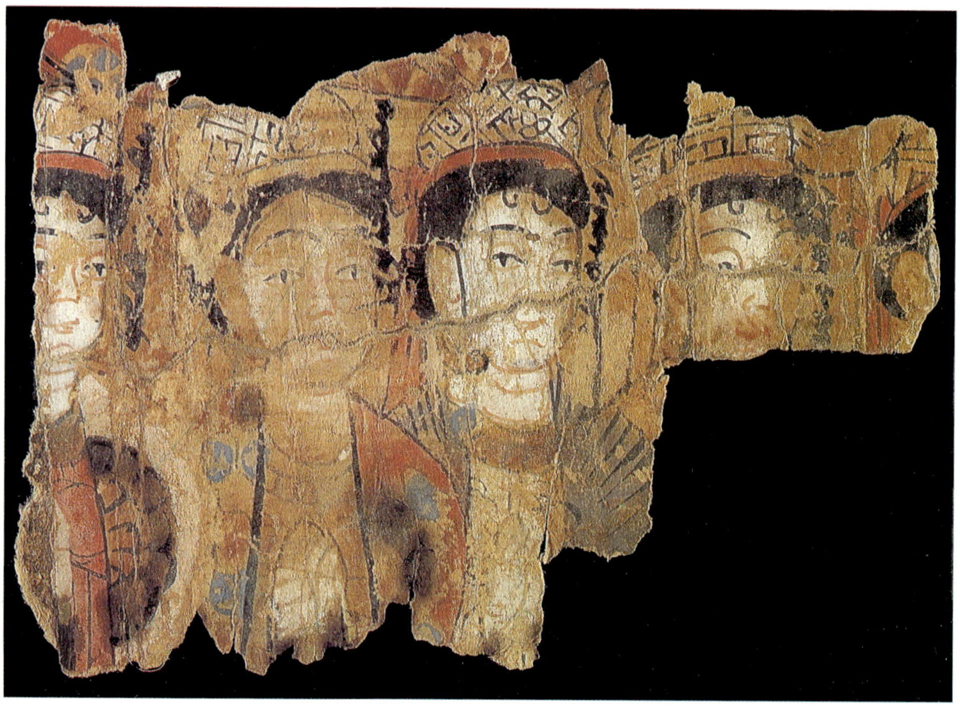

Die Gewänder bestehen, soweit noch erkennbar, aus einem vorn offenen, kragenlosen Rock mit reichen, eingewebten oder gestickten Ornamenten.

Die Damen halten ihre Hände vor der Brust in einer Weise zusammen, wie sie uns aus buddhistischen Darstellungen bekannt ist; die Manichäer scheinen in der Regel ihre Hände zu verhüllen. Ihre Namen sind neben ihren Köpfen niedergeschrieben.

Publ. A. v. LeCoq, Die Buddhistische Spätantike in Mittelasien, II, Taf. 6c, S. 44. Ausstellungskataloge des Museums für Indische Kunst, 1971, 1976, 1986, Nr. 548. H.-J. Klimkeit, Manichaean Art and Calligraphy, No. 32, p. 40, Pl. XIX.

77 Teile manichäischer Buchblätter

Chotscho, 8./9. Jh. n. Chr.
Malerei auf Papier, 5,0 × 2,6 cm, 3,3 × 2,1 cm, 4,2 × 2,7 cm
MIK III 4962

Alle drei Fragmente stammen – wenn vielleicht nicht von demselben Buchblatt – so doch wenigstens aus demselben Buch größeren Formats; denn die auf der Rückseite befindliche manichäische Schrift ist sehr groß geschrieben.

Das erste Fragment links zeigt den Kopf einer Frau (?) mit schwarzen Stirnlöckchen und weißem, blütenkelchähnlichem Hut.

Der Mann rechts daneben trägt einen schwarzen Schnurr- und Vollbart und langes Nackenhaar. Sein weißer Hut ähnelt dem der Frau.

Das dritte Miniaturenfragment enthält auf beiden Seiten Reste von Blumenornamenten.

Publ. A. v. LeCoq, Die Buddhistische Spätantike in Mittelasien, II, Taf. 7d, S. 49. Ausstellungskataloge des Museums für Indische Kunst, 1971, 1976, 1986, Nr. 549.

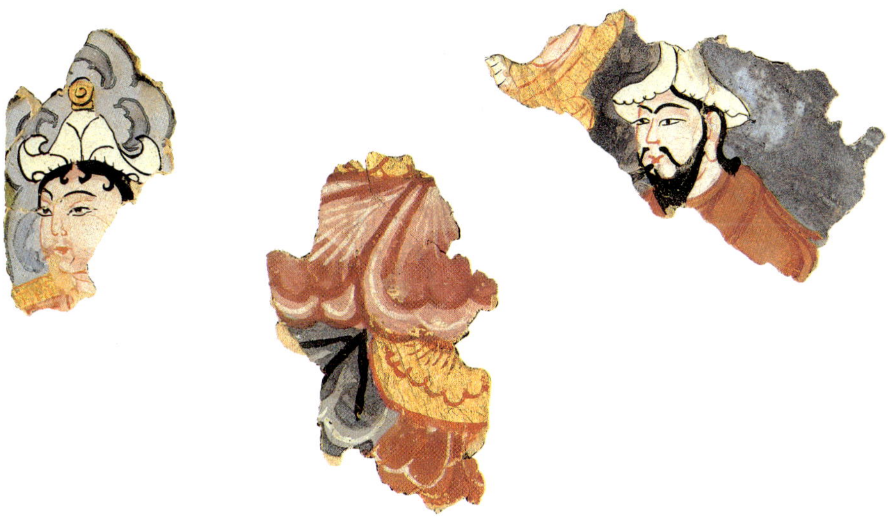

78 Manichäisches Buchblatt
Chotscho, Tempel α, 8./9. Jh. n. Chr.
Malerei auf Papier, 11,0 × 8,2 cm
MIK III 4959

Vorderseite (?). Diese Seite zeigt neben sechs fragmentarischen Zeilen roter Schrift zwei dämonenartige Gestalten. Sie knien auf einem rot-gelben Lotussitz. Die Figur links soll wohl in eine prachtvolle Rüstung gekleidet sein, die jedoch völlig mißverstanden ist; denn sie ist zu einem aus weichen Stoffen zusammengenähten, faltenreichen Kleid geworden. Als Waffe ist der Figur eine langstielige Axt beigegeben. Der Kopf der Gestalt ist von einem roten Nimbus umgeben. Die Konturen in ihrem hautfarbenen Gesicht sind mit Hilfe weißer Schatten und roter, schmaler Linien hervorgehoben. Die großen Augen scheinen unter den flachen Brauen herauszuquellen, die Nase zeigt eine kühne Krümmung. Zwei Hauer in dem großen geöffneten Mund charakterisieren diese Figur als Dämon. Oberlippenbart, Kinn- und Schläfenlocken sind sorgfältig geringelt. Als Kopfbedeckung dient ein weißes, langes Tuch, über dem sich eine prachtvolle, federartig besetzte Krone – vielleicht ein Vogel – erhebt. Die linke Hand ist lehrend erhoben.

Die rechts daneben kniende, wesentlich massigere Gestalt ist, bis auf eine dhotī, nackt. Ihr großer Kopf ist mit einem grünen Nimbus versehen, das in der Mitte gescheitelte Haar zur Asketenfrisur aufgebunden. Ein Goldreif mit Sonnenscheibe und Mondsichel erhebt sich über der Stirn. Die weit geöffneten Augen blicken drohend und verleihen dem Gesicht dämonischen Charakter. Der Mann hält in seiner Rechten eine flache Schale mit einem grünen Fisch, die Linke hat er lehrend erhoben.

Unter dieser Gruppe sind Nimben von zwei anderen Personen sichtbar, die einen Stab mit einer dreiblättrigen Blume als Spitze in der Hand halten.

Rückseite (?). Diese Seite war anscheinend ebenfalls mit einer Reihe übereinander angeordneter Miniaturen bemalt. Erhalten sind noch drei Gestalten. Am Rand ganz rechts steht in ungeschickter Haltung ein nur mit einem weißen Hüfttuch bekleideter Mann. Die Arme hängen resignierend herab, sein ganzer Körper drückt Unsicherheit und Angst aus. Seine Frisur ist ungewöhnlich. Über der Stirn kringeln sich schwarze Löckchen. Stirnansatz und Schläfen scheinen bis zu den Ohren rasiert, erst hinter dieser Linie wird das schwarze Haar wieder sichtbar. Vor dieser zaghaften Gestalt ist eine grüne, gebundene Garbe dargestellt, unter der zwei horizontale, parallele Fußabdrücke zu sehen sind.

Die nächste Gestalt unterscheidet sich von der ersten dadurch, daß ihre Hände auf dem Rükken zusammengebunden sind und daß sie, sozusagen als Kette, einen Stierkopf an einer weißen Schnur am Halse trägt.

Vor diesem Gefesselten steht ein Mann in einem roten Gewand, gebieterisch und zurechtweisend den – sehr lang geratenen – Zeigefinger der linken Hand erhoben. Die Rechte hält über der Schulter einen langen Stock.

Links daneben sind Fragmente einer vierten Person sichtbar.

Publ. A. v. LeCoq, Die Buddhistische Spätantike in Mittelasien, II, Taf. 8ª, d, 8ᵇ, d, S. 60f. Ausstellungskataloge des Museums für Indische Kunst, 1971, 1976, 1986, Nr. 547. H.-J. Klimkeit, Manichaean Art and Calligraphy, Nos. 23, 24 pp. 36, 37, Pls. XV, XVI.

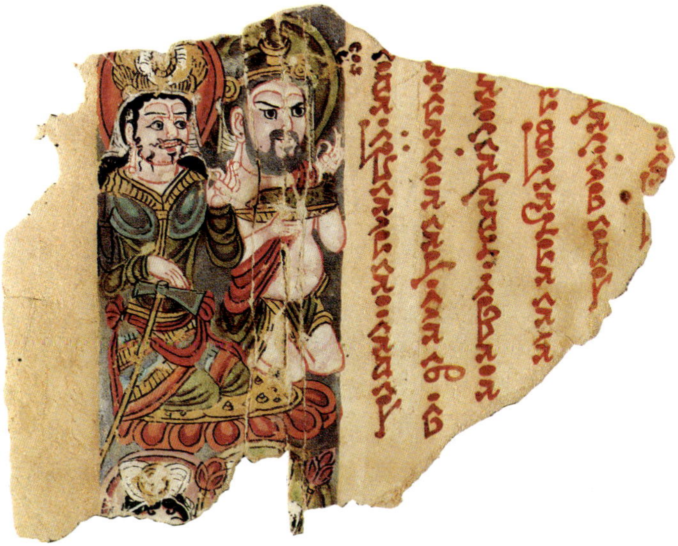

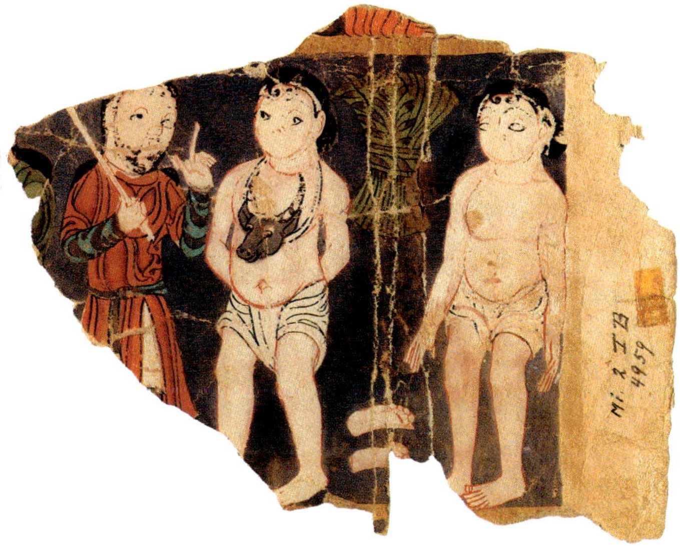

79 Manichäisches Buchblatt
Chotscho, Tempel K, 8./9. Jh. n. Chr.
Malerei auf Papier, 11,2 × 17,2 cm
MIK III 6368

Vorderseite. Das Bild zerfällt durch einen schmalen Streifen Schrift in der Mitte in zwei Teile. Auf jeder Seite sind in zwei Reihen übereinandergesetzt je drei manichäische Geistliche in weißem Gewand mit hohen weißen Hüten sichtbar. Bei allen bedeckt das schwarze, glatte Haar die Ohren und fällt auf die Schultern herab. Ihre Barttracht dagegen ist unterschiedlich gestaltet. Jeder einzelne kniet vor einem niedrigen Pult, das mit farbigem Stoff behängt ist. Vor ihm liegt eine z. T. vergoldete Schreibmappe mit einem Bogen weißen Papiers. Manche halten Schreibfedern in der Hand.

Zwei Bäume erheben sich auf der rechten Seite in der oberen Reihe hinter der mittleren Gestalt, links hinter dem Geistlichen, der der Schriftsäule am nächsten sitzt. Ihre Kronen schweben über allen. In dem einen Baum sitzt ein goldgemalter Vogel. Zwei große rote Weintrauben hängen auf den Schriftstreifen herab.

Die ganze Miniatur ist auf einen leuchtend blauen Untergrund gemalt.

Rückseite. Die Rückseite bietet eine andere Anordnung. Hier ist die Schrift in zwei übereinanderliegende Blöcke geteilt, der obere rot, der untere schwarz. Ein schmaler, von zwei roten Einfassungslinien begrenzter Zwischenraum trennt die Kolumnen.

Auf der linken Seite, begrenzt von zwei herrlichen Phantasieranken, ist der Titel des Buches in mattgrüner, verblaßter Tinte geschrieben. Eine fünfblättrige Blüte ist oben an der linken Ranke sichtbar, und darüber die Gestalt eines sitzenden Mannes. Der obere Bildrand wurde einst eingenommen von einer Reihe von Musikanten, von denen nur noch der vīṇā-Spieler übrig ist. Vor ihm kniet ein tiarabekrönter Mann in anbetender Haltung.

Der Teil des Titels zwischen den Ranken lautet: [die] vier fürstlichen Götter, (Spätantike, II, S. 57).

Publ. A. v. LeCoq, Die Buddhistische Spätantike in Mittelasien, II, Taf. 8[a], b, 8[b], b, S. 56 ff. H. Härtel – J. Auboyer, Indien und Südostasien, Taf. 252, S. 269. Ausstellungskataloge des Museums für Indische Kunst, 1971, Nr. 546, Taf. 59, 1976, Nr. 546, Abb. S. 219, 1986, Nr. 546. H.-J. Klimkeit, Manichaean Art and Calligraphy, Nos. 25, 26, pp. 37, 38, Pl. XVI.

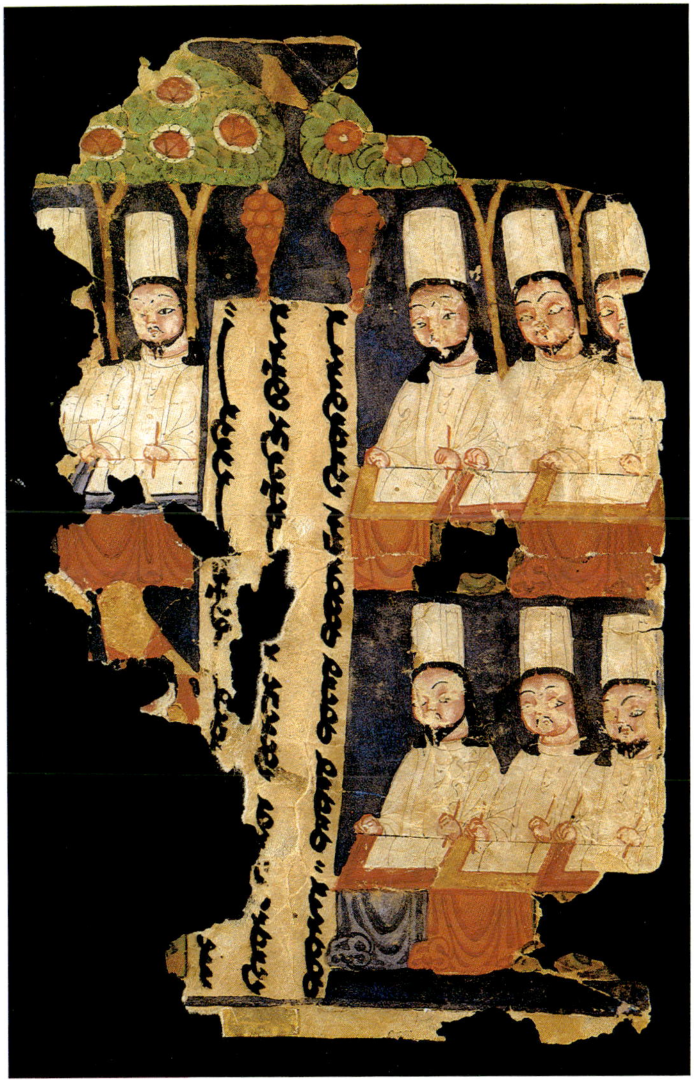

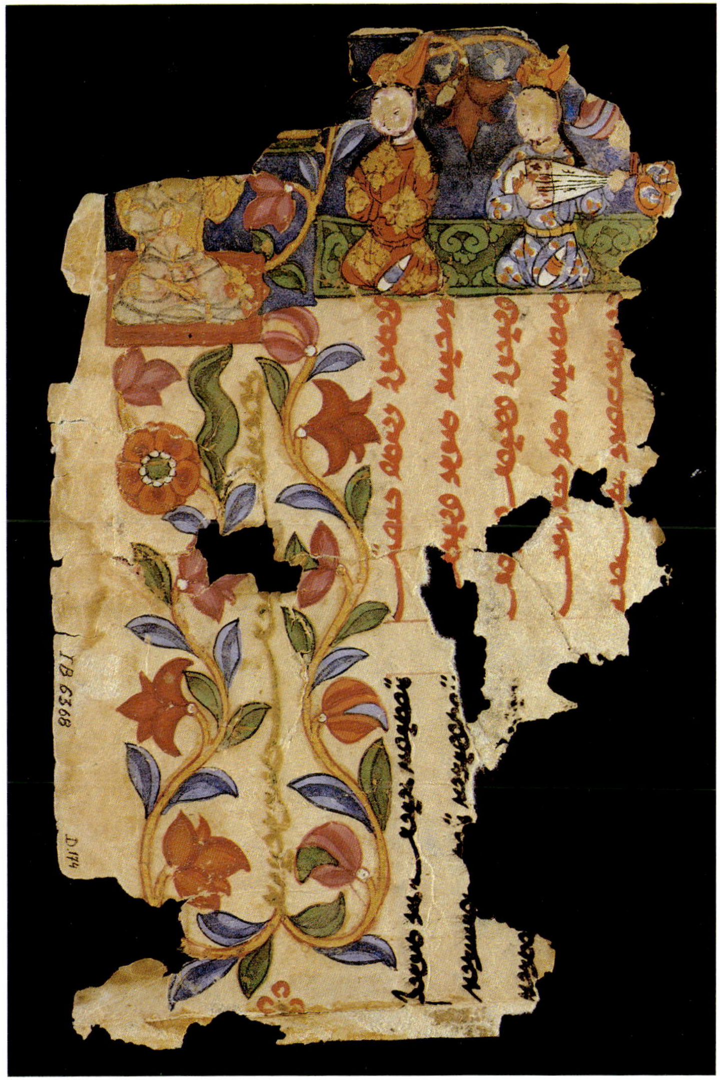
IB 6368
D.174

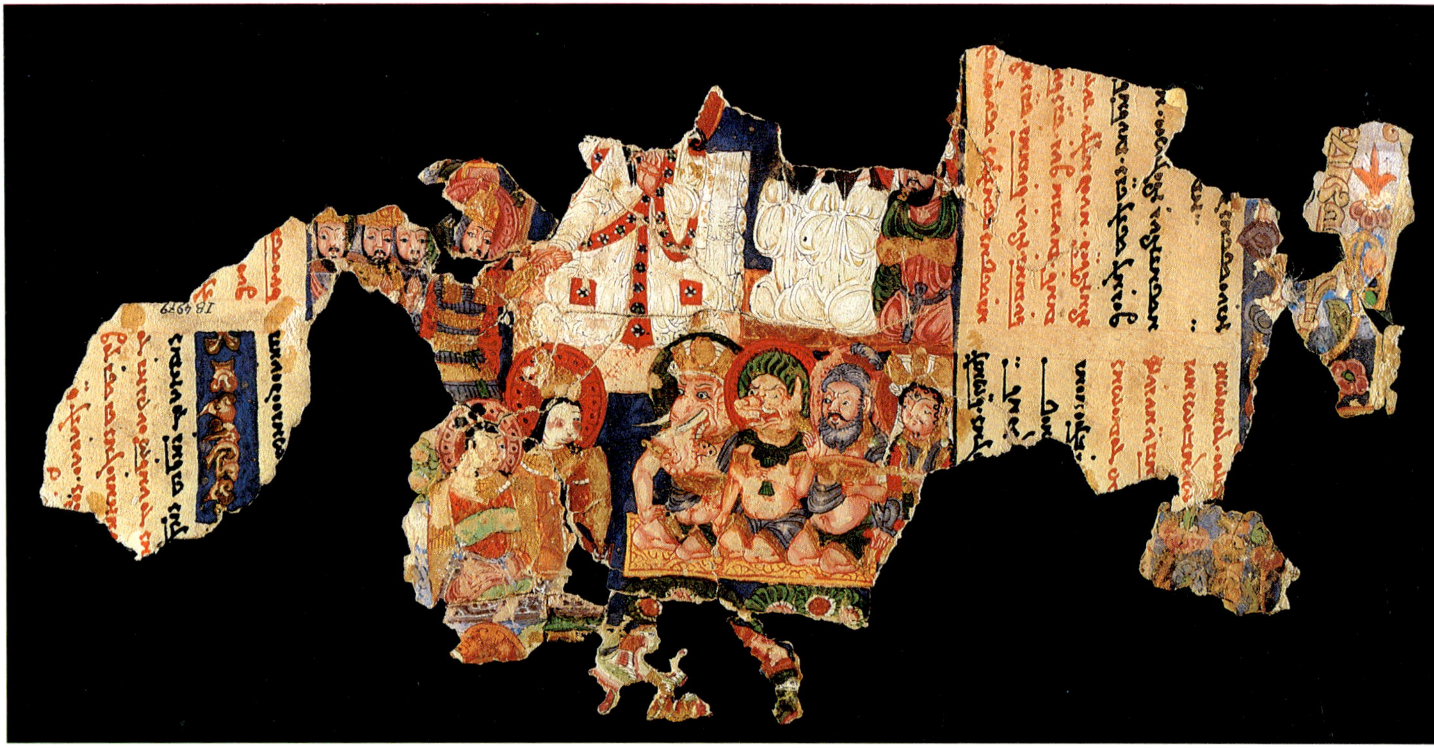

80 Manichäisches Buchblatt
Chotscho, Tempel α, 8./9. Jh. n. Chr.
Malerei auf Papier, 25,5 × 12,4 cm
MIK III 4979

Größtes manichäisches Miniaturenblatt der Berliner Sammlung.

Vorderseite. Gegenstand der Darstellung ist eine kirchliche Zeremonie. Im Hintergrund erscheint als Hauptperson die große Gestalt eines hohen manichäischen Geistlichen in vollem Ornat. Ein roter, bestickter Schal legt sich um Hals, Schultern und Arme und fällt vorne herab. Der Kopf ist zerstört. Er sitzt auf einem Teppich, dessen Muster aus roten, geblümten Rauten auf weißem Grund besteht, als Rückenstütze dienen ihm sechs rollenförmige weiße, gelbgetupfte Kissen, über die eine weiße Schärpe herabhängt. Seine linke Hand ist erhoben, mit der rechten faßt er die Hand eines Mannes in voller Rüstung, der zu seiner Rechten kniet. Es handelt sich um einen Fürsten oder König, vielleicht den Uigurenkönig persönlich. Drei seiner Gefolgsleute stehen hinter ihm.

Zur Linken des Geistlichen knien zwei electi in weißen Roben und ein weltlicher Mann, wahrscheinlich ein auditor.

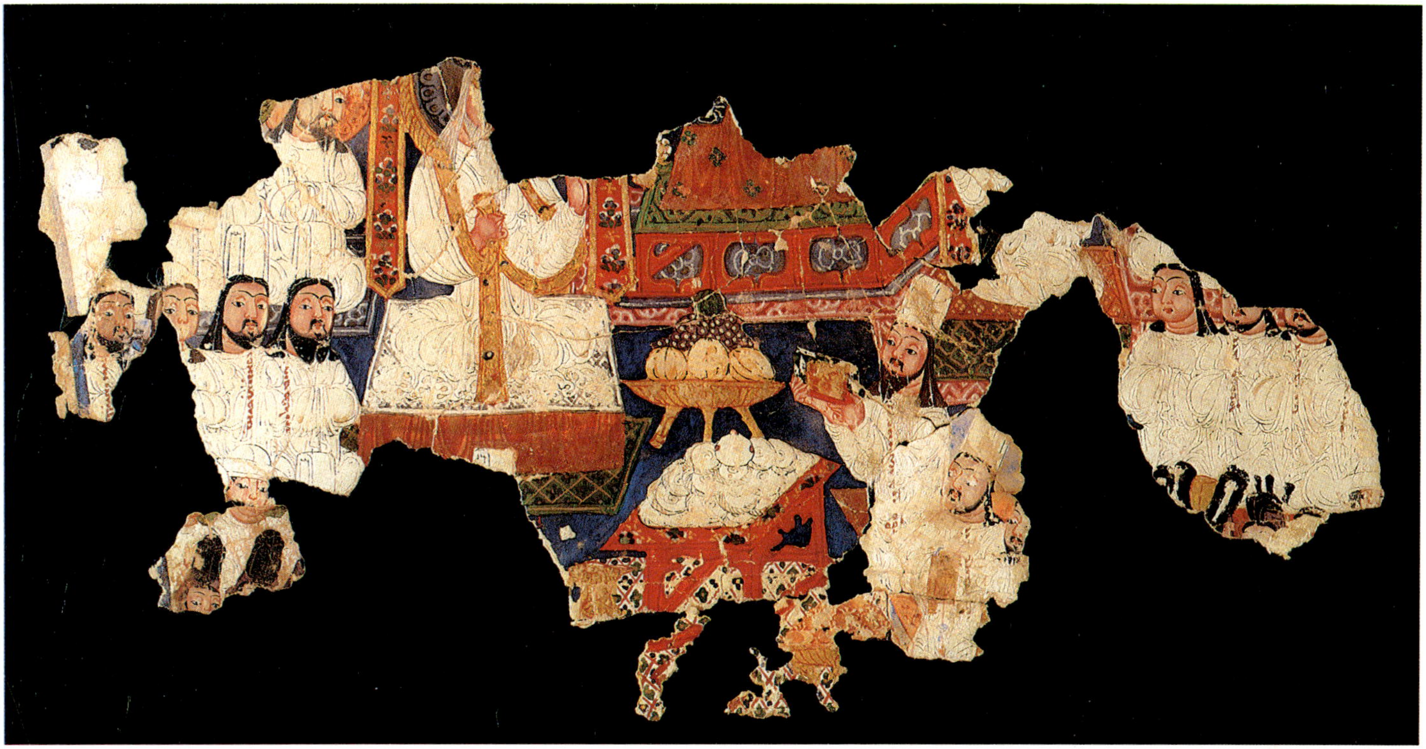

Die ins Auge fallende vordere Gruppe mutet merkwürdig an. Hier scheinen Hindu-Gottheiten dargestellt; ohne Zweifel handelt es sich bei dem elefantenköpfigen um Ganeśa, dem eberköpfigen möglicherweise um Vishnu als Varāha, dem dritten um Brahmā und dem letzten rechts um Śiva.[43] Links daneben sieht man zwei iranisch-manichäische Götterfiguren. Unter ihnen erblickt man eine runde, rote Scheibe, vielleicht den Teil eines Nimbus.

Unter den hinduistischen Gottheiten ist das Blatt stark beschädigt. Blumen und Enten sind noch fragmentarisch vorhanden.

Text transkribiert und übersetzt in: Die Buddhistische Spätantike, II, S. 53.

Rückseite. Die Miniatur der Rückseite trägt die Darstellung einer kirchlichen Feier, des berühmten Bema-Festes. Aufgabe und Gelegenheit des Festes war das Andenken an den Märtyrertod Manis; es wurde alljährlich wiederkehrend wahrscheinlich im Frühjahr begangen. Mani soll im März des Jahres 276 gestorben sein. Für die liturgische Begehung des Festes wurde ein Podium gebaut, auf das fünf Stufen führten. Es war mit kostbaren Teppichen bedeckt.

Das Zeremoniell besteht aus zwei Teilen: 1. Man fastete, um sich auf das Fest vorzubereiten und hielt eine Nachtwache zur Erinnerung an Manis Tod. 2. Das Fest selbst.

Die Mitte unserer Miniatur zeigt auf blauem Untergrund ein Podium, wahrscheinlich aus Holz mit rotem und blauem Paneelwerk, durchzogen von weißen Linien. Es steht auf einem violetten Tisch mit weißer Musterung. Die fünf Stufen fehlen. Unmittelbar vor dem Podium steht eine dreifüßige, goldene Schale mit Früchten: Wassermelonen, Weintrauben und Zuckermelonen. Weiter vorn ein roter Tisch, dessen Platte mit einem Blumenmuster verziert ist, auf einem weißen Teppich mit Rankenornament. Auf ihm liegen Weizenbrote in der Form von Sonnenscheibe und Mondsichel.

Im Hintergrund links vom Tisch kniet der Geistliche, ganz ähnlich dem auf der Vorderseite. Doch ist die schalähnliche Stola aus Goldbrokat. Zu seiner Rechten knien in vier Reihen electi verschiedenen Ranges. Denen der zweiten oberen Reihe sind die Namen auf ihr Ornat geschrieben. Merkwürdig muten die Personen der untersten Reihe an. Sie sind wesentlich kleiner dargestellt und tragen hohe konische, schwarze Kappen, weiße Gewänder und goldene Gürtel. Vielleicht stellen sich uns hier die auditores in ihren Festtagsgewändern vor.

Am Tisch knien zwei Weißgekleidete und rechts hinter ihnen ebenfalls mehrere Reihen von electi. Sie alle tragen teilweise ihre Namenszüge auf dem Gewand. (Lesung: *Buddhistische Spätantike in Mittelasien*, II, S. 55, 56).

Publ. A. v. LeCoq, Die Buddhistische Spätantike in Mittelasien, II, Taf. 8[a], a, und 8[b], a, S. 49 ff. Ausstellungskataloge des Museums für Indische Kunst, 1971, 1976, 1986, Nr. 545. H.-J. Klimkeit, Hindu Deities in Manichaean Art, p. 183 f. Manichaean Art and Calligraphy, Nos. 21, 22, pp. 33, 34, Pl. XIV.

81 Buddha und Verehrer
Chotscho, 9. Jh. n. Chr.
Malerei auf Papier, 14,8 × 15,7 cm
MIK III 10

Diese kostbar ausgestattete Miniatur ist Teil eines Buchblattes. Da der Inhalt der Darstellung mit großer Wahrscheinlichkeit buddhistisch ist, wäre hier der Beweis erbracht, daß die Buddhisten sich das Kunstschaffen der Manichäer zu eigen gemacht und in ihrem Kult verwandt haben.

Die auf einen leuchtend blauen Hintergrund gesetzte Malerei zeigt am rechten Bildrand einen nach rechts schreitenden Buddha in Strahlennimbus und Mandorla, der von einem Baldachin beschirmt wird. Er trägt ein beide Schultern bedeckendes rotes Gewand, dessen Säume mit Goldkanten besetzt sind. Eine blaue und eine graugrüne gefältelte Stoffbahn werden an seiner linken Seite sichtbar. Vor ihm kniet in anbetender Haltung ein mit einer goldumsäumten dhotī bekleideter Mann, um dessen Schultern und Arme sich ein langer Schal bewegt windet, der auf der einen Seite rot, auf der anderen graugrün ist. Auf seinem in der Mitte gescheitelten, langen Haar, das ihm über die Schultern auf den Rücken fällt, trägt er eine mit einem großen Blütendiadem mittig besetzte Krone, von der an jeder Seite ein geknotetes breites Band herabhängt. Sie war einst mit Goldblatt belegt. Ein Strahlennimbus umgibt seinen Kopf.

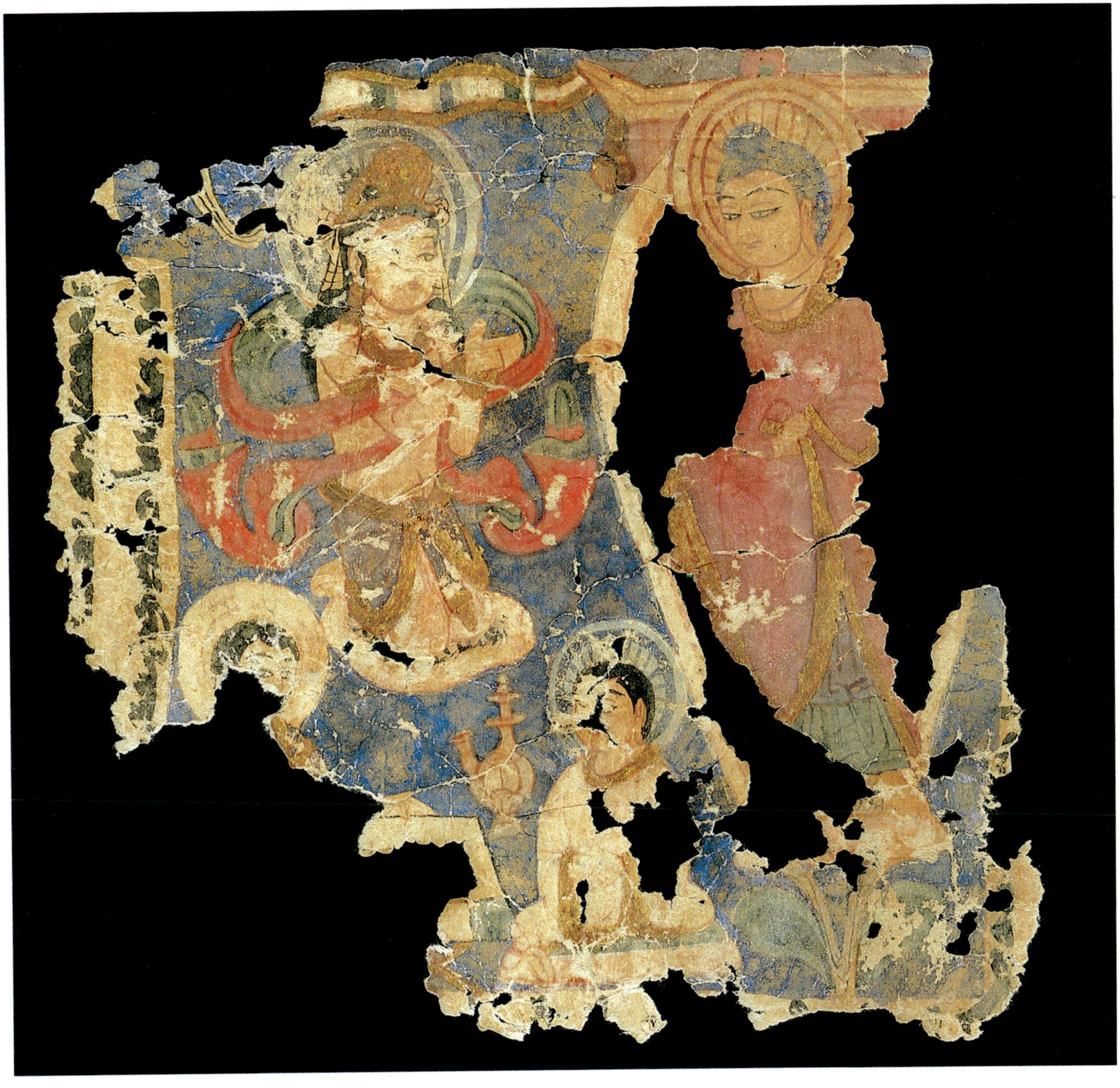

Davor scheint sich eine weitere Szene abzuspielen, an der zwei sich gegenübersitzende Personen beteiligt sind, bei denen es sich um Mönche handelt. Der Mann rechts trägt ein goldgesäumtes, seinen ganzen Körper bedeckendes Gewand. Seine schwarzen Haare sind kurzgeschnitten, seinen Kopf umgibt ebenfalls ein Strahlennimbus. Hinter ihm ist ein Baum sichtbar, vor ihm steht ein weißgedeckter Tisch, der bis auf die äußere rechte Kante fast vollkommen zerstört ist, rechts daneben auf dem Fußboden eine hohe Tüllenkanne, deren Form als Weihwasserfläschchen schon seit dem 8. Jahrhundert in Japan belegt ist.[44] Auf der anderen Seite saß etwas weiter hinten ein Mönch mit ebenfalls kurzem Haar und weißem Nimbus.

Der die Miniatur am äußeren linken Bildrand begleitende Text ist kaum lesbar. Doch ist auch er, genau wie die Rückseite der Miniatur, in sogdischer Sprache abgefaßt.[45]

Die Identifikation dieser Szene ist noch zu erbringen.

82 Lokapāla
Toyoq, 9. Jh. n. Chr.
Malerei auf Stoff (Ramie), 28,0 × 47,0 cm
MIK III 7305

Die fast vollständig erhaltene kleine Tempelfahne zeigt auf jeder Seite einen Lokapāla. Der Wächter des Ostens, Dhritarāshtra, ist an seinen Attributen zu erkennen. Er hält in der Linken einen Bogen und legt mit der Rechten einen Pfeil auf die Sehne. Der zweite Wächter läßt sich nicht identifizieren. Trotz der flammenden Perle, die Vaiśravana, der Wächter des Nordens, auch statt des Stūpas in der Linken halten kann, ist es unwahrscheinlich, daß es sich hier um den Ranghöchsten der vier Lokapālas handelt. Dieser genoß gerade in Zentralasien besondere Verehrung und würde wohl kaum ohne seine vollständigen Attribute, hier fehlt die Lanze, abgebildet.

Beide Lokapālas standen vermutlich auf kauernden Dämonen. Sie sind als Generale in voller, beweglicher Rüstung dargestellt. Sie werden von wehenden Schals umflattert, die hinter ihren Schultern sich aufbauschend die martialische Stärke der Krieger noch mehr betonen. Ihre Köpfe sind von einem Nimbus umgeben; Haarbänder, die den Kopfschmuck halten, flattern im Wind. Unter der Rüstung, die vermutlich aus lackierten Lederelementen bestand, tragen beide Lokapālas ein langes Gewand, das vorne die Beine bis über die Knie freiläßt. Die Beine stekken in lockeren Hosen, die unterhalb der Knie mit Bändern zusammengerafft werden. Die Bildspitze enthält auf einst violettem Grund eine kleine Buddhafigur in Meditationspose. Der Hintergrund war mit einem Rankendekor ausgefüllt. Von der eigentlichen Bildfläche ist dieses Dreieck durch ein Dekorband, das vom Nimbus überschnitten wird, abgetrennt.

Die Wirkung dieser bescheidenen Schablonenmalerei beruhte wohl früher auf der Leuchtkraft der opalen Farben rot, blau, grün und violett.

Publ. Nihon bukkyo-bijutsu no genryu. Nara 1978, S. 253. Ausstellungskatalog.

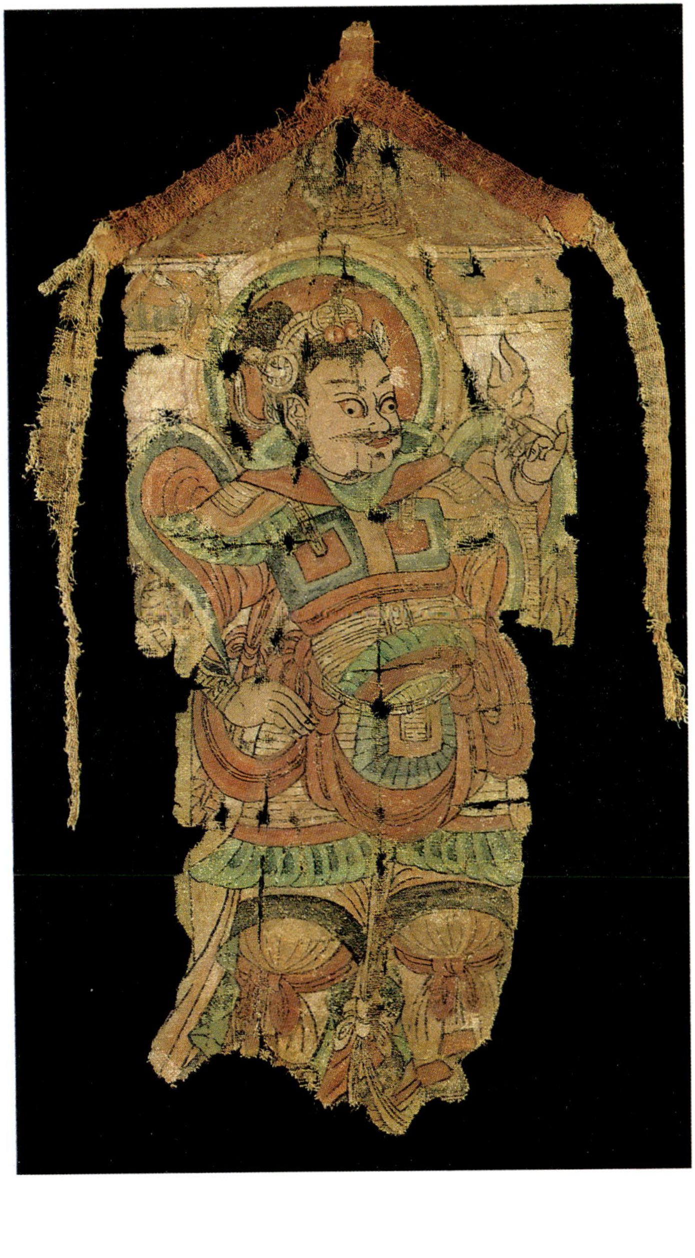

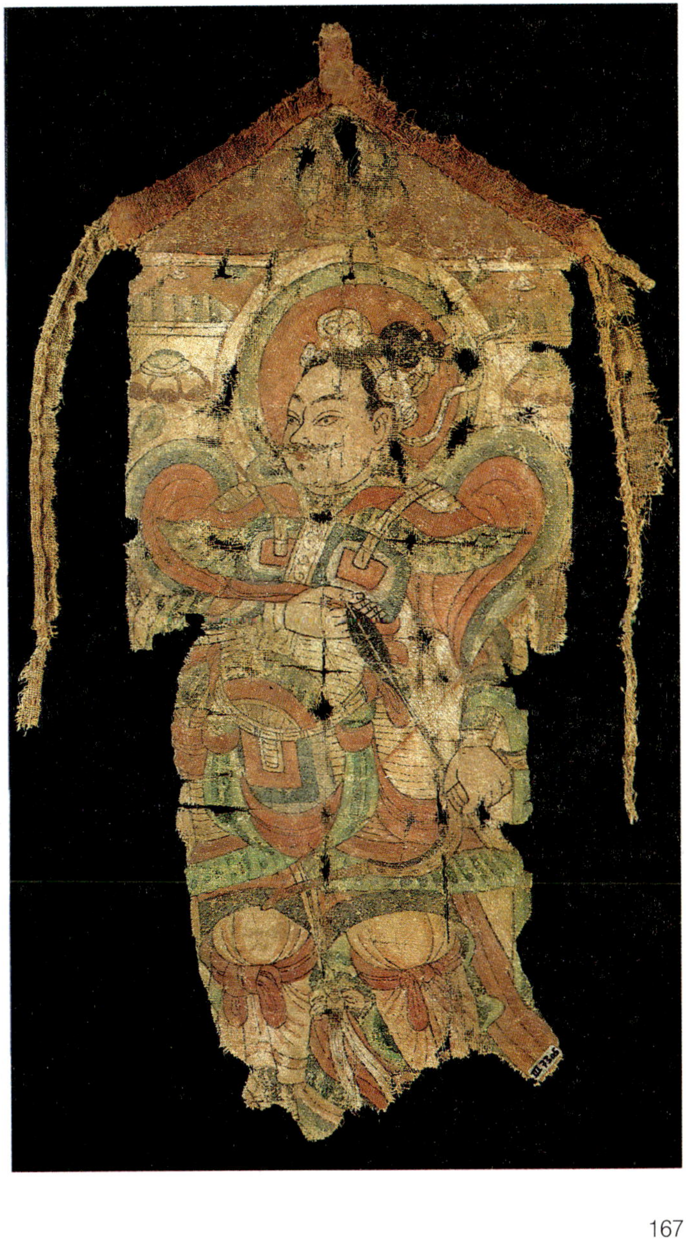

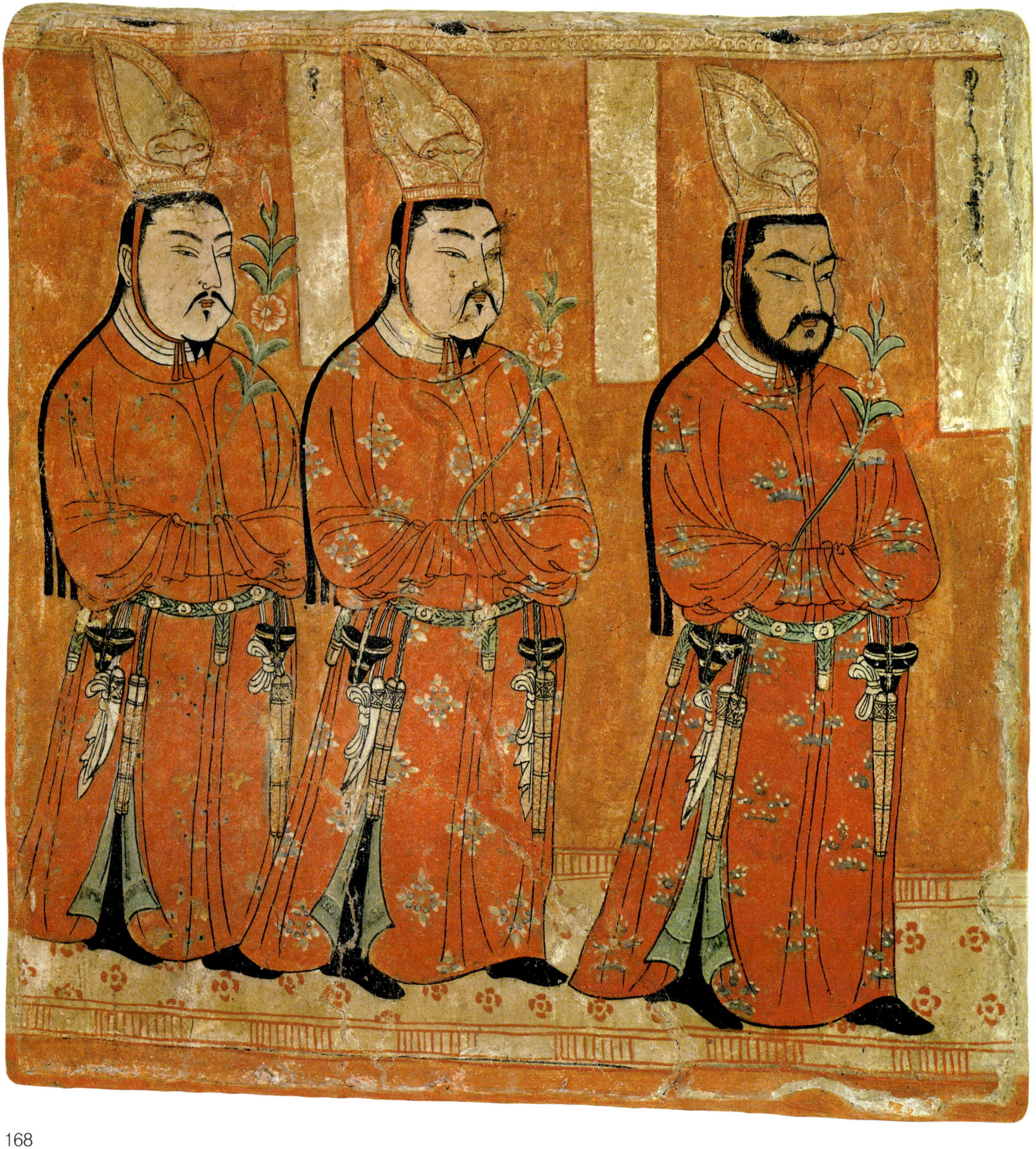

83 Uigurische Fürsten
Bäzäklik, Tempel 9, 9. Jh. n. Chr.
Wandmalerei, 59,5 × 62,4 cm
MIK III 6876 a

Die beiden schmalen Flächen der Ostwand des Tempels 9 trugen auf jeder Seite Fürstendarstellungen. Sehr gut erhalten sind die Porträtdarstellungen dreier in ihrer Physiognomie ostasiatischer Fürsten, die auf einem Teppich voranzuschreiten scheinen. Alle drei sind gleich gekleidet. Sie tragen lange rote, verschieden gemusterte Gewänder mit rundem Halsausschnitt. Die Verschlußart ist nicht bestimmbar, möglicherweise sind sie mit einer Mittelnaht versehen. An der rechten, sichtbaren Beinseite schlagen sie auf und geben den Blick auf hohe, dunkle Stiefel frei. Die Hände der Fürsten sind oberhalb des Gürtels in den mäßig weiten Ärmeln verborgen. Der Gurt bestand offensichtlich aus geflochtenem Leder, das mit Metallscheiben besetzt war. Außer den Riemenzungen, die scheinbar funktionslos herabhängen, sind an den Gürteln der Vornehmen auch manch andere Gegenstände mit schmalen Riemchen oder Kordeln befestigt, wie Dolch, Feuerzeugtasche, Pfriem, geknotetes Tuch usw., bei denen es sich vielleicht nicht nur um Gebrauchsgegenstände handelt, sondern die auch auf den Rang ihres Trägers hindeuten sollen.

Die Köpfe der drei Fürsten, von denen der dunkelhäutigere, in deutlichem Abstand voranschreitende rechte edler wirkt als die beiden anderen, sind von Tiaren gekrönt, die mit Bändern unter dem Kinn gehalten werden. Im Gegensatz zum Volk trugen die Vornehmen das Haar in offenen Strähnen bis weit auf den Rücken herabhängend. Über der Stirn wurde es in der Mitte gescheitelt. Merkwürdig aufgesetzt wirkt der Blumenzweig in der Hand eines jeden, von dem A. v. Gabain vermutet, daß er eine besondere Bedeutung gehabt haben muß. Sie weist auf einen uigurischen, aus dem Chinesischen übersetzten Text hin, der in seinen vielen Fürbitten für Verstorbene auch ausdrücklich „die die Blume haltenden" erwähnt. *„In unserem buddhistischen Bereich wagen wir die Vermutung auszusprechen, daß die Lotusknospe in den Händen von Verehrern die Hoffnung auf eine Wiedergeburt als Aupapaduka, also in Amitābhas Paradies bedeutet, eine andersartige Blume dagegen irgendeine günstige Wiedergeburt. Das würde erklären, warum der Buddha, da er ja bereits vollendet ist, keine Blume trägt und warum sein direktes Gefolge ebenfalls nicht damit ausgezeichnet ist: Durch die Anwesenheit des Erleuchteten haben seine Mitglieder ja die allerbesten Möglichkeiten für das Nirvana…*

Da der lange Blumenzweig… ohne haltende Hände ziemlich oft dargestellt wird, kann nicht von einem Versehen der Maler gesprochen werden. Dieses statisch unmögliche Verhältnis muß eine Bedeutung gehabt haben. Wir glauben aus einem Gemälde aus Tun-huang vom Jahre 971 einen Hinweis gefunden zu haben: Eine Verehrergruppe besteht – laut Beischrift – aus den verstorbenen Eltern und mehreren Familienmitgliedern. Der Vater hält eine stengellose Blume auf den Händen, die Mutter ebenfalls, aber auf verhüllten Händen. Die weiteren Personen, die noch am Leben sein dürften, da ihr Tod nicht erwähnt ist, haben keine Blume. Wir vermuten daher, daß pietätvolle Nachkommen einen Verstorbenen mit dem Blumenstengel abbilden ließen, um damit ihren Wunsch für segensreiche Wiedergeburt zum Ausdruck zu bringen. Lebenden dagegen wurde keine Blume beigegeben. Wenn aber nach Herstellung eines Bildes eine Person verstarb, wurde nachträglich über ihre Brust dieser Blumenzweig beigefügt."[46]

Zu den Häuptern eines jeden befindet sich eine Namenstafel. Nur die des vordersten Fürsten ist ganz beschrieben. Sie enthält nach A.v. LeCoq den Namen einer bekannten uigurischen Familie; er liest sie wie folgt: „Der Tutuq Bugra (aus dem Geschlecht) Sali."[47] Dieses Geschlecht soll lange in Chotscho existiert haben.

Publ. A.v. LeCoq, Chotscho, Taf. 30a. Ausstellungskataloge des Museums für Indische Kunst, 1971, 1976, 1986, Nr. 561. museum (Museum für Indische Kunst, Westermann Verlag), S. 98.

84 Stiftergruppe
Kyzil, Sechzehnschwertträgerhöhle, 600–650 n. Chr.
Wandmalerei, 208,0 × 150,5 cm
MIK III 8426 a, b, c

Keine anderen Zeugnisse der Kultur Zentralasiens verraten uns so viel über die verschiedenartige Herkunft der Einwohner des Landes in der zweiten Hälfte des ersten nachchristlichen Jahrtausends, wie die Stifterdarstellungen in den Wandmalereien. Vier Vertreter des Volkes, das der Träger der Kunst von Kutscha war, stehen vor uns. Es sind tocharische Ritter, deren indo-europäische Herkunft evident ist. Mit ihrem kurzen, rotbraunen, in der Mitte gescheitelten Haar, den hellen Augen und der iranisch anmutenden Kleidung stehen sie in krassem Gegensatz zu den uigurischen Fürsten (Nr. 83). Über ihren enganliegenden, eher parthischen Hosen tragen sie prachtvolle Klappenröcke, die denen von sasanidischen Vornehmen nachempfunden sind und sich nur in Farbe und Ornamentierung voneinander unterscheiden. An einem aus Metallscheiben bestehenden Gürtel hängt bei allen Vieren ein Dolch und ein Schwert mit überlangem Griff. Ihre Gesichter sind durch Beschädigungen entstellt.

Stifterdarstellungen befanden sich im allgemeinen in den Höhlen an den Wänden der Seitengänge rechts und links der Kultbildnische. Die Sechzehnschwertträgerhöhle hat ihren Namen von den an jeder Wand befindlichen vier Stiftern, also rechts und links zusammen sechzehn an der Zahl.

Publ. A. Grünwedel, Altbuddhistische Kultstätten in Chinesisch-Turkistan, S. 50, 56.

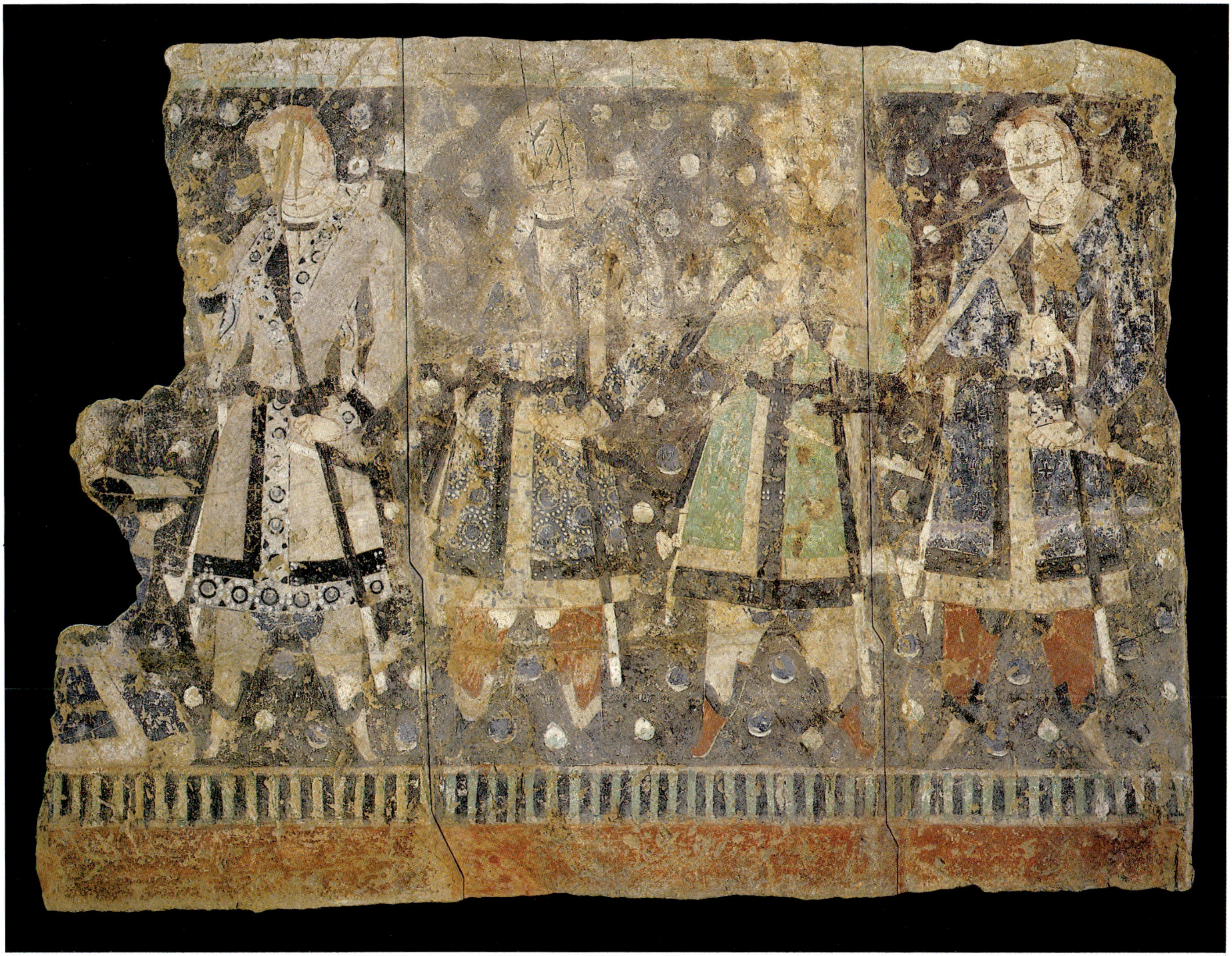

Anmerkungen

[1] *Lit.:* Gilgit Manuscripts, Vol III, Part. 1, p. 48ff, ed. by N. Dutt, Srinagar 1947.
[2] R. Ghirshman, Parther und Sasaniden, Abb.215, 216 (Detail).
[3] Bei Freibauten werden über einem Stützquadrat vier dreieckige Steinplatten derart verlegt, daß eine quadratische Öffnung ausgespart ist. Durch weitere Steinschichten vorkragender Platten wird dieses Quadrat jeweils über Eck soweit verkleinert, bis es durch eine einzige Steinplatte abgeschlossen werden kann. In den Höhlen ist diese Bauweise vorgetäuscht.
[4] A. v. LeCoq – E. Waldschmidt, Die Buddhistische Spätantike in Mittelasien, VII, S. 28.
[5] Wie E. Waldschmidt nachweisen konnte, liegt der Darstellung des Śronakotikarna nicht die von Grünwedel angenommene Version des Divyāvadāna (Nr. 1) aus der Schule der Mūlasarvāstivādins zugrunde, sondern die Version des Sarvāstivādins (Übersetzt von Ed. Chavannes, Cinq Cents Contes et Apologues. Extraits du Tripitaka Chinois, Nr. 337). So liegt die Vermutung nahe, daß die Illustration des Maitrakanyaka-Avadāna ebenfalls auf einen Sarvāstivādin-Text zurückgeht.
[6] Nach A. Grünwedel, Alt-Kutscha, S. II 31–II 41, Taf. XV/XVI; XVII/XVIII. Die Originalmalerei ist im Museum für Indische Kunst Berlin ausgestellt.
[7] Nach A. Grünwedel, Alt-Kutscha, S. II 41–II50. Diese Legende findet sich in den Jātakas 82, 104, 369, 439, im Divyāvadāna (Nr. 1), in der Avadānakalpalatā (Nr. 24) und im chines. Tripitaka (s. Übersetzung in: Ed. Chavannes, Cinq Cents… Nr. 39), franz. Übersetzung des Avadānaśataka von Léon Feer, Nr. 36, p. 131 ff. In den Palitexten wird Mittavindaka (Maitrakanyaka) nicht als Bodhisattva beschrieben, sondern als Mönch. Zum Bild s. A. Grünwedel, Alt-Kutscha, Taf. XIX–XXIII.
[8] A. Grünwedel, Altbuddhistische Kultstätten in Chinesisch-Turkistan, S. 132 f. ‚Teufelshöhle' so benannt nach den Darstellungen von Dämonen aus dem Heere Māras.
[9] A. Grünwedel, Altbuddhistische Kultstätten in Chinesisch-Turkistan, S. 142.
[10] A. v. LeCoq – E. Waldschmidt, Die Buddhistische Spätantike in Mittelasien, VII, S. 48.
[11] The Mahāvastu, I, (Transl. by. J. J. Jones) p. 6 ff. E. B. Cowell, The Jātaka, V, Nr. 530, p. 137 ff.
[12] E. Waldschmidt, Die Überlieferung vom Lebensende des Buddha.
A. Bareau, Recherches sur la biographie du Buddha dans les Sūtrapitaka et les Vinayapitaka anciens. Bd. II.
[13] Vergl. A. Grünwedel, Altbuddhistische Kultstätten in Chinesisch Turkistan, S. 77 ff. Diese Höhle war keineswegs die größte in Kyzil, es gab viel größere, die aber erst später bearbeitet wurden.
[14] Kultstätten, S. 116, Fig. 254.
[15] Identifikation durch E. Waldschmidt, Spätantike VI, Fig. 36.
[16] Kultstätten, S. 66, Fig. 125.
[17] Spätantike, VI, S. 46.
[18] Für eine umfassende Behandlung des Themas siehe S. Lienhard, Die Legende vom Prinzen Viśvantara. (Darin auch umfangreiche Bibliographie)
[19] S. dazu Liu Mau-tsai, Kutscha und seine Beziehungen zu China vom 2. Jh. v. Chr. bis zum 6. Jh. n. Chr. S. 100 ff, S. 201 ff.
[20] ebd. S. 100.
[21] A. Grünwedel, Kultstätten, S. 169.
[22] Identifiziert von E. Waldschmidt, Spätantike, VII, S. 52.
[23] Ajātaśatruhöhle, Höhlengruppe bei Kaminhöhlen, Māyāhöhle (II. Anlage), Māyāhöhle (III. Anlage), Nāgarājahöhle.
[24] A. Grünwedel, Alt-Kutscha, S. II 104.
[25] S. Die Buddhistische Spätantike, VI, Tafel 13.
[26] ebd. S. 78 f.
[27] A. Grünwedel, Alt-Kutscha, S. II 87.
[28] Nach A. Grünwedel, Alt-Kutscha, S. II 63.
[29] A. Grünwedel, Alt-Kutscha, S,. II 63.
[30] A. Grünwedel, Altbuddhistische Kultstätten in Chinesisch-Turkistan, S. 87.
[31] J. Williams, The Iconography of Khotanese Painting, p. 120 f.
[31a] J. Takakusu (transl.), The Amitāyur-dhyāna-sūtra, p. 161 ff.
[32] Im Türkischen wird diese Schlucht ağız = der Mund genannt.
[33] A. v. LeCoq, Auf Hellas Spuren…, S. 68.
[34] Die Inschrift wurde von Dr. Peter Zieme gelesen.

[35] Alexander Soper, Northern Liang and Northern Wei in Kansu, p. 131 ff.
[36] A. v. Gabain, Kṣitigarbha-Kult in Zentralasien, S. 47–71.
[37] ebd. S. 48 f.
[38] Der am Anfang unvollständige Text umfaßt sechs Zeilen:
1 Xočo
2 ?
3 Dies ist ein meisterhafter Tänzer,
4 dies ist ein meisterhafter Tänzer –
5 (so) habe ich, Mongoltay, geschrieben; es ist wahr,
6 (so) habe ich, Mongoltay, geschrieben; (es ist wahr).
(Die Lesung und Übersetzung verdanken wir Herrn Dr. Peter Zieme).
Falls Beschriftung und Zeichnung zeitgleich sind, wäre das Manuskript wesentlich später, nämlich in der Mongolenzeit, entstanden.
[39] so z. B. im Sukhāvatīvyūha, Lokeśvaraśataka.
[40] Es gibt verschiedene Theorien seinen Namen betreffend, dazu: M.-Th. de Mallmann, Introduction à l'Etude d'Avalokiteśvara, p. 59–67.
[41] E. Waldschmidt, Die Buddhistische Spätantike in Mittelasien, VII, S. 68.
[42] Transkription und Übersetzung von F. W. K. Müller (Die Buddhistische Spätantike in Mittelasien, II, S. 40).
[43] Siehe dazu: P. Banerjee, Hindu Trinity from Central Asia.
H.-J. Klimkeit, Hindu Deities in Manichaean Art.
[44] Nach Aussagen von Frau Prof. Dr. A. v. Gabain
[45] Diese Angaben verdanken wir Frau Prof. Dr. A. v. Gabain
Herr Dr. Werner Sundermann war so freundlich, den Text zu transkribieren und die Übersetzung zu übermitteln.
„[Der devāti] deva Buddha [sprach so] zu der großen [Versammlung (?)]:
„Also wisset, daß durch (?) dies [ ] dieser ? -äugige, blinde [ ] Sinn dieser Menschen [ ] wegen fünfhundert Existenzen immerfort [ ] in der Hölle geboren werden… Wird aus der Hölle errettet werden. Alsdann [„
(An diesem Punkt bricht der Text ab).
[46] A. v. Gabain, Das Leben im uigurischen Königreich von Qočo, Textband, S. 165 f.
[47] Chotscho, Text zu Taf. 30.

Bibliographie

Ausstellungskataloge des Museums für Indische Kunst Berlin. Berlin 1971, 1976, 1986.

P. Ch. Bagchi, India and China. Bombay 1950.

P. Banerjee, Hindu Trinity from Central Asia. In: Bulletin, National Museum, New Delhi, No. 2, 1970.

A. Bareau, Recherches sur la biographie du Bouddha dans les Sūtrapiṭaka et les Vinayapiṭaka anciens. Vol. II (Publication de l'École Française d'Extrême-Orient, LXXVII).

Chh. Bhattacharya, Art of Central Asia. Delhi 1977.

Das Bild des Buddha, Ausstellung des Kunstamts Tempelhof in Verbindung mit dem Museum für Indische Kunst Berlin. Berlin 1979.

M. Bussagli, Die Malerei in Zentralasien. Genève 1963.

Ed. Chavannes, Cinq Cents Contes et Apologues. Extraits du Tripitaka Chinois. 4 Vols. Paris 1910–35.

N. Dutt, (ed.) Gilgit Manuscripts, Vol. III, Part 1. Srinagar 1947.

L'Exposition André Malraux et le Japon Eternel. Tokyo 1978.

L. Feer, Avadâna-Çataka. Cent Légendes Bouddhiques. Réimpression Amsterdam 1979 de l'édition Paris 1891.

Ed. Foucaux, Le Lalita Vistara. Première Partie. Traduction Française. Paris 1884.

A. Foucher, 1. L'art gréco-bouddhique du Gandhâra. 3 Vols. Paris 1905, 1918, 1923. 2. The Beginnings of Buddhist Art. London 1917. 3. La Madone bouddhique. Extrait des Monuments et Mémoires, publiés par l'Académie des Belles-Lettres. Deuxième fascicule du Tome XVII. Paris 1910.

A. v. Gabain, 1. Kṣitigarbha-Kult in Zentralasien. In: Indologentagung 1971. Wiesbaden 1973. 2. Das Leben im uigurischen Königreich von Qočo (850–1250). 2 Bde. Wiesbaden 1973. 3. Einführung in die Zentralasienkunde. Darmstadt 1979.

S. Gaulier, R. Jéra-Bezard, M. Maillard, Buddhism in Afghanistan and Central Asia, 2 Vols. In: Iconography of Religions XIII, 14. Leiden 1976.

R. Ghirshman, Parther und Sasaniden. München 1962.

G. Gropp, Archäologische Funde aus Khotan Chinesisch-Ostturkestan. Bremen 1974.

A. Grünwedel, 1. Bericht über archäologische Arbeiten in Idikutschari und Umgebung im Winter 1902/03. München 1906. 2. Altbuddhistische Kultstätten in Chinesisch-Turkistan. Berlin 1912. 3. Alt-Kutscha. Berlin 1920.

A. Grünwedel, E. Waldschmidt, Buddhistische Kunst in Indien. Berlin 1932.

H. Härtel, Turfan und Gandhara. Frühmittelalterliche Kunst Zentralasiens. Berlin 1964.

H. Härtel – J. Auboyer, Indien und Südostasien. (Propyläen Kunstgeschichte Bd. 16). Berlin 1971.

H. Härtel, M. Yaldiz, Along the Ancient Silk Routes. New York 1982.

M. Hallade, Indien. Gandhâra. Begegnung zwischen Orient und Okzident. Fribourg 1968 und 1975.

M. L. Hambis, L'Asie Centrale, histoire et civilisation. Paris 1977.

W. Henning, Ein manichäisches Bet- und Beichtbuch. In: ABAW, 1936, Nr. 10.

A. F. P. Hulsewé, China in Central Asia. The Early Stage: 125 B. C.–A. D. 23. Leiden 1979.

Illustrated Catalogues of the Tokyo National Museum. Tokyo 1971.

H. Ingholt, Gandhāran Art in Pakistan. New York 1957.

M. Klimburg, Die Entwicklung des 2. indo-iranischen Stils von Kutscha. (Diss.) Wien 1969.

H.-J. Klimkeit, 1. Hindu Deities in Manichean Art. In: Zentralasiatische Studien 14/2 (1980). 2. Manichaean Art and Calligraphy. In: Iconography of Religions XX. Leiden 1982.

A. v. LeCoq, 1. Chotscho. Facsimile-Wiedergaben der wichtigsten Funde der 1. kgl. preußischen Expedition nach Turfan in Ostturkistan. Berlin 1913. Reprint Graz 1979. 2. Bilderatlas zur Kunst und Kulturgeschichte Mittelasiens. Berlin 1925. Reprint Graz 1977. 3. Zwei Bruchstücke alt-buddhistischer Wandgemälde aus Chinesisch-Turkistan. In: Jahrbuch der asiatischen Kunst. Leipzig 1925. 4. Auf Hellas Spuren in Ostturkistan. Leipzig 1926. Reprint Graz 1974. 5. Von Land und Leuten in Ostturkistan. Leipzig 1928. 6. Die Buddhistische Spätantike in Mittelasien, 5 Bde. Berlin 1922–33. (Reprint Graz 1973–1975). I: Die Plastik. Reprint Graz 1973. II: Die Manichäischen Miniaturen. Reprint Graz 1973. III: Die Wandmalereien. Reprint Graz 1974. IV: Atlas zu den Wandmalereien. Reprint Graz 1974. V: Neue Bildwerke. Reprint Graz 1975.

A. v. LeCoq, E. Waldschmidt, VI: Neue Bildwerke II. Reprint Graz 1975. VII: Neue Bildwerke III. Reprint Graz 1975.

S. Lienhard, Die Legende vom Prinzen Viśvantara. Veröffentlichungen des Museums für Indische Kunst, Bd. V. Berlin 1980.

Liu Mau-tsai, Kutscha und seine Beziehungen zu China. 2 Bde. In: Asiatische Forschungen, Bd. 27. Wiesbaden 1969.

M.-Th. Mallmann, Introduction à l'Etude d'Avalokiteśvara. Paris 1948.

H. Munsterberg, Chinese Buddhist Bronzes. Tokyo 1967.

Murals for Xinjiang, The Thousand Buddha Caves at Kyzil. 2 Vols. Japan 1981.

museum, Museum für Indische Kunst. Ausgabe September 1978 (Westermann Verlag). Braunschweig 1978.

Museum für Indische Kunst, Kunst der Welt in den Berliner Museen (Belser Verlag). Stuttgart und Zürich 1980.

B. Rowland, Zentralasien (Holle Verlag). Baden-Baden 1979.

D. Schlingloff, Die Religion des Buddhismus. II Der Heilsweg für die Welt. Sammlung Göschen, Band 770. Berlin 1963.

U. Schneider, Einführung in den Buddhismus. Darmstadt 1980.

A. Soper, Northern Liang and Northern Wei in Kansu. In: Artibus Asiae, XXI, 1958.

M. A. Stein, Innermost Asia, Vol. III. Oxford 1928.

Sources of Japanese Buddhist Art. Special Exhibition. Nara 1978.

J. Takakusu, The Amitāyur-dhyāna-sūtra, in: Sacred Books of the East, XLIX, Part II. Delhi 1972.

The Grotto Art of China, The Kizil Grottoes, Vol. 1–3. Tokyo 1983–1985. The Kumtula Grottoes. Tokyo 1985.

E. Waldschmidt, 1. Gandhara-Kutscha-Turfan. Leipzig 1925. 2. Die Legende vom Leben des Buddha. Berlin 1929. Reprint Graz 1982. 3. Die Überlieferung vom Lebensende des Buddha. In: Abhandlungen der Akademie der Wissenschaften in Göttingen, Phil.-Hist. Klasse, Teil II, 1948. 4. Zur Śroṇakoṭikarṇa-Legende. In: Nachrichten der Akademie der Wissenschaften in Göttingen, Phil.-Hist. Klasse, Jahrgang 1952, Nr. 6.

J. Williams, The Iconography of Khotanese Painting. In: East and West, NS 23, 1973.

M. Yaldiz, Archäologie und Kunstgeschichte Chinesisch-Zentralasiens (Xinjiang). Leiden 1987.

Zur Schreibung und Aussprache der indischen Wörter

c = wie tsch
j = wie dsch
v = wie w
y = wie j
sh = wie sch
ś = wie sch

Das h in indischen bh, ch, dh, gh, jh, kh, ph, th ist ein deutlich vernehmbarer Hauchlaut.

s ist stets scharf.